教育部2020年产学合作协同育人项目研究成果
2020年中国政法大学教育教学改革立项项目研究成果

| 光明学术文库 | 教育与语言书系 |

汉语文化传播研究
——以中国语言文化为视角

宋春香 | 著

光明日报出版社

图书在版编目（CIP）数据

汉语文化传播研究：以中国语言文化为视角／宋春香著．－－北京：光明日报出版社，2022.6
ISBN 978－7－5194－6676－3

Ⅰ.①汉… Ⅱ.①宋… Ⅲ.①汉语—传播学—研究 Ⅳ.①H1

中国版本图书馆 CIP 数据核字（2022）第 107473 号

汉语文化传播研究：以中国语言文化为视角
HANYU WENHUA CHUANBO YANJIU：YI ZHONGGUO YUYAN WENHUA WEI SHIJIAO

著　　者：宋春香	
责任编辑：史　宁	责任校对：阮书平
封面设计：中联华文	责任印制：曹　净

出版发行：光明日报出版社
地　　址：北京市西城区永安路 106 号，100050
电　　话：010－63169890（咨询），010－63131930（邮购）
传　　真：010－63131930
网　　址：http://book.gmw.cn
E - mail：gmrbcbs@gmw.cn
法律顾问：北京市兰台律师事务所龚柳方律师

印　　刷：三河市华东印刷有限公司
装　　订：三河市华东印刷有限公司
本书如有破损、缺页、装订错误，请与本社联系调换，电话：010－63131930

开　　本：170mm×240mm	
字　　数：340 千字	印　张：19
版　　次：2023 年 4 月第 1 版	印　次：2023 年 4 月第 1 次印刷
书　　号：ISBN 978－7－5194－6676－3	

定　　价：98.00 元

版权所有　　翻印必究

序

  21世纪,为更好地服务于学校办学目标,办成开放式、国际化、多科性、创新型的世界一流法科强校,中国政法大学从2009年开始全面实施国际化发展战略,不断提升国际化办学水平,学校培养国际型人才的格局已经初步形成。2012年以来,学校先后在英国、罗马尼亚、巴巴多斯共建3所孔子学院。在全球化背景下,在"一带一路"倡议实施的过程中,2017年,中国政法大学国际教育学院新设汉语言专业,2018年,中国政法大学成立了"一带一路"人才培养与法律研究院(法大发〔2018〕12号文件),旨在积极推进学校国际化教育进程,进一步增强国内外文化交流,"一带一路"法律人才培养与国际中文教育日益成为新时代赋予的新课题。

  对于国际中文教师而言,无论是从事汉语语言的本体研究,还是从事汉语作为第二语言的教学研究,文化都是一个不可回避的重要问题。这里既有对本民族文化的理解问题,又有对其他外语文化的认识问题。一堂成功的国际中文课堂,从文化的层面讲,必然是一堂成功的跨文化交际课堂——没有误区,没有误读,没有误解。其中,立足本土的中国语言文化研究是重要的研究领域。本书的相关内容即是对此类问题的理论思考与教学实践。

一、写作缘起：母语者学习和非母语者学习的文化认知力不同

  在中国政法大学的从教经历中,笔者既从事来华留学生的国际中文教学工作,同时又从事翻译硕士(MTI)的"中国语言文化"课程的教学工作。自己从中深刻体会到：针对不同的教学对象,教学内容会有所不同,教学对象的关注点也各有侧重。前者关注汉语如何得体地运用,侧重母语非汉语者的跨文化语言交际能力培养,后者关注的是汉英翻译和对比,凸显中文的形

音义特点和文化内容的延伸，侧重母语是汉语者的语言理论学习和实践应用。

但是，毋庸置疑，无论是对中国学生，还是对外国留学生，对中国语言文化的关注都是二者教学中的焦点内容。因为学习者对中国语言文化的领悟和理解的程度以及侧重点并不相同。一方面，汉语作为母语者，因其语言是先天性习得的，所以理所当然地会自由运用，常常存在的问题是"知其然"，而不知其"所以然"；另一方面，汉语作为第二语言学习者，因其母语的负迁移，所以会生成与其母语文化相一致的语用习惯，一些习得偏误不仅仅是汉字音与形的问题，常常体现在对中国文化的误读方面。

另外，还有一个不容忽视的维度是一些国际中文学习者拥有多语种、多文化的学习背景。这也就是汉语学习者的文化身份问题。因其具有多元语言文化的背景，所以汉语在其文化格局中是"第二者"或者"第三者"的地位，这样的汉语学习者也就是"多元文化主义者"，具备了"母语+英语+汉语+……"式的语言结构，是多元文化的组合者，而并非简单的"单文化"个体。这也增加了汉语作为第二语言教学的新维度，即如何在多元文化个体中概括出汉语的共性与个性，增加彼此的可理解性和可接受性，实现文化的共融与共享。

二、实践基础：师生互动交流与教学相长的工作坊课程实践

在对翻译硕士的教学中，笔者采用师生研讨报告的授课形式。针对每一堂课的中国语言文化专题，要求每一名研究生做课前准备、课中报告、课后总结，经过跨文化的对比和思考，最终形成一篇小论文，作为该次课的结课成果。

年轻人的思维比较活跃，参与热情高，新词新语可以及时分享。在定期的报告与讨论过程中，其话题也从古今对比走到中外互译，关于中国语言文化的认识和理解也在讨论中不断得到深化。其中，源自中国学生自身的语言应用实例和生活经验，让中国语言文化问题的思考更具有了时代气息。

近年来，共有45名研究生参与到中国语言文化的交流和讨论活动之中。一学期下来，每位同学都完成了不少于10篇论文的写作任务。这些经师生讨论后的成果为逐年开展的教学工作提供了有益的教学资料。这也使得本书既可以成为研究者的读本，也可以起到中国语言文化专题教材的作用。

三、学术交流：积极参加和组织各类与语言文化相关的学术活动

考虑到中国语言文化的多样性，同时结合语言文化教学工作，从文化教学模式、文化传播理念、中文教师的文化使命、读写课程的跨文化教学策略和本土中文教材编写的文化内容的设计等方面，笔者不断总结和探索文化教学中的相关理论问题，并在学术研讨活动中不断交流与对话。近五年，笔者共计组织和主持校外专家讲座与学术论坛多场，参加相关学术研讨会23次。

2018年11月8日—9日，笔者在北京大学参加由世界汉语教学学会和孔子学院总部/国家汉办联合举办的第十三届国际汉语教学研讨会，演讲题目为《中国文化体验式教学模式与实证研究》，介绍了体验式文化教学在中国政法大学来华留学生汉语教学中的实践与应用。2019年5月18日，在天津大学参加"语言之美 文化之魅——汉语国际教育暨中国文化传播学术研讨会"，报告题目为《"自信力"与"他信力"——"一带一路"与中国文化传播》，强调中国文化的"自信"与"他信"问题。2019年6月14日，在青岛大学参加由《世界汉语教学》编辑部和青岛大学国际教育学院举办的"新时代汉语国际教育学术研讨会"，报告题目为《新时代汉语教师的文化使命》，重点是讨论中文教师的文化意识和文化实践，突出其时代使命感。2020年9月26日，在线上参加吉林大学主办的"第六届中国语言政策与语言规划学术研讨会"，演讲题目为《从"语言教学"到"文化使命"——基于中国语言政策对国际中文教师定位的影响研究》，从语言政策角度论述并强调国际中文教师的文化使命。

特别值得一提的是，2019年，中国政法大学国际教育学院成功组织了首届汉语国际教育学术研讨会。为进一步推进"双一流"背景下的汉语国际教育工作，推动学科的建设与发展，中国政法大学国际教育学院于2019年10月11—12日在北京昌平区召开为期两天的语言教学与文化传播暨"双一流"背景下汉语国际教育学术研讨会，邀请学界知名专家结合汉语教学和文化传播问题做主旨报告。中国政法大学副校长李秀云、世界汉语教学学会副会长崔希亮为大会开幕式致辞，来自广西、天津、云南、辽宁和北京五地共十三所高等院校的三十余名学者（其中包括四位孔子学院院长）和三十余名研究

生、留学生参会。大家就汉语国际教育特点与教学方法、汉语教学与交际文化、海外孔子学院与中国文化传播等学术问题进行研讨交流。新时期，汉语国际教育研究者需要在继承中发展，在创新中挑战，肩负起时代赋予的重任，此次研讨会系中国政法大学国际教育学院举办的首届学术研讨会，并得到世界汉语教学学会的大力支持。

中国政法大学副校长李秀云表示该校国际教育学院2017年开设汉语言专业，成了学校教学单位之一，承担全校留学生必修课与选修课的汉语教学。期待此次大会的召开可以促进学科发展，以中国政法大学资源为依托，以兄弟院校专家学者的支持为动力，开拓该校汉语国际教育与研究的新局面。

世界汉语教学学会副会长崔希亮肯定了该校汉语国际教育的发展，希望更多青年学者加入其中，为汉语推广做出自己的贡献。同时他也表示近年来随着我国综合国力不断提升，汉语国际教育正面临着全新的发展需求，从业者在教学基础理论研究、应用研究、教学规划、课堂设置、教材编写和师资培养等方面都要有新的跟进。随后，他做了题为《汉语国际教育与文化传播》的大会报告。

此次大会还特别邀请到了汉语国际教育著名专家、北京语言大学刘珣教授和张占一教授，首都师范大学林秀琴副教授等做主旨报告。刘珣教授从事汉语国际教育事业已经55年了，他表示汉语教学事业是国家和民族的事业，要更好地发挥语言在推进理解、凝聚共识、促进合作、深化交流中的独特作用。在以《汉语教学的特点和教法教材》为题的报告中，他指出我们要重视语言教学的共性，更要研究汉语教学的特殊性，通过汉语教学法研究和汉语教材研发，尽可能化解学汉语难的问题。

张占一教授在题为《再谈对外汉语教学与交际文化问题》的报告中回顾了汉语国际教育的发展史，并明确了交际文化与知识文化的定义。他表示，要保证跨文化交际信息畅通无阻，就应该以文化因素在交际中的功能（误解与否）作为划界的准绳。在教学过程中，注重学生母语与汉语的对比，找出学生的交际误点，进行针对性教学。笔者对语言文化理论，尤其是对跨文化交际理论的关注，恰恰是从整理张占一教授相关研究成果的过程中开始的。

首都师范大学林秀琴副教授在以《任务型教学理念在阅读材料编写中的运用》为题的报告中表示，以"任务"组织教学，倡导在"用"中学，可以充分发挥学习者自身的认知能力,调动他们已有的目的语资源,在实践中感知、认识、应用目的语。

中国政法大学的专家学者介绍了海外孔子学院的文化传播经验,展示了跨文化汉语教学的可喜成果。张丽英教授以《孔子学院的文化传播模式》为题的报告,介绍了班戈大学孔子学院的文化活动设计与跨文化的艺术交流。董京波副教授以《如何在"一带一路"国家中小学推广汉语教学——以布加勒斯特大学孔子学院为例》为题的报告认为,在"一带一路"国家中小学推广汉语教学具有非常重要的意义,具有促进"一带一路"国家民心相通的重要作用。文章从制度建设推动汉语进入国民教育体系和提高 HSK 考试在相关国家认可度以及教材编写、文学翻译、文化活动等多方面进行论述。

其间,笔者的主旨报告题目是《继承 发展 创新 挑战——对外汉语教学与跨文化研究》。报告主要对中国对外汉语教学中的语言教学和文化教学的学科发展史进行了梳理,在总结前人跨文化理论的过程中,进一步明确语言教学与文化教学不可分割的密切联系,建议未来的汉语教学研究需要在人才培养目标的"跨文化人格"形塑,师资队伍自身角色定位的调整,以及以汉语为本体的中国文化教学大纲的制定等方面肩负起时代赋予的重任。2021 年 7 月 30 日—8 月 1 日,这一观点经过笔者不断凝练和总结,形成题为《构建以文化为中心的汉语教学模式》报告内容,在美国乔治·华盛顿大学(George Washington University)主办的"2021 年第六届汉语作为第二语言研究国际研讨会"(The 6th International Conference on Chinese as a Second Language Research,CASLAR-6)上做线上分享。

从汉语创意写作教学的角度来探讨跨文化问题,这也是笔者的研究兴趣之一。2019 年 6 月 22 日,笔者在上海参加由上海大学举办的"'一带一路'背景下国际汉语教育国际学术研讨会",报告题目是《"一带一路"俄语国家留学生汉语写作偏误分析与跨文化教学策略——以中国政法大学汉语言专业本科教学为例》。2019 年 10 月 18 日—20 日,在西安参加由西北大学举办的"第五届世界华文创意写作大会",报告题目为《诗意写作的跨文化路径——以中国政法大学来华留学生高级汉语写作教学为例》,从跨文化的角度介绍创意写作教学模式在留学生教学实践中的应用和取得的成效。2019 年 12 月 21 日—22 日,在西安参加由西安外国语大学中文学院联合孔子学院总部下属五洲汉风教育科技有限公司共同主办的"汉教精英——汉语国际教育教学理论、实践与创新研讨会",做了题为《汉语写作与跨文化路径》的报告,展示汉语写作教学中的跨文化方法和教学成果。2020年3月25日,在线上参加由国家汉办、中国驻圣彼得堡总领馆教育组、圣彼得堡私立补充教育东方语言文化教育学院独立孔子课堂、彼得堡瓦西里区国立第32中学联合举办的"当代教师可持续发展体系"国际在线论坛,做了题为《新手 成手 专家——汉语教师如何在对俄语国家留学生的写作教学中实现"三级跳"》的报告,侧重探讨汉语教师的跨文化素质问题。2020年8月1日,在线上参加北京语言大学举办的"新形势下的全球中文线上教学反思与展望"系列研讨公益活动(第三场),主旨报告题目为《"学情"与"共情"——以中国政法大学汉语言专业本科留学生在线读写课程教学为例》,介绍线上教学的学习者情况和跨文化共情的教学策略。2020年11月7日,在线上参加北京语言大学举办的"第二届来华留学生本科教育高峰论坛",做了题为《创意写作:高级汉语写作的跨文化实践》的报告,进一步展示汉语创意写作的教学成果。

关注汉语的文化义。2020年10月23日,笔者在上海参加由上海交通大学举办的"第六届全国语言学核心期刊主编与青年学者对话论坛",做了题为《颜色与情感:汉语色彩词情感义及其生成机制》的报告,从汉语颜色词的角度具体论述汉语情感义和文化义的呈现模式,体现中国语言文化的丰富性。

2020年对于国际中文教育是特殊的一年。因新冠肺炎疫情的影响,线上教学成为教学的新常态。为了进一步提升教学质量,笔者非常关注线上教学的相关问题。这一年,既有信息技术的应用,也有本土中文教材的编写实践,同时离不开跨学科研究的若干思考。

2020年11月29日—30日,笔者在北京参加由北京大学对外汉语教育学院和唐风国际教育集团联合举办的第三届"互联网+"国际教育应用大会,做了题为《在线教学的"录"与"播"》的报告,提出融入网络技术要素和视听等多模态教学形式,加强师生互动,实现形式的创新和内容的更新,并提倡在线上教学中融入跨文化的教学策略。

在2021年的学术交流活动中,为适应国际本土化中文教材的研发需要,笔者更加关注文化内容在本土中文教材中的编写模式问题。

2021年7月27日,笔者在线上参加由布加勒斯特大学孔子学院和布加勒斯特大学外国语学院东方语言文学系主办的"罗马尼亚中文教育本土化建设学术研讨会"。开幕式由布加勒斯特大学孔子学院罗马尼亚方院长白罗米教授主持。大会主持人系布加勒斯特大学孔子学院中方院长李立教授。受邀做报告的中方专家有北京语言大学的刘珣教授、吴应辉教授和辽宁师范大学的李宝贵教授。

刘珣教授的报告题目是《谈中文教材建设新趋向》，他认为：中文教材经历了半个多世纪的发展，已进入新的时期。新时期教材建设的目标是化解"汉语难"、提高汉语教学效率，有利于国际中文教育可持续高质量发展。教材建设的方向是教材的"本土化"。报告集中讨论教材建设本土化需要研究的主要问题，并以《新实用汉语课本》的升级版作为案例加以说明。

吴应辉教授的报告题目是《中文教育本土化的类型、要素与实现路径》，他认为：中文教育本土化是中文走向世界面临的重要理论和实践问题。从全球视角考察，中文教育的本土化包括国别本土化、区域本土化、语别本土化，对于一些国土面积广大、语言文化多元的国家，还存在一国之内特定地区的本土化问题；从中文教育的内部考察，中文教育的本土化主要包括政策与标准体系本土化、师资本土化、教学资源本土化，甚至包括教学方法的本土化。国际中文教育的本土化是中文国际传播的深化和细化，有利于推动中文教育在全球的长期可持续发展。中文教育本土化的主要路径有制定国别、区域、语别中文教育政策和标准体系；构建国别、区域、语别中文教育师资培养体系，包括本土师资和中文母语师资培养；研发具有国别、区域、语别针对性的中文教学资源等。典型案例证明，开展与中国中文教育机构的合作是快速推进中文教育本土化发展，提升中文教育本土化质量的有效途径。关于中文教育本土化的类型、要素与实现路径的探讨对包括罗马尼亚在内的各国中文教育的本土化发展具有参考价值。

李宝贵教授的报告题目是《浅谈意大利国际中文教育本土化建设》，他认为：意大利是欧洲最早开展中文教学的国家之一，拥有深厚的中文教学基础。随着中文纳入意大利国民教育体系和意大利加入共建"一带一路"倡议，意大利中文教育不断深化发展，本土化建设特色鲜明、成效显著。报告从意大利中文教育政策演进和中文纳入意大利国民教育体系情况，意大利本土化师资培养、课程建设、教材研发等维度，以翔实的材料全面介绍和分析意大利国际中文教育本土化发展状况，以期为欧洲其他国家的国际中文教育本土化建设提供参考与借鉴。

笔者参加该学术研讨会的报告题目为《跨文化的融合与对比——以罗马尼亚中文本土教材的文化内容编写为例》，提出文化"独现""对比""共现"的编写模式，主张从中国传统文化出发，将当代文化与传统文化相结合，在中外文化对比中"求同存异""异中求同"，通过共性的文化元素打造特色化的本土中文教材。

2021年7月9日，笔者在北京参加由北京语言大学汉语国际教育研究院和新西兰梅西大学人文学院联合举办的第17届国际中文教育学术研讨会（ICCSL-17），做了题为《罗马尼亚本土教材的文化内容设计》的报告，结合本土教材编写的切身实践，详细地介绍了罗马尼亚本土中文教材编写的基本理念和细节的设计，在国别化、本土化方面提出文化维度的建议。

从专业化建设角度而言，中国政法大学的国际中文教育还很年轻，是国际中文教育中的小团队，其教师都在45周岁以内，都是"70后""80后""90后"的年轻人，所以堪称是朝气蓬勃的青春团队。为推进国际教育与跨文化交流，提升教学科研水平，展示国际中文教师风采，在遵循现有跨文化汉语教学规律的基础上，国际教育学院汉语言专业教研室全体教师拟进一步拓宽跨学科理论研究与教学实践，以中文教育教学为基础，以法律汉语为专业特色，以文学和文化为学生活动亮点，融合交叉学科资源，创新语言教学模式，积极打造特色化教学团队。为此，2021年，在学校教师发展中心的大力支持下，笔者在作为教研室负责人期间，牵头组织了"中国政法大学国际中文教育跨学科研究论坛"（共六期）。其讲座主题包括汉英双语加工、法律中文教材研发、汉语作为第二语言的文学教育、短视频教学展示、生活语言与文化、思想政治课程实践等，关注跨学科热点问题，适应时代发展需要，突出法律学科高校专业特色。该论坛旨在为青年教师提供主讲平台，创新传统的研讨模式，展示他们的学术成果和教学实践，与学界同仁对话，展示学院的专业特色和亮点课程，尤其是聆听校内外汉语国际教育专家的点评，在教学科研和学术提升方面为其导航，收获更前沿的科研能量，取得更快更显著的学术进步。截至2021年6月底，此论坛已成功举办三期。北京大学的赵杨教授，北京语言大学的崔永华教授、姜丽萍教授、张浩教授、郑艳群教授，北京师范大学的王学松教授、冯丽萍教授和中国政法大学的张丽英教授、崔玉珍副教授等相关专家都受邀参与点评，分享国际中文教育领域的专家智慧，给予该论坛大力的学术支持。

近年来，正是源于对中国语言文化领域的学术交流，笔者对语言文化问题的认识和理解日益加深——无论是语言本体，还是文化内容，付诸中国语言文化的学术热情也与日俱增，更希望围绕这个话题做更加深入的研讨。这也正是本书能够最终完成并分享给读者的一个学术渊源。

四、内容框架：文化语言学理论与文化教学实践的多维度融合

理论，在实践中得以应用；实践，在理论中得以提升。理想的教育应该是理论与实践的紧密结合、相互促进。因笔者有针对中国学生和来华留学生的双重教学经历，所以本著作融合了中国语言文化和国际中文教学实践的成果，涉及的内容既有微观领域的语言文化现象，也有宏观领域的跨学科理论思考，整体上比较宽泛，内容框架也体现出中国语言文化理论和国际中文教学实践的融合模式。

基于教学对象的差异性，在文化层面，研究者会关注跨文化的教学模式，教学者也会侧重语言中的文化教学策略，希望不断创新文化教学的模式，以适应国际中文教育的最新发展。

关于学理层面的思考，在此更关注文化语言学的理论成果，关于文化教学模式的反思，在此侧重国际中文教育中的教学实践。正是这两方面的融合，让本著作的内容日益清晰，从文化语言学理论走向文化教学实践，一线文化教学实践成果反过来助推文化教学理论的若干思考，让思考能够启发教学实践，实现理论与教学的良性互动。

具体的内容框架如下：

中国语言文化内容丰富，涉及中国传统文化、交际文化和知识文化等多个方面。在主题式梳理的过程中，我们可以从多个角度理解自身的语言文化内涵，并简要地进行汉外对比，以明确跨文化交际中的禁区，为国际中文教育教学，尤其是文化教学，提供可资借鉴的理论研究成果。汉语作为一种外语教学，具有以语言为基础的"文化教学潜力"，这主要体现在语言本身的

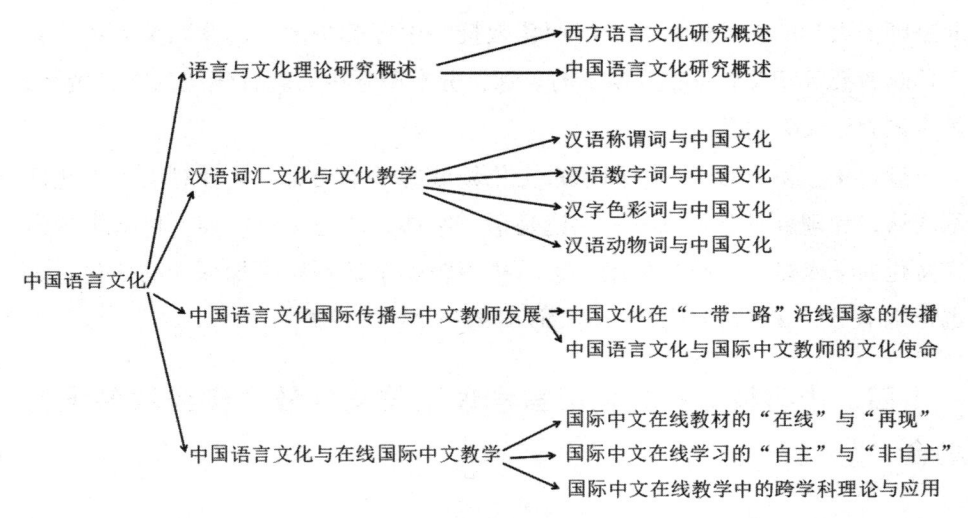

```
                                        ┌─→ 西方语言文化研究概述
                   ┌─ 语言与文化理论研究概述 ─┤
                   │                     └─→ 中国语言文化研究概述
                   │
                   │                        ┌─→ 汉语称谓词与中国文化
                   │                        ├─→ 汉语数字词与中国文化
                   ├─ 汉语词汇文化与文化教学 ─┤
                   │                        ├─→ 汉字色彩词与中国文化
中国语言文化 ──────┤                        └─→ 汉语动物词与中国文化
                   │
                   │                                        ┌─→ 中国文化在"一带一路"沿线国家的传播
                   ├─ 中国语言文化国际传播与中文教师发展 ─┤
                   │                                        └─→ 中国语言文化与国际中文教师的文化使命
                   │
                   │                                 ┌─→ 国际中文在线教材的"在线"与"再现"
                   └─ 中国语言文化与在线国际中文教学 ─┼─→ 国际中文在线学习的"自主"与"非自主"
                                                     └─→ 国际中文在线教学中的跨学科理论与应用
```

"文化内容""文化意义传递"和"非语言行为的文化差异"①。所以，在汉语作为外语教学的过程中，师生都在完成一个"文化共情"与"文化移情"的过程。

著名学者 Ruben（1976）指出，在有效的跨文化交际过程中，文化移情能力是指交际者尽量置身于另一种文化模式中，设身处地地去思考，通过语言和非语言行为去体验、去表达，从而向交际另一方表明已经充分理解其交际内容。文化移情主要表现在两个方面：一方面是语言语用移情，指的是说话者刻意地使用某些语言向听话者传达自己的某种心态和意图，以使听话者准确地领会说话者的话语含义；另一方面是社会语用移情，指的是交际者都要自觉地站到对方立场上，尊重彼此的文化习俗，宽容彼此的文化不同点。一个具有良好文化移情能力的人应该是与时俱进的学习者，并应该持有态度开放的文化价值观。②

---

① 张红玲. 跨文化外语教学 [M]. 上海：上海外语教育出版社，2007：87.
② 郭娟. 外语教学与语言文化 [M]. 长春：吉林文史出版社，2016：231.

五、论述焦点：汉语词汇文化与国际中文教育中的文化教学问题

根据刘珣在《对外汉语教育教学引论》中的论述，对外汉语教学中的语言文化因素主要包括"语构文化"，即指词、词组、句子和话语篇章的构造所体现的文化特点，如"苹果多少钱一斤？""苹果一斤多少钱？""一斤苹果多少钱？""多少钱一斤苹果？"；还包括"语义文化"，即语言的语义系统主要词汇中所包含的社会文化义，如"科举""下放""农转非"等；还包括"语用文化"，指语言用于交际中的语用规则和文化规约，如"你的毛衣真漂亮！""漂亮什么，都快穿旧了。"[①] 而本书关注的主要是基于词汇考察的语义文化和语用文化。在主题式梳理的过程中，汉语词汇在汉字的形音义组合方面，在历史文化的追述方面，在当代语言发展的转化方面，都呈现出文化的信息。因其词汇中包含文化内涵，我们可以称之为词汇文化。

对此，有的学者也称之为"文化词汇"，如常敬宇所论："文化词汇是指特定文化范畴的词汇，它是民族文化在语言词汇中直接或间接的反映。文化词汇与其他一般词汇的界定有以下两点：一是文化词汇本身载有明确的民族文化信息，并且隐含着深层的民族文化的含义。文化词汇的另一特点，是它与民族文化，包括上面所说的物质文化、制度文化和心理文化有各种关系，有的是该文化的直接反映，如'龙、凤、华表'等；有的则是间接反映，如汉语中的红、黄、白、黑等颜色词及松、竹、梅等象征词语；有的和各种文化存在着渊源关系，如来自文化典籍的词语及来自宗教的词语等。"[②] 显然，二者的出发点不尽相同，"词汇文化"从汉语词出发，从中发现和解读与文化有关的信息，是由"词汇"之"表"进入"文化"之"里"的研究过程；而"文化词汇"从文化专题出发，从中发现某一文化背景下的词汇表达方式，故是一个由"文化"之"表"进入"词汇"之"里"的研究过程。虽然讨论的出发点不同，但是，这两个研究范畴都是致力于语言文化关系的研究，内外结合，殊途同归。

---

① 刘珣. 对外汉语教育教学引论 [M]. 北京：北京语言大学出版社，2010：133-139.
② 常敬宇. 汉语词汇与文化 [M]. 北京：北京大学出版社，1995：2-3.

关注词汇离不开文化的视角，关注文化离不开词汇的表达。这类主题式的词汇文化是中国语言文化的重要构成部分，对其研究有助于母语者深入理解本民族的文化心理，也有助于国际中文教师从第二语言词汇习得的角度总结教学规律，从而在来华留学生的本科汉语教学中探索新的教学技巧和方法。

目 录
CONTENTS

第一部分：语言与文化理论研究概述

第一章　西方语言文化研究概述 ······ 3
- 第一节　语言的精神结构 ······ 3
- 第二节　语言的相对理论 ······ 12
- 第三节　语言的文化教学 ······ 23
- 第四节　他者的汉语文化 ······ 28

第二章　中国语言文化研究概述 ······ 48
- 第一节　汉语与文化理论 ······ 49
- 第二节　汉语与文化历史 ······ 52
- 第三节　汉语与人文精神 ······ 58
- 第四节　汉语与文化翻译 ······ 65

第二部分：汉语词汇文化与文化教学研究

第三章　汉语称谓词与中国文化 ······ 71
- 第一节　称谓与姓名 ······ 72
- 第二节　称谓与礼仪 ······ 80
- 第三节　称谓与层级 ······ 82

第四节　称谓与性别 …… 89
  第五节　教学与反思 …… 97

第四章　汉语数字词与中国文化 …… **100**
  第一节　数字与书写 …… 102
  第二节　数字与思维 …… 107
  第三节　数字与时间 …… 115
  第四节　数字与空间 …… 119
  第五节　教学与反思 …… 123

第五章　汉语色彩词与中国文化 …… **131**
  第一节　色彩与价值 …… 132
  第二节　色彩与两极 …… 138
  第三节　色彩与情感 …… 140
  第四节　教学与反思 …… 155

第六章　汉语动物词与中国文化 …… **161**
  第一节　动物与图腾崇拜 …… 161
  第二节　动物与农耕文明 …… 172
  第三节　动物与汉外文化 …… 177
  第四节　教学与反思 …… 194

第三部分：中国语言文化国际传播与中文教师发展研究

第七章　中国语言文化在"一带一路"沿线国家的传播 …… **203**
  第一节　中国语言文化传播与文化自信力 …… 204
  第二节　中国语言文化传播与文化他信力 …… 210

第八章　中国语言文化与国际中文教师的文化使命 …… **217**
  第一节　跨文化语言素质与异质文化沟通 …… 218
  第二节　跨文化教学素质与本国文化传播 …… 220
  第三节　跨文化科研素质与汉外比较研究 …… 224

第四部分：中国语言文化与国际中文在线教学研究

第九章　国际中文教材的"在线"与"再现" …………………… 229
第一节　多模态话语理论与教材多模态呈现 ………………… 229
第二节　"在线"中文教材的"再现"模式 …………………… 231
第三节　"在线"中文教材的"再现"价值 …………………… 239

第十章　国际中文在线学习的"自主"与"非自主" ………… 243
第一节　研究概况 ……………………………………………… 243
第二节　"选择你自己的学习方式"：在线学习者"自主学习"动态学情分析 …………………………………………………… 245
第三节　"自主"学习的"非自主性"：国际中文教师的在线干预机制 …………………………………………………………… 251

第十一章　国际中文在线教学的跨学科理论与应用 ………… 255
第一节　共情理论及其在教育领域中的应用 ………………… 255
第二节　共情理论与国际中文教学研究 ……………………… 260
第三节　研究对象与课程设置 ………………………………… 262
第四节　教学与反思 …………………………………………… 271

参考文献 …………………………………………………………… 274
后　记 ……………………………………………………………… 281

第一部分：
语言与文化理论研究概述

第一章 西方语言文化研究概述

引 言

"西方"不仅是一个地理的概念,而且也是与"东方"相对应所提出的一个语言文化概念。原因在于汉字的"东"和"西"不仅有地理空间的可视性差异,即地形、气候、方位等差异,而且还有来自不同语言系统的文化差异。在英语为世界通用语言的环境下,语言文化理论围绕英语展开,是字母文化的理论,与汉语不同,但是却可以参考借鉴,从中进一步明确汉语的独特性,清楚地知道以英语为代表的西方语言文化规约。所以,关于中国语言文化问题的探讨,可以先从比较的视角开始,简要概述西方语言文化理论研究成果,反观中国语言文化的特色,以及与世界各民族语言的文化共性问题。

第一节 语言的精神结构

语言的物质性和精神性不可分割,诚如马克思和恩格斯所言:"精神从一开始就很倒霉,注定要受物质的'纠缠',物质在这里表现为震动着的空气层、声音,简言之,即语言。"[1] 关于语言的精神结构可以从语言文化思想家的论述中获得理性的概括,以德国的威廉·冯·洪堡特(Wilhelm von Humboldt)的思想为代表。

洪堡特的语言学思想在世界历史中具有重要的地位与影响。在"影响世界历史进程的书"中,曾有这样的评价:

---

[1] 马克思,恩格斯. 德意志意识形态[M]//马克思恩格斯选集:第1卷. 北京:人民出版社,1972:35.

语言学是一门古老的学科，最初以语言形式和语义关系的哲学问题出现。19世纪，历史比较方法在语言研究中占据主导地位，洪堡特的基本思想就是在这个学术背景中产生与形成的。洪堡特是一个怀有远大理想的人文主义者，他的目标是考察语言差异、民族划分与人类精神力量的创造活动的关系，所以，在《论人类语言结构的差异及其对人类精神发展的影响》中，他把语言学的研究从语法、语义、语音的角度，转向一个更高、更深层次的角度，即语言与民族精神力量的形成的相互联系。洪堡特认为，我们如果不以民族精神力量为出发点，就根本无法彻底解答那些跟富有内在生命力的语言构造有关的问题，以及语言的最大差别由何产生的问题。据此，他提出了"语言绝不是产品，而是一种创造活动"这句一再被后人引用的名言。这个崭新的、独具慧眼的研究角度使得他远远超越同时代的人，在语言的本质和功能、语言和思维的关系、语言的文化内涵等重大理论问题上，提出了一系列富有创见的理论观点，从而为现代语言学思想奠定了基础。

洪堡特的语言学思想对20世纪的语言学产生了持久、深刻的影响，引起美国语言学革命的乔姆斯基就以洪堡特的学说继承者自居。洪堡特当年提出的某些问题，至今仍是语言学家热烈讨论的中心问题。①

中国与汉语在文化地理的视域中早就已经引起了外国语言学家的关注。这种关注是以语言比较的视角切入的，并通过语言的根须透析民族的精神力量：

比较语言研究即是要对无数民族都同样作为人面对着语言形成的使命所采取的各种解决方法做出精确的解释；要是不考虑语言与民族精神力量的形态之间的关系，那么，比较语言研究就失去了全部更高的情趣。要认清一个民族的真正本质，认清某种具体语言的内部联系，以及这种语言与全部语言要求的关系，也完全取决于对整个精神特性的观察。因为，正是大自然造就了这个精神特性，地理位置也对此施加了影响，民族的特点也就只有通过精神特性才汇合形成，精神特性在行动、组织和思想方面创造出来的东西都完全建立在这个民族特点的基础之上，而这个民族特点具有使精神特性通过每

---

① 洪堡特. 论人类语言结构的差异及其对人类精神发展的影响 [M]. 钱敏汝，译. 西安：陕西人民出版社，2006：13.

个个人持续不断往下传承的力量和尊严。语言从另一方面来说是内心存在的功能器官，这个存在本身渐渐进入内心的认识并成为表达。因而，语言把它所有纤细的根须都扎进民族的精神力量中去。这种精神力量越恰当地对它起反作用，它发展得就越有规律和丰富多彩。

正如作者在序言的结尾中所说的：

我在本序言中要探讨的论题是，观察语言的差异和民族的分布，同在逐渐变化和新的形态中不断发展着的人类精神力量的创造之间的关联，倘若这两种现象是能够相互解释的话。我认为，这种观察在深入探讨两个大语系和一些具体语言的形式差异，并让我们看到一个地区的语言和文化状况的这样一部论著中，是有必要的。这个地区即便是包容了多种多样的语言和方言土语，也仍然受到部分大陆地区的影响，正是在这部分地区出现了从汉语的单音节字到印度语的形式多样性，此外还有闪米特语言结构的单一固定形态这样一些十分壮观和奇特的语言现象。①

洪堡特基于语言的认知功能认为：

人从自身中造出语言，而通过同一种语言，他也把自己束缚在语言之中；每一种语言都在它所隶属的民族周围设下一道藩篱，一个人只有跨过另一种语言的藩篱进入其中，才有可能摆脱母语藩篱的约束。所以，我们或许可以说，学会一种外语就意味着在业已形成的世界观的领域里赢得一个新的立足点。在某种程度上说，这确是事实，因为每一种语言都包含着属于某个人类群体的概念和想象方式的完整体系。②

由此可知，在洪堡特的理论构建中，语言不是孤立的存在，语言是一种"世界观"，而且是"包含着属于某个人类群体的概念和想象方式的"世界观，语言让人们看到了一个民族的世界观，这就是洪堡特从语言之外来看语言的思想贡献。

---

① 洪堡特. 论人类语言结构的差异及其对人类精神发展的影响 [M]. 钱敏汝，译. 西安：陕西人民出版社，2006：15—16.
② 姚小平. 洪堡特——人文研究和语言研究 [M]. 北京：外语教学与研究出版社，1995：136.

其中的几个关键词值得推敲：

"藩篱"——具有象征意义和隐喻特性，相当于《西游记》中孙悟空给唐僧画的那个圈，或者一家一户的大门，以此为界，外边的人进不来，里边的人出不去，这种自画的圈或者自设的地界，就成为隔绝"他者"并束缚自我的"藩篱"。语言恰恰是在此划分了语言阵营，拒"非我族类"于门外，所以要拉近一国一民族一乡村的距离，就必须掌握该族类所拥有的语言，正如我们学习英语是为了走进西方国家留学、工作是一样的。相反，若要吸纳外族人群走进中国，自然要传播中国语言，输出中国文化，通过官方或非官方的域外组织来打开语言学习的大门。没有语言的相通，世界各个民族之间的充分交流是很难实现的。

我们对这种观点的理解并不困难。举两个例子来看，比如英语的"family"和汉语的"家"，就具有认知世界的文化意义。"family"是"father"+"mother"+"I"的组合词，从中传递出的一个文化信息就是：英语民族是以父母和孩子的共存作为"family"的认知内容。换言之，没有父母就没有"family"。有人也将此理解成为个体的本位观和独立性问题，因为只有高大的"I"才可以为父母遮风挡雨，从另一个层面也凸显了英语国家或民族的主体性思想。

在英文词典中收集的英英释义如下：

1. A social unit living together；

①He moved his family to Virginia.

②It was a good Christian household.

③I waited until the whole house was asleep.

2. Primary social group；parents and children；

He wanted to have a good job before starting a family.

3. People descended from a common ancestor；

His family has lived in Massachusetts since the Mayflower.

4. A collection of things sharing a common attribute；

There are two classes of detergents.

5. An association of people who share common beliefs or activities；

①The message was addressed not just to employees but to every member of the company family.

②The church welcomed new members into its fellowship.

实际上，根据许慎的《说文解字》释义，"家"的意义归于会意字和形声字；金文从宀从豕；凡祭，士以羊豕，古者庶士庶人无庙，祭于寝（亦食居之所，故从宀），陈豕（已熟者）于屋下也。小篆从宀，豭省（省豭右段）声，本义作"居"解，乃人所居屋，故从宀。

现在，"家"的内涵比较多元，所指不同，大约有十余种：①指人的居住处所；②指一门之内，如夫妻、子女、祖孙等共同生活者；③指夫谓妻；④指有专门学问的人，如文学家、书法家、唐宋八大家；⑤指大夫、医生；⑥指人的全部财产；⑦指店、肆；⑧指门阀；⑨指人的姓；⑩指家人；⑪指家中饲养的动物，如家禽、家畜；⑫指对人谦称自己的亲长，如家父、家母、家兄等。

该著作中类似段落层出不穷，例如：

第一，语言是一种天赋。这种天赋不是物质的存在，就是说"语言并不是活动的产物，而是精神的一种不由自主的放射，它并不是各民族的作品，而是各民族通过其内在的灵慧而获得的一种天赋"[1]。这是人类智慧的物质产物，也是人类智慧的精神产物。如此可说，"语言绝不能被看作是与精神特性分离开来的外在之物，因而语言原本是不可教授的，而只能够在心性中被唤醒，尽管第一眼看上去并非如此"[2]。这种不可言说的神秘性恰恰是语言的精神性意义使然。

第二，语言的创造是人的内在需求。内在需求是语言创新的驱动力，物质产品如此，精神产品也如此。从语言文明角度看，"创造语言是人类的某种内在需要，并不仅仅是出自维系共同交往的外部需要，而且是原本就存在于人类的自然本质之中的、对于人类精神力量的发展和对于世界观的形成不可缺少的一种需要；人的世界观需要依靠与他人共同的思维才能使自己的思维清晰和明确起来，也只有这样才能形成"[3]。这种观点也可以通过假设来思考，"如果人们可以设想，一种语言在一个民族里的形成方式能够像词从世界观中最合理和最直观地产生出来，以最纯粹的方式重新表示出世界观，并且为了能够最简便和最实体性地进入思想的每一个组合而塑造自己的形态，那么，这一语言只要还保存着某种自身的生命原则，就一定会在每个人体内部同样

---

[1] 洪堡特. 论人类语言结构的差异及其对人类精神发展的影响[M]. 钱敏汝, 译. 西安：陕西人民出版社, 2006：19.

[2] 洪堡特. 论人类语言结构的差异及其对人类精神发展的影响[M]. 钱敏汝, 译. 西安：陕西人民出版社, 2006：17.

[3] 洪堡特. 论人类语言结构的差异及其对人类精神发展的影响[M]. 钱敏汝, 译. 西安：陕西人民出版社, 2006：23.

成功地朝着这个方向唤起这种精神力量"①。之所以在各个民族之间会产生异质文化，其中的原因在于民族性的差异、精神性的差异，语言的差异归根结底是精神世界的差异。如洪堡特所言，"人类语言的结构出现差异的原因是因为诸民族的精神特性本身各不相同"②，"语言可以说是各个民族的精神的外在表现：他们的语言即是他们的精神，他们的精神即是他们的语言"③。在内外融合统一的层面上，语言和精神可以通约，并且彼此交互影响。外在的语言，世界上的不同语言，就犹如一种空气的存在一样，时时处处影响着人类内在的心灵呼吸。实际生活中，"语言——不管人们以哪种形态接受它——总是一个民族个性的生命呼出的一种精神气息"④。这种"精神气息"源自人的生命内核，是每个民族独有的文化内核。

第三，精神需要语言的理解。精神不是自主存在的，需要一种特定民族语言的参与和协助才可以理解，实现认同并达成共识。"人在地球上的此在似乎只同植物那样无意识，在这样的此在中，个人对帮助的需要促使他同别人建立联系，并且为了能从事集体活动而要求通过语言来相互理解。精神的发展也同样如此。即使在人的心性处于最孤独的与世隔绝的状态之下，精神的发展也只有依仗语言才能实现。而语言本身要求针对一个外在的、懂得它的生灵。清晰的语音发自这一个人的胸中，为的是在另一个人身上引发返回耳中的相同声响。"⑤ 这就是一个通过语言实现人与人之间相互理解的过程，尤其是共同的语言，共同的语音，其力量是巨大的、无形的，从深层唤起人们共同的情感。

语音可以激发思乡之情。这是因为"民族出身对人类语言的威力仍然足够明朗地在人类语言按民族的分布显示出来。这种威力本身也很容易得到解释，因为民族出身对整个个性的作用是那样强大无比，而与这个个性最密切相关的是每次都以某种特点出现的语言。假如不是语言通过它出自人类本质

---

① 洪堡特. 论人类语言结构的差异及其对人类精神发展的影响［M］. 钱敏汝，译. 西安：陕西人民出版社，2006：48.

② 洪堡特. 论人类语言结构的差异及其对人类精神发展的影响［M］. 钱敏汝，译. 西安：陕西人民出版社，2006：51.

③ 洪堡特. 论人类语言结构的差异及其对人类精神发展的影响［M］. 钱敏汝，译. 西安：陕西人民出版社，2006：51.

④ 洪堡特. 论人类语言结构的差异及其对人类精神发展的影响［M］. 钱敏汝，译. 西安：陕西人民出版社，2006：57.

⑤ 洪堡特. 论人类语言结构的差异及其对人类精神发展的影响［M］. 钱敏汝，译. 西安：陕西人民出版社，2006：43.

深处的起源也与天生的民族出身产生真正的联系,为何对于有素养的和没素养的人来说祖国的联系都会比一个外族强大而紧密得多,以至于这种祖国的联系在长时期的隔断后也会突然地以一种神奇的方式在耳中出现和在远方引起思乡之情?这点明显不是建立在语言包含的精神内容,即所表达出来的思想和感情的基础之上的,而恰恰是建立在最无法说清的和最具有个性的东西之上,即语音;对于我们来说,听到乡音就像听到我们自己的一部分那样"①。

更重要的一点是,语音没有过去时,无论何时何地,只要听到自己民族的语音就会产生情感共鸣,有永远不会割舍的亲缘感,与熟悉的母语国和亲人建立亲近感、相思感。正如洪堡特所言:"语言与整个人类的此在一样,其起始与终极对我们来说均属无限,能看清的只是它一段短暂的过去。人们在它之中能比较清楚和活生生地感觉和体会到的是,即使是遥远的过去也照样是与当今的感觉联系在一起的,因为语言穿越了以前世世代代人的种种感觉并保留了这些痕迹,这些祖祖辈辈在我们用来表达感情的母语的语音中与我们保持着民族和家庭的亲缘关系。"②

在强调内在精神力量作用的同时,洪堡特认为,汉语和梵语的结构就是人类精神力量的创作。对于汉语作为母语的学者而言,其中第二十四章关于汉语的专门论述更是值得一看,从他者视域看我们自身的语言文化,感觉是迥然不同的:与梵语相比,"汉语把所有的语法形式都拒之门外,把它们统统纳入精神的工作范围","汉语不用小品词也照样行得通——汉语标示所有最广义上的语法形式还采用的手段是语序、只在某种形式中才能断定的词的用法、意义之间的关联"③。汉语似乎是最不符合语言自然发展规律要求的语言,是世界上最不完善的语言。实际上,汉语的特色体现在对精神世界的构建能力方面,即使这种构建能力带有某种片面性、主观性。

根据洪堡特的理解,汉语具有结构的一致性,能够发挥一种"催人奋进的作用",用精神就可以把汉语的"物质意义"和"精神意义"区分开来。

汉语本身作为一种辅助手段起着催人奋进的作用,为促进文明进步作出

---

① 洪堡特. 论人类语言结构的差异及其对人类精神发展的影响 [M]. 钱敏汝,译. 西安:陕西人民出版社,2006:68.
② 洪堡特. 论人类语言结构的差异及其对人类精神发展的影响 [M]. 钱敏汝,译. 西安:陕西人民出版社,2006:71.
③ 洪堡特. 论人类语言结构的差异及其对人类精神发展的影响 [M]. 钱敏汝,译. 西安:陕西人民出版社,2006:299.

了不小的贡献。首先，不容置疑的是汉语的结构具有高度的一致性。……随后，汉语不需要任何表意的语音做支持，它所包含的驾驭一切形式的手段就能使它做到更严密地注视和系统地梳理各种不同的形式关系。最终，汉语听上去让人觉得它只包含具有物质意义的语音，表达形式上关系全靠语音的位置和顺序。这样，精神就可以更加黑白分明地将物质意义和形式关系区别开来。人类所有语言的普遍共性是它们同有的一种内在形式，但同时又允许差异存在；而汉语与大家熟悉的所有其他语言的区别在于，它几乎通盘都不用语音的方式来表示形式关系。如果有人试图把汉语的某个部分强行放进其他语言的形式中去的话，就如属于最有名望的汉学家之一的阿贝尔—雷米萨曾提出过一套完整的汉语变格系统那样，以上的汉语特点便会更加突现出来。不言而喻的是，肯定每种语言里都有针对名词各种不同关系的区别手段。但这样的手段千万不能总是被视为名词真正意义上的格。要是用这种眼光来看汉语，它就面目全非了。正如雷米萨本人在这个问题上也很中肯地指出的那样，情况恰恰相反，汉语特有的长处体现在它的系统不同于其他的语言，虽然也是这同一个系统使汉语缺少了其他各种各样的优点，使它作为语言和作为精神的工具来说要比梵系和闪米特语系的那些语言逊色。汉语中的形式关系缺乏语音上的表示，这个现象不应该从单方面来看，还必须要考虑甚至重视这种短缺现象势必对精神产生的反作用。这种短缺现象迫使精神必须以更精巧的方式把形式关系与词结合在一起，但精神并未把形式关系直接置于词内，而是要到词中去发现这些关系。……

汉语特有的这种结构很可能是来源于汉族在远古时期就已形成的语音特点：这个民族的一种习俗是在发音时把音节与音节截然分隔开来，同时语音缺少灵活变化的可能性，一个音对另一个音无法产生任何影响。内在语言形式的精神特点只有在这种感性特点的基础上才能够得到解释，因为每一种语言都是从粗俗的大众语言开始起步的。①

可以说，把语言和人类精神世界相关联，是洪堡特为人类做出的巨大贡献。其中，以汉语为例并如此精准地分析汉语的精神结构更是独树一帜，所以其书其著不可以不读。洪堡特的著作《论人类语言结构的差异及其对人类精神发展的影响》(*On the Diversity of Human Language Construction and its Influence on*

---

① 洪堡特.论人类语言结构的差异及其对人类精神发展的影响[M].钱敏汝,译.西安：陕西人民出版社,2006：300-301.

the Mental Development of the Human Species）凝聚了其一生的语言思想精髓，是语言学者必读的经典书目。现有版本有：《论人类语言结构的差异及其对人类精神发展的影响》（姚小平译，北京：商务印书馆，1999年）、《论人类语言结构的差异及其对人类精神发展的影响》（姚小平译，北京：商务印书馆，2009年）、《论人类语言结构的差异及其对人类精神发展的影响》（钱敏汝译，西安：陕西人民出版社，2006年）、On language：on the diversity of human language construction and its influence on the mental development of the human species（Peter Heath译，姚小平导读，北京：世界图书出版公司，Cambridge，UK：Cambridge University Press，2008年）。

　　由洪堡特的语言世界观我们可以介绍另一位持相似观点者——德国语言学家魏斯格贝尔。他认为语言是一种决定人们世界观的积极力量，语言精神上的"中间世界"，它是客观实际和人的内部世界之间的一种媒介。他认为"中间世界"是在语义的基础上形成的，它不是客观实际的直接反应，而是人的理智思维工作的结果。从这样的观点出发加以引申，就可以认为词义或概念并不表示外界的客观世界（物理世界），而是代表人类自然环境和社会环境的心理状况。因此，它们不是人类肌体之外的物质的性质和关系的符号，而是人类感知和认识外界现象的内部机制的符号。从而可以认为外部世界对一切语言来说，都是一个取之不尽的共有的宝库，而各个民族又是根据自己的这个"中间世界"去感知客观事物，各取所需，对事物现象进行各不相同的归类。①

　　于是，人类不仅通过自己的感觉器官直接认识客观世界，而且还经过星空中的"猎户星座"只存在于"中间世界"，客观上存在的只是许多无边无际的零散的星群。他还说到，"野草"也只存在于"精神世界"，客观实际只有各个种类的植物，并无良莠之分。②

　　但由于客观实际作用于人的感觉器官大体上是接近的，不同社会的文化需要也是相似的，因此，人类对外界事物的归类也是大体相当的，例如各种语言里的猫与老鼠、猪与狗、谷与麦子、松树与柏树、人与猴、水与油、太阳与月亮、风与雨等从来是不会混淆的。这种区分与自然界存在的差别是一致的，任何一种人类思维都不会把它们混为一谈。但有些事实，不同语言的

---

① 张公谨，丁石庆．文化语言学教程［M］．北京：教育科学出版社，2004：116．
② 张公谨，丁石庆．文化语言学教程［M］．北京：教育科学出版社，2004：116．

归类方法就可能不同，如黄牛与水牛，有的语言就视为两种不同的动物，老虎与豹子有的语言又视为一种动物，这就存在微妙的区别，所以，有同又有异。

同样，在造词心理上，不同民族有时是相同的，有时又是不同的。相同的如：

汉语	英语
黑色	black
黑板	blackboard
板斧	board axe

这三个词组合方式和词义都是相同的，但有一些又是不同的，如：

黑话	double talk
板鸭	salted duck
板油	leaf fat

这就是词的民族性。

科索夫斯基举出的"猎户星座"是一个很好的例子。猎户星座与我国天文学上的"参宿"大体相当，但又比参宿大，还包括"觜宿"。还有，我国古代把黄道带分成28宿，西方分成12宫，他们的一个宫，常常包括我们的两个或三个星宿，各自互相制约。这种同和异，是构成人类文化多样性的基本要素之一。①

其间，人类造词的活动本身就已经反映出特定的民族心理，并且具有了民族性特点。世界上的民族语言，自从造词开始就已经刻上了自己民族思维独有的"双螺旋式"的文化基因——物质与精神的统一。物质的语言，凝固的符号，从文化视角看，已经具有民族的精神结构和精神特质。在这一点上，语言具有物质性，也具有精神性。作为个性存在的精神性语言恰恰是世界各个民族需要交流与共享的文化资源。

第二节 语言的相对理论

语言和思维密不可分，语言与文化思维模式的形成得益于语言相对论的

---

① 张公谨，丁石庆．文化语言学教程［M］．北京：教育科学出版社，2004：116-117．

产生。对此建立自己理论学说的重要语言文化思想家是美国的爱德华·萨丕尔（Edward Sapir）。萨丕尔是著名的语言学家、人类学家，生于德国，幼年移居美国，毕业于哥伦比亚大学，获博士学位，先后在加利福尼亚和宾夕法尼亚两所大学任教，后在加拿大地质调查所主持人类学部门15年，再回美国芝加哥大学教书，1931—1939年担任耶鲁大学人类学和语言学领域的斯特林讲座教授，1933年被选为美国语言学会会长，1938年被选为美国人类学协会会长。其研究前期关注日耳曼语和闪族语，后转入人类学和印第安各族语言，在历史语言学和比较语言学方面做了许多研究。

萨丕尔的代表作是《语言论》。根据该书的"内容提要"可知：该书是美国观念主义语言学派的代表作。其主要内容系统地讨论了语言学的对象、语言成分、语音、语法程序、语法概念、语言的结构类型、语言的发展、语音规律、语言的交互影响、语言与种族、文化的关系，语言和文学的关系等问题。其体系基本上是依据属于新黑格尔学派的意大利唯心主义哲学家克罗齐的《心灵哲学》建立起来的。①

从其代表作可知，萨丕尔关于语言的人文性论述集中体现在：

（1）语言的精神结构。语言不同于"走路"式的人类活动，语言不是"人类的遗传的生物的功能"②，而是"社会习惯的产物"和"非本能的""文化的功能"③。为此，关于语言的定义就是"纯粹人为的，非本能的，凭借自觉地制造出来的符号系统来传达观念、情绪和欲望的方法"④。在强调语言的非生理性基础上，指出说话就是"满足交际的要求"⑤。在语言的"心理—物理"与"人的心灵"的权重上，萨丕尔认为"语言是在人的心灵或'精神'结构中充分形成的功能系统。我们不能把语言当作只是一件心理—物理的事来给它下定义，虽然这心理—物理基础是很必需的，否则语言不能在人身上发生作用"⑥。这种"精神结构"恰恰是语言之外的，与物质世界不同的精神世界，是有别于生物本能的心灵世界。

（2）思维与语言的关系。从思维的定义上看，萨丕尔认为思维是"言语的最高级的潜在的（或可能的）内容，要达到这内容，联串的言语中的各个

---

① 萨丕尔. 语言论［M］. 陆卓元，译. 北京：商务印书馆，2011.
② 萨丕尔. 语言论［M］. 陆卓元，译. 北京：商务印书馆，2011：3.
③ 萨丕尔. 语言论［M］. 陆卓元，译. 北京：商务印书馆，2011：4.
④ 萨丕尔. 语言论［M］. 陆卓元，译. 北京：商务印书馆，2011：7-8.
⑤ 萨丕尔. 语言论［M］. 陆卓元，译. 北京：商务印书馆，2011：8.
⑥ 萨丕尔. 语言论［M］. 陆卓元，译. 北京：商务印书馆，2011：10.

成分必须具有最完满的"①。所以，我们可以拓展开来说，语言潜在地体现出语言使用者的思维模式和价值观念。

在《语言论》的第一章"引论：什么是语言"专题中，萨丕尔指出："语言的成长要充分依赖思维的发展。我们可以假定语言是先理性地兴起的——至于如何兴起，确切地在哪样的心理活动水平上才会兴起，我们不知道——但是我们绝不能想象一个高度发展的语言符号系统会在明确的概念和思想（即概念的安排）起源之前自己发达起来。我们宁可设想，几乎在语言表达开始的时候，思维过程像是一种精神泛滥，就渗进来了；并且，一个概念一经确定，必然会影响到它的语言符号的生命，促使语言的进一步成长。我们确实看到这种语言和思维相互作用的复杂过程在我们眼前进行着。工具使产品成为可能，产品又改良了工具。"② "语言，作为一种结构来看，它的内面是思维的模式。"③

（3）语言与民族。在《语言论》的第一章"引论：什么是语言"专题中，萨丕尔指出："没有一个民族没有充分发展的语言。"④ 每一个民族都应该有自己的语言，并且不断地发展自己的语言。在《语言论》的第十章关于"语言、种族和文化"的专题中，萨丕尔指出："语言有一个底座。说一种语言的人是属于一个种族（或几个种族）的，也就是说，属于身体上具有某些特征而不同于别的群的一个群。语言也不脱离文化而存在，就是说，不脱离社会流传下来的、决定我们生活面貌的风俗和信仰的总体。人类学家惯于凭种族、语言和文化这三个纲目来研究人。"⑤ 那些"代表着人类的某一个紧紧团结在一起的部分——有时叫作'民族'，有时叫作'种族'——并且所有那些使他成为这个大群的典型代表的东西都是结成一团儿的。如果他是一个英国人，就会觉得自己是'盎格鲁—撒克逊'族的一员，这个种族的'天才'创造了英语和用英语表达的'盎格鲁—撒克逊'文化"⑥。这些观点与洪堡特的观点具有一致性。民族精神离不开语言的传承。对此，王克喜、黄海（2020）从语言与逻辑的角度指出："从民族文化的传承来看，人们世代相传的民族精神是靠语言来进行的，人们运用本民族的语言作为中介，把上一代

---

① 萨丕尔．语言论［M］．陆卓元，译．北京：商务印书馆，2011：13.
② 萨丕尔．语言论［M］．陆卓元，译．北京：商务印书馆，2011：15.
③ 萨丕尔．语言论［M］．陆卓元，译．北京：商务印书馆，2011：19.
④ 萨丕尔．语言论［M］．陆卓元，译．北京：商务印书馆，2011：19.
⑤ 萨丕尔．语言论［M］．陆卓元，译．北京：商务印书馆，2011：191.
⑥ 萨丕尔．语言论［M］．陆卓元，译．北京：商务印书馆，2011：191-192.

人的宝贵思想、精神财富继承下来,这种继承必须依靠语言。相应的,这种继承必须受积淀在民族语言中思维样式的影响,也同样要受到作为表达思维的语言的影响。"①

(4)"萨丕尔—沃尔夫假说"(Sapir-Whorf Hypothesis)。萨丕尔和他的学生沃尔夫(Benjamin Lee Whorf)共同提出了一个著名的"萨丕尔—沃尔夫假说"。这一假说是关于语言、文化和思维三者关系的重要理论,即在不同文化下,不同语言所具有的结构、意义和使用等方面的差异,在很大程度上影响了使用者的思维方式。该假说的核心是人的语言影响了人对现实的感知。他们认为,现实世界在很大程度上是不自觉地建立在人们的语言习惯上的;语言不仅指示经验,而且规定经验;有多少种语言,就有多少种分析世界的方法。其假说由两部分组成:语言决定论(Linguistic Determinism)和语言相对论(Linguistic Relativity)。

语言决定论即人的思维完全受自己的母语影响,因为人只能通过自己语言中的范畴和区别特征认识世界。语言不仅指称独立于语言而获得经验,而且实际上决定着我们的经验。如汉语词汇的对称性特征反映在中国人的思维中即对称性特点。语言相对论的关键是,一种语言系统里的范畴和区别特征对这一语言系统来说是独特的,与其他语言系统不相容。形成的思想的过程并不是独立的,而是一种独特的语法,在不同程度上因语言不同而不同。语言相对论有两层含义:一层意思是,一种文化中的内容,只有用该文化中的语言才能充分表达。另一层意思是,发源于某一文化中的概念,如果用另一种文化中的语言去讲,意思就会有所不同。②

也就是说,"语言决定论"即人并非仅仅生活在客观世界中,也并非仅仅生活在社会活动的领域中,而是很大程度上受到特定语言的制约。在这里,萨丕尔明确表达了语言决定思维和社会存在的语言世界观。沃尔夫则进一步充实了萨丕尔的观点。在与萨丕尔一起实地研究印第安诸语言的过程中,沃尔夫以"标准普通欧洲语言"(Standard Average European Language)为参考体系,比较出人类语言之间结构上巨大的差异,并由此提出了"语言相对论",即人类的语言结构千差万别,语言形式影响人们对世界的感知,语言形态制约思维方式和世界观。"语言决定论"也被称为"强势说",而"语言相对

---

① 王克喜,黄海. 中国文化视域中的语言与逻辑[M]. 北京:中央编译出版社,2020:26.
② 王和弘. 中西语言文化导读[M]. 西安:西北工业大学出版社,2017:13.

论"被称为"弱势说"。由于"强势说"过分强调语言对人的思维方式与文化的决定和制约作用，甚至认为人类实际上是受制于语言的，而忽视思维对语言的影响作用。因此，"强势说"早被学术界抛弃。"弱势说"在一定程度上阐释了语言和思维之间的关系，它强调语言影响思维，不同的民族语言不同，其思维方式在一定程度上也存在差异，"语言相对论"的学说在学界影响力很大，它使人们更深刻地感觉到了语言与思维之间的密切关系。①

这种假说该如何评价呢？

20世纪90年代学术界大体有两种观点：一种认为这是主观唯心主义，如陈炯认为，"从洪堡特到萨丕尔、沃尔夫，在对待语言与文化思维的关系上表现出十足的唯心主义观"②。另一种认为这是20世纪提出的富于理论创新意义的思想之义，如英国的语言学家韩礼德（Haliday. M. A. K, 1988）在《系统语言学的背景》一文中说道："我认为他的这些看法会成为20世纪语言学的主要贡献之一。"③

关于此假说的争论一直没有停止。

英国苏塞克斯大学的语言学教授特拉斯克（2014）认为："如果你曾经试着把一个文本从一种语言翻译成另外一种语言，你会发现这很不容易。一个重要原因是不同语言里的词汇不是一一对应的。例如，英语中的 ape（猿类）和 monkey（猴子）的意义有明确的区别，而法语中只有一个词 singe 来包括所有此类生物。"④ 针对"在有不同背景和传统的社会里使用的语言，它们之间互译的难度有多大？"这样一个问题，特拉斯克认为"萨丕尔—沃尔夫假说"（Sapir-Whorf Hypothesis）或称作"语音相对性假说"恰好证明了如上"这样的翻译几乎是不可能的"⑤。当然，他也发现这个假说"夸大了北美语言和欧洲语言的差异性"⑥，对其是否有效也持怀疑态度。

语言决定思维吗？语言决定论假说与两位研究者的名字紧密相连：一位是爱德华·萨丕尔，一位是本杰明·沃尔夫。萨丕尔是一位才华横溢的语言学家，师从人类学家法兰兹·鲍亚士（Franz Boas）。鲍亚士和他的学生，例

---

① 李燕. 语言文化十五讲 [M]. 天津：南开大学出版社，2015：5.
② 陈炯. 洪堡特的人类语言学与申小龙的文化语言学 [J]. 北方论丛，1989（4）：29-36.
③ 韩礼德，赵建成. 系统语言学的背景 [J]. 国外语言学，1988（3）：110-115，126.
④ 特拉斯克. 语言 [M]. 于东兴，译. 南京：南京大学出版社，2014：88-89.
⑤ 特拉斯克. 语言 [M]. 于东兴，译. 南京：南京大学出版社，2014：89.
⑥ 特拉斯克. 语言 [M]. 于东兴，译. 南京：南京大学出版社，2014：94.

如鲁思·本尼迪克特（Ruth Benedict）、玛格丽特·米德（Margaret Mead），都是20世纪的重量级学者。他们一致认为，世界上那些未开化的民族并非原始愚昧的野蛮人，他们拥有和我们一样复杂、有效的语言、知识和文化。萨丕尔探究了北美印第安人的语言，他指出，运用不同语言的人对现实世界也有不同的感受和认知，而这种不同正是源于日常性的遣词造句。例如，英语使用者需要考虑是否应给动词加上"-ed"，因此他们就必须注意时态，即事件的发生时间与描述时间的相互关系。而温图语使用者则无须考虑时态的问题，但他们也有一套自己的动词后缀形式以区分说话者描述的事实是出于亲眼所见还是道听途说。①

萨丕尔这一有趣的发现很快就得到进一步发展。沃尔夫是哈特福德火险公司（Hartford Fire Insurance Company）的一名调查员，也是一位研究北美印第安语的业余学者。沃尔夫在耶鲁大学听过萨丕尔讲课，他在一篇被广为引用的文章中写道：

我们用自己的本族语所划的线切分自然。我们从现象世界中分离出范畴和种类，并不是因为它们客观地呈现于每一个观察者面前。相反，呈现在我们面前的世界是千差万别的印象流，它们是通过我们的大脑组织起来的——很大程度上是用我们大脑中的语言体系组织起来的。我们将自然进行切分，用各种概念将它组织起来，并赋予这些概念不同的意义。这种切分和组织在很大程度上取决于一个契约，即我们所在的整个语言共同体约定以这种方式组织自然，并将它编码固定于我们的语言形式之中。当然，这一契约是隐性的，并无明文规定，但其条款却有着绝对的约束力。如果我们不遵守它所规定的语料的编排和分类方式，就根本无法开口讲话。②

是什么原因导致沃尔夫得出如此极端的结论？他写道，在担任防火工程师期间，他惊讶地发现工人们常会被语言所误导，以致对危险情况做出错误的判断，这让他开始产生"语言决定思维"的想法。例如，一名工人将点着的香烟丢进一个"空"的汽油桶中，结果引发了一场严重的爆炸事故，而这个所谓的"空"桶其实充满了汽油蒸气。还有一位工人在一个"水池"附近点燃了喷灯，但这个"水池"并非真正的水池，而是制革厂用来处理废料的

---

① 平克.语言本能：人类语言进化的奥秘［M］.欧阳明亮，译.杭州：浙江人民出版社，2015：50.

② 平克.语言本能：人类语言进化的奥秘［M］.欧阳明亮，译.杭州：浙江人民出版社，2015：50-51.

地方，里面装的也不是水，而是释放易燃气体的液体。沃尔夫对印第安语的研究增强了他的认识。例如，在阿帕切语中，"这是一眼滴水泉"（It is a dripping spring）的说法是"像水或泉那样，白色向下运动"（As water, or springs, whiteness moves downward）。沃尔夫感叹道："这与我们的思维方式相距多么遥远！"

但是，如果你仔细分析沃尔夫的证据，就会发现它们其实站不住脚。在关于桶的例子中，沃尔夫声称灾难的根源是"空"字的多义性，它既表示"容器内没有物品"，也有"不存在、真空、否定、无生命"的意思。不幸的是，语言范式制约了这位工人对现实的认知，使他无法区分"清空"和"真空"的含义，结果引发了一场爆炸。但是，这种解释值得商榷。汽油蒸气是一种无形的气体，一个装满了气体的桶看起来就和空桶一样。因此，这位"肇事者"显然是被他的眼睛所蒙骗，而不能怪罪于语言。①

此外，沃尔夫以"白色向下运动"的例子来说明阿帕切人的独特思维，即他们不会将外在事物切割为一个个具体的物体和动作。沃尔夫从印第安语中找到了许多例证，例如，在阿帕切语中，"他请人吃大餐"的说法是"他，或某人，去找煮熟食物的人"；"他用通条擦枪"的说法是"他通过工具的运动，引导一个干燥的点在一个中空的洞中移动"。显然，这些句子与我们的表述方式完全不同，但这是否说明他们的思维方式也与我们不同呢？②

沃尔夫的文章发表不久，心理语言学家埃里克·勒纳伯格和罗杰·布朗就指出他的论证存在两个漏洞。

首先，沃尔夫其实并未研究过阿帕切人，他很可能连一个阿帕切人都没见过。他对阿帕切人心理特征的论断完全是基于阿帕切语的语法特点。在他看来，阿帕切人有着不同的说话方式，所以他们也必然有着不同的思维方式。但是，我们怎么知道他们的想法就一定不同呢？难道仅凭他们的说话方式就能作出论断？③

其次，沃尔夫在呈现这些例句时，采用的完全是生硬无比的逐字翻译法，其目的就是要让原文的字面意思看起来古怪异常。因此，一旦识破沃尔夫所

---

① 平克. 语言本能：人类语言进化的奥秘 [M]. 欧阳明亮，译. 杭州：浙江人民出版社，2015：51.
② 平克. 语言本能：人类语言进化的奥秘 [M]. 欧阳明亮，译. 杭州：浙江人民出版社，2015：51-52.
③ 平克. 语言本能：人类语言进化的奥秘 [M]. 欧阳明亮，译. 杭州：浙江人民出版社，2015：52.

施的"障眼法",我们就能以同样的理由将这些例句还原成日常的通俗语言。例如,"像水或泉那样,白色向下运动"可以改为"清澈的东西——水——落了下来"(Clear stuff-water-is falling)。①

在沃尔夫所谓的"千差万别的印象流"(kaleidoscopic flux of impressions)中,颜色无疑是最吸引眼球的。沃尔夫强调,虽然物体呈现出不同的颜色是因为它们反射不同波长的可见光,但是物理学家告诉我们,波长只是一组连续频度,并未划定红、黄、绿、蓝等色别。各种语言对颜色的分类并不相同,例如,拉丁语中缺乏常见的"灰色"与"褐色",纳瓦霍语将"蓝色"和"绿色"合为一个词,俄语用不同的词来区分"深蓝色"和"天蓝色",修纳语中"偏黄的绿色"和"偏绿的黄色"是同一个词,而用不同词来分别指代"偏蓝的绿色"和"不带紫的蓝色"。由此我们似乎可以得出结论,语言把人们对颜色的感觉给搅乱了,说着拉丁语的恺撒大帝恐怕无法分辨灰色的石块和褐色的鞋油。②

不过,虽然物理学家无法为颜色的分类找到理论依据,但生理学家却不这么认为。眼睛记录波长的方式与温度计记录气温的方式不同,视网膜上分布着三种视能细胞,它们分别对应着不同的色调。这些视能细胞以特定的方式与神经元相连,这导致了神经元对"绿底的红色""红底的绿色""黄底的蓝色""白底的黑色"最为敏感。对生理学家而言,无论语言的影响力有多大,它也无法触及视网膜的结构或改变神经节细胞的连接方式。③

事实上,就视觉而言,世界各地的人(包括婴儿),甚至是猴子,使用的都是相同的"调色板",这对人类关于颜色的词语的发展形成了普遍制约。虽然各种语言在"64 色蜡笔"的颜色分类上存在分歧,如焦棕色、青绿色或紫红色,但如果是一盒"8 色蜡笔",那么颜色的分类就会非常统一,如大红色、草绿色以及柠檬黄。人们使用的语言虽然不同,却都毫无例外地选取了这类色彩作为颜色词语的主角,即便某种语言只拥有一个描绘颜色的单词。而且,虽然各种语言的颜色词语存在一定的差异,但这种差异是有规律可循的,并非出于某些造字者的特殊偏好。语言对颜色的描绘方式像蜡笔工厂的

---

① 平克. 语言本能:人类语言进化的奥秘 [M]. 欧阳明亮, 译. 杭州:浙江人民出版社, 2015:52.
② 平克. 语言本能:人类语言进化的奥秘 [M]. 欧阳明亮, 译. 杭州:浙江人民出版社, 2015:53.
③ 平克. 语言本能:人类语言进化的奥秘 [M]. 欧阳明亮, 译. 杭州:浙江人民出版社, 2015:53-54.

生产线，鲜艳奇特的色彩总是在一些基本色的基础上添加而成。如果一种语言只拥有两个颜色词语，它们一定是"黑"与"白"（通常也包含"暗"和"亮"的含义）；如果拥有三个颜色词语，则分别是"黑""白""红"；如果有四个，则是在"黑""白""红"之外加上"黄"或"绿"；如果是五个，则既有"黄"又有"绿"；如果有六个，则第六个是"蓝"；如果有七个，则第七个是"棕"；如果超过七个，则第七个可能是"紫""粉红""橙"或者"灰"。这份颜色"排行榜"的出炉主要归功于新几内亚高地的丹尼人，丹尼人的语言中只有两个颜色词语："黑"与"白"。心理学家埃莉诺·罗施发现，丹尼人在学习新的颜色词语时，对基于红色的颜色词语学得更快。可见，是我们眼中的颜色决定了我们对颜色词语的学习，而非相反。[①]

  霍皮人（北美印第安人部落）截然不同的时间观念被认为是最能证明思维多样性的神奇例证之一。沃尔夫写道，霍皮人的语言"没有任何词、语法形式、结构或表达方式用以直接指称我们所说的'时间'，或过去、现在、将来"。他同样认为霍皮人的"总体概念和直觉"中，没有这样一种时间是一个平缓流动的连续体，在这个连续体之中，宇宙万事万物都同速运行，比如，从未来到现在，从现在再到过去。根据沃尔夫的说法，霍皮人不会将事件看成时间上的一个点或一段可以计量的时间长度，比如说一天或两天。相反，他们注重的似乎是事件本身的变化和过程，以及对所述之事是已知事件、神话故事还是遥远推测的心理区别。霍皮人对"明确的时序、日期、日历以及年表"没有丝毫兴趣。[②]

  21世纪，仅在中国学界关于此假说的研究成果呈上升趋势，论文成果数量不断增加，截至2019年共有各类论文740篇。例如，期刊论文有周红艳《论萨丕尔语言学的跨学科视野》（载《青年文学家》，2019年第9期），主要是"在弄清跨学科的概念内涵之后，从哲学术语的借用、文化理论的渗透、人类学方法的转移三个方面呈现了萨丕尔语言学研究的跨学科视野。最后，跨学科对语言学研究的启示不仅停留在研究方法上，更上升到思维方式层面"。王琳《基于萨丕尔沃尔夫假说的语言与思维关系研究》（载《牡丹》，2019年第5期），认为"假说"包括两个方面的内容。一种是强式假说，即语言决定论，主张语言决定思维，并主导着感知行为，包括语言决定思维、

[①] 平克. 语言本能：人类语言进化的奥秘 [M]. 欧阳明亮，译. 杭州：浙江人民出版社，2015：54.

[②] 平克. 语言本能：人类语言进化的奥秘 [M]. 欧阳明亮，译. 杭州：浙江人民出版社，2015：54.

信念、态度等。这一假说强调语言对思维的决定作用。另一种是弱式假说，即语言相对论，主张语言只是在一定程度上影响思维，并不起制约作用。封荣《试论"萨丕尔—沃尔夫假说"视角下的语言与思维关系》［载《成都大学学报（社会科学版）》，2019年第2期］；王惠欣《论爱德华·萨丕尔语言与文学关系理论研究》（载《语文建设》，2015年第35期）；柳明明《以概念为核心、以意义为基础的语法分析：爱德华·萨丕尔〈语言论〉第五章解析》［载《浙江大学学报（人文社会科学版）》，2013年第2期］等。学位论文有翟晓娜《从程式语角度探究萨丕尔沃尔夫假说的合理性》（西安电子科技大学，2018）；李雪清《萨丕尔—沃尔夫假说在中国的研究与解读》（内蒙古大学，2017）；杨巍《洪堡特与萨丕尔语言学的人文性——兼论人文主义语言学》（大连理工大学，2016）；鲍文《萨丕尔—沃尔夫假说研究》（山东大学，2007）等。

可见，关于萨丕尔的语言文化理论及"萨丕尔—沃尔夫假说"的研究一直是语言学者的重点。并且，最新理论研究成果也不断为此假说提供新的证据。随着时代的发展，其理论价值愈加凸显，语言和文化的探索必将是一条永不停止、永远发展的学术之路。

语言与社会文化的关系问题始终引人关注。这以语言思想家波兰裔英籍人类学家马林诺夫斯基（B. Malinowski）为代表。他认为：文化应该满足三类需求，"个体的基本需求""社会的工具需求""个人与社会共同的符号和融合需求"，重要的一点是，"对上述三类需求所做出的反应构成其文化"①。他在调查非洲语言的过程中发现，要研究一种语言，必须与调查其社会文化结合起来。"在决定几个语言成分的意义和功能时，我们不得不作人种调查，描写风俗习惯，并说明社会情况"这一观点对后来的英国语言学家产生了重要影响，伦敦语言学派的创始人弗斯是马林诺夫斯基的学生，他继承了老师的观点，把语言看作一个社会过程，"是人类生活的一种方式，并非仅仅是一套约定俗成的符号和信号"。以弗斯为首的伦敦语言学派重视语境在语言研究中的作用，而语境主要又是社会环境，故又被称为社会学派，从社会学的角度来研究语言。②

正如苏新春所概括的那样：20世纪中期以后，随着符号观的结构语言学

---

① 斯特恩. 语言教学的基本概念［M］. 刘振前，宋青，庄会彬，译. 北京：商务印书馆，2018：263.

② 苏新春. 文化语言学教程［M］. 北京：外语教学与研究出版社，2006：16-17.

逐步显露出它的局限性，人们将目光转向语言外部更为广阔的领域。在考察与语言运用、语言功能密切相关的各种因素及其与语言的相互制约关系时，人文性的语言学思想开始重新引起人们的重视，并成为各种新观点、新尝试的理论基石和精神动力。各种各样新生的语言学流派和新的学科接连出现，如语用学、篇章语言学、应用语言学、功能语言学、社会语言学、交际语言学、心理语言学、神经语言学等。它们都得到了较充分的发展，形成了20世纪后期语言学界百花齐放的局面。文化语言学就是在这样的学术背景下得到快速发展的。[①]

要厘清语言与文化的关系，首先要回答一个再寻常不过的问题——语言的用途是什么？交际工具、写作运用等。对此，英国苏塞克斯大学的语言学教授特拉斯克在《语言》一书中给我们提供了如下8个答案，即传递信息；给我们自己找乐；取悦他人；表达我们自己的个性；保持并表明我们在一个群体中的身份；劝说他人做事；和其他人建立并保持好（或坏）的关系；表达我们的情绪。[②] 而相关学者则对"语言和文化的多样性"含义给予了不同的定义；第一，"它是一个复杂的系统，这与传统的教学法理念相反，传统的教学法更愿意将事物简单化，使之明白易懂"；第二，"它是一个结构紧密的关系系统，对这一系统的描写不能简约成计数的运作"；第三，"它是一个建构的社会历史客体，可从空间—时间的多个维度同时考察。比如，可从日常的互动层面探究语言和文化的多样性，或者从机构的象征性权力的视角讨论语言和文化的多样性，但仅从一个角度考察还不全面"（热纳维耶芙·扎拉特、达妮埃尔·莱维、克莱尔·克拉姆契，2016）[③]。总之，"语言和文化的多样性不单纯指现有语言的共存，更是首先指语言这一特殊的社会活动，它是价值观国际传播的产物"[④]。

对此，若从文化的层面看，语言的重要用途是传递信息，而且是文化信息。因为"语言一旦被发明，就与文化绑在了一起，父母以此教授孩子讲话，孩子也以此来模仿父母。一旦某个民族发明了语言，它就会传播到其他尚未

[①] 苏新春. 文化语言学教程［M］. 北京：外语教学与研究出版社，2006：17.
[②] 特拉斯克. 语言［M］. 于东兴，译. 南京：南京大学出版社，2014：196.
[③] 热纳维耶芙·扎拉特（Geneviève Zarate，法国国立东方语言文化学院）、达妮埃尔·莱维（Danielle Lévy，意大利马切拉塔大学）和克莱尔·克拉姆契（Claire Kramsch，美国加利福尼亚大学伯克利分校）从事所在国家、欧美及全球范围内的青年研究学者的学术指导和语言培训者的培训工作。
[④] 扎拉特，莱维，克拉姆契. 多元语言和多元文化教育思想引论［M］. 傅荣，等译. 北京：外语教学与研究出版社，2016：1-2.

出现语言的地区。而整个传播过程的核心要素，正是超级灵活的人类智慧和功能繁多的学习策略"①。所以，"语言是人们彼此交流时最重要的工具，但又绝不仅限于此，它也是思想的载体、身份的象征、认同的工具乃至民族的纽带，是文化变迁的指示器……一部语言的文化史，简直就是人类社会的历史，他能传递给我们的信息，无穷无尽……"②

第三节 语言的文化教学

语言文化作为语言教育的连续体和统一体，始终是西方语言教育领域所关注的重点问题。在全球多元文化的背景下，第二语言教学的终极目标是教育，是对人的培养。这就需要在语言教育中理解文化的多重含义，积极发挥文化教学的教育作用。

一、基于人才培养的"文化成长"

以美国著名的第二语言教学专家库玛（Kumaravadivelu B）为代表的文化现实主义理论认为："文化同化""文化多元主义""文化杂糅"等观念都有不足，提倡在第二语言教育中实现"文化成长"，即"在生来继承的文化和后天实践学习的文化之间进行有意义的沟通"③。这是一种自我反思的全球文化意识，是一个复杂的"文化成长"过程：

一个人在其他文化中学到的知识和经验不仅仅拓展了一个人的文化视野，也巩固和认识了自己的文化遗产。这个重要的自我反省帮助一个人去定位并且理解在自己的文化中，以及其他文化中什么是好的、什么是不好的。它最终会带来一个更深刻的文化转型，不仅是表面的文化信息。理解其他文化的过程中，我们也更好地理解了自己的文化；理解了我们自己的文化，能更好地理解其他文化。我们用这些更深刻的理解去丰富我们以及我们所爱的人的

---

① 平克．语言本能：人类语言进化的奥秘［M］．欧阳明亮，译．杭州：浙江人民出版社，2015：21.
② 伯克．语言的文化史：近代早期欧洲的语言和共同体［M］．北京：北京大学出版社，2007．封底.
③ 库玛．文化全球化与语言教育［M］．邵滨，译．北京：北京语言大学出版社，2017：116.

生活。当我们这样做的时候，并且做的正确的时候，我们不是文化融合。我们不是文化杂糅。我们实际上是文化成长。①

根据库玛的观点，文化全球化的背景影响着语言教育，文化认知具有复杂性，文化成长往往被语言教学所忽略。他认为："对学习第二语言的学生的文化教学仅仅关注于帮助学生发展在某些特定语境下为了特定言语行为（道歉、请求、致谢等），即以恰当方式使用目的语言的语言能力。最新的教学方法同样仅注重文化艺术、人工产品和文化仪式。这些方法很明显是基于简单甚至过于简化的文化、文化学习和文化教学观点。"②

根据库玛的观点，任何试图在第二语言学习者身上发展全球文化意识的努力都必须考虑到影响21世纪日常生活的以下四个现实：

（1）全球现实：标志着退化的空间、收缩的时间以及消失的界限；（2）国家现实：作为部分对已知的全球文化同化的激烈反抗，国家现实培养了强大（有时激进）的民族主义；（3）社会现实：诸如家庭文化协会、青年俱乐部的社会机构以及宗教场所创造了某种社会现实并赋予了其顽强的生命力；（4）个人现实：这种个人现实赋予了个人多样、矛盾、动态和变化的身份认同。③

这种语言教育中实现的"文化成长"离不开全球化的现实，而针对语言教学而言，更需要明确文化在语言教育中的地位和作用。对于语言教学，文化内容是一项核心的任务；对于语言教师，文化知识是其必备的知识储备；对于语言教学实践，文化大纲必不可少。

二、基于语言教育的文化定位

文化在语言教育中到底有怎样的地位？

在20世纪60年代至70年代早期，本土主义者一般会有轻视他者文化的倾向，因此"文化差异"被视为"文化缺陷"，从而影响了第二语言教学中

---

① 库玛. 文化全球化与语言教育 [M]. 邵滨，译. 北京：北京语言大学出版社，2017：116.
② 库玛. 文化全球化与语言教育 [M]. 邵滨，译. 北京：北京语言大学出版社，2017：4.
③ 库玛. 文化全球化与语言教育 [M]. 邵滨，译. 北京：北京语言大学出版社，2017：5.

的文化教学模式。在库玛看来，20世纪60年代之前，教授第二语言的教师比较关注大C文化，如历史、艺术、文学等。20世纪60年代，则比较关注小C文化，即"文化的个人化特点"。此后，文化课在语言课程的比重得以强化。如尼尔森·布鲁克斯（Nelson Brooks, 1964）认为："语言在任何一种文化中都是最典型、最具代表性、最核心的元素。语言和文化是不可分割的；最好将语言的特殊性看作是文化本质并且意识到语言渗透在学习并使用所有其他文化元素的过程中。"[1]

在20世纪80年代和90年代，西方学界就已经明确"外语教育领域着重于将文化定位为语言课程的核心任务"，"1986年出版的《ACTFL能力指导方针》和1996年的《国家标准》明确了文化作为课程内容的核心作用"，"在英语作为外语教学的（TESOL）领域，文化认知和跨文化比较正式成为语言教学的必要组成部分（Stern, 1983）"[2]。

三、基于语言教师的文化知识

因文化教学是语言教育的应有之义，所以语言教师的文化知识自然也就是其必备的知识内容。根据布朗（Brown, 1994）的观点，语言教师的教学材料必然包括"某些表明语言与文化之间联系的活动或材料"[3]。根据布鲁克斯的观点，"语言学习的必然产物或附属产品就是获得文化知识"，即主题性文化知识，从中呈现出"可比较的文化形式中的独有属性、相似性及差异性"，成为语言课的"餐前小吃"[4]。其间，语言教师不仅需要拥有文化知识，而且具有收集主题性文化知识的能力。这显然是对语言教师的跨文化能力和文化知识素质方面的具体要求。

同时，掌握语言文化教学法是语言教师的基本素质之一。20世纪80年代至90年代，适合语言教师的教学法日益丰富。其中，因精神分析学、社会学、文本话语符号学的融入，不断为现有教学法提供理论资源，提倡交际功能的"语言文化教学法"得到学者的关注。其规则、目标既有来自语言标准和框架的顶层设计，也有跨文化交际实践教学的需要。其研究以符合实际为

---

[1] 库玛. 文化全球化与语言教育[M]. 邵滨, 译. 北京：北京语言大学出版社, 2017: 65.
[2] 库玛. 文化全球化与语言教育[M]. 邵滨, 译. 北京：北京语言大学出版社, 2017: 79.
[3] BROWN D. Teaching by Principles: An Interactive Approach to Language Pedagogy[M]. Englewood Cliffs: Prentice Hall, 1994: 25.
[4] 库玛. 文化全球化与语言教育[M]. 邵滨, 译. 北京：北京语言大学出版社, 2017: 65.

依托，所以，语言教师在运用语言文化教学法的时候"不能回避学习者主体对语言的情感和感知，不能回避他们在接触语言时感受到的方便或困难，不能回避语言给他们带来的阻碍或帮助，不能回避他们对所学语言的熟悉度或陌生度"①。在这里，关于文化知识、语言文化教学法的研究与应用成为语言教师不可或缺的重要教学能力。

大多数情况下，语言教师以"母语者"为主。其原因在于布鲁克斯（1964）所谈的"有教养"，或者是马蒂娜·德里夫里—普拉尔所提到的"语言资本"。关于语言教师的文化知识和职业竞争问题，西方学者强调：语言教师——不管是"本族语"教师，还是"非本族语"教师，一方面需要正确掌握自身"所教授的语言"，另一方面需要"通过学习获得文凭认可，知道如何讲解和介绍所教语言和文化的运转机制，同时善于开展适合培养学生语言和交际能力的活动"②。对于国际语言教师，文化知识的教育经历必不可少，语言和文化的"讲解和介绍"是必备的教学基本功。

四、基于语言教学的文化大纲

当前，国际中文教育还没有解决中国文化教学大纲的相关问题，构建体现中国特色的"文化教学体系"尚有待研发并实践，以此真正解决"有汉字大纲、词汇大纲、语法大纲、功能大纲、情景大纲，唯独没有文化大纲"（刘利，2019）的尴尬局面。正如刘利（2019）所言：在中国文化"走出去"的大背景下，文化大纲的研制、文化教学体系的构建、中国文化与世界各国文化交流互动态势的重构，已是当务之急。北京语言大学是国内讨论和研究"知识文化""交际文化"的发源地，应该起到引领作用。如何细化文化条目，如何凸显东方文化魅力，如何起到国际化共享的文化传播力等问题，都是今后的重要研究课题。

与此不同，西方语言教学界比较早就关注文化大纲问题。

早在1964年，布鲁克斯就在《语言与语言学习》一书中列出文化主题清单，涉及64个话题，其中的主要话题和问题包括：

---

① 莱维. 自我与语言 [M] //扎拉特，莱维，克拉姆契. 多元语言和多元文化教育思想引论. 傅荣，等译. 北京：外语教学与研究出版社，2016：61-62.
② 普拉尔. "本族语"教师和"非本族语"教师：语言市场上相互竞争的两个职业群体 [M] //扎拉特，莱维，克拉姆契. 多元语言和多元文化教育思想引论. 傅荣，等译. 北京：外语教学与研究出版社，2016：192.

- 问候，友好沟通、告别：朋友之间见面时如何问候、简单寒暄、告别？
- 礼仪规范：最普遍的礼仪规范有哪些？什么时候运用这些礼仪规范？
- 语言禁忌：英语中哪些词汇或短语的直接义在其他文化中是不能被接受的？相反其他文化中的哪些词汇或短语的直接义在英语中是不能被接受的？
- 节日：日历中哪几天是被官方认定或国家法律规定的假期？假期有哪些主题活动？庆祝的习俗有哪些？
- 赛马、马戏及马术表演：流行的户外活动有哪些？如同赛车、赛马、马戏或其他类似大场面活动一样。[1]

加拿大语言教学专家斯特恩在1992年就提出了"文化教学大纲"问题和内容框架。其内容包括认知、情感、行为三个重要部分和六个基本主题：

- 地点——"母语者如何看待地理"；
- 个人和生活方式——"适应社区的风俗习惯"；
- 人与社会整体——识别"表现社会、专业、经济、年龄差异的重要群体以及反应区域特征的群体"；
- 历史知识——知道"历史重要标志、显著事件和趋势，主要历史人物以及关键问题"；
- 机构——理解"政府中心、区域和地方的教育制度、社会福利、经济机构、军队和警察、宗教机构、政党和媒体的制度，包括电视、广播和出版社"；
- 艺术、音乐、文学等重大成果——"学习和欣赏艺术家、音乐家、作家及其作品"[2]。

其总体目的在于能够理解和适应目的语文化。这六个方面的主题设置体现了文化知识的物质层面和精神层面。

---

[1] 库玛. 文化全球化与语言教育[M]. 邵滨, 译. 北京：北京语言大学出版社, 2017：65-66.

[2] 库玛. 文化全球化与语言教育[M]. 邵滨, 译. 北京：北京语言大学出版社, 2017：79.

第四节　他者的汉语文化

　　西方现代哲学史的"语言转向"将认识论的问题归结为人类所使用的语言，从语言中认识世界，领悟人类思维特点和寻找人类的文化基因。由此，语言不仅是人类区别于动物的标志，也是人类思想的宝库，通过它人类可以打开世界上各个不同民族之间共同的精神世界。

　　汉语是世界的语言之一，在不同的外国学者眼中有不同的认知视角。通过横向的观点梳理，从学理上，就汉语是文化地理的早期文明、汉语是文化接触的优势语言、汉语是特殊词序的语法范畴等观念达成共识，由此反思汉语本体研究的时代性和世界性问题。

一、他眼旁观：外国人眼中的汉语文化

（一）汉语是文化地理的早期文明

　　汉语的文化起源。早在文艺复兴时期，欧洲就已经开始翻译"冈萨雷斯·德·门多扎（Gonzalez de Mendoza）描写中国的著作"[①]。"mandarin（中国官话）1589年开始在英语中使用，是从葡萄牙语传入的。"[②] 德国的威廉·冯·洪堡特早在《论人类语言结构的差异及其对人类精神发展的影响》一书的第一章"马来各部族的居住地区和文化境况"中就从马来族语言文化的地理位置角度提到"中国海"[③]，并断言在大群岛的文化地理中"凝聚着人类最早的三大精神素养中心：中国、印度和闪米特语系诸语言的所在地，他们在不同的时期都对大群岛产生过影响"。"由于汉语与南太平洋诸岛上的方言土语都使用某些类似小品词的词，因此被认为两种语言之间有着某种亲缘关系，而如今甚至连这种亲缘关系都未得到证实。"但这至少证明中国与汉语在文化

[①] 伯克．语言的文化史：近代早期欧洲的语言和共同体［M］．李霄翔，李鲁，杨豫，译．北京：北京大学出版社，2007：113．
[②] 伯克．语言的文化史：近代早期欧洲的语言和共同体［M］．李霄翔，李鲁，杨豫，译．北京：北京大学出版社，2007：175．
[③] 洪堡特．论人类语言结构的差异及其对人类精神发展的影响［M］．钱敏汝，译．西安：陕西人民出版社，2006：1．

地理的视域中早在19世纪就已经引起了外国语言学家的关注。20世纪，在一场关于初始语言的争论中同样出现了汉语，很多人认为世界初始语言是希伯来语、迦勒底语、锡西厄语、法语、佛兰德语、瑞典语等，而法国耶稣会士若阿基姆·布韦（Joachim Bouvet）和英国建筑师约翰·韦布（John Webb）都认为是汉语。①

　　书写的汉字系统。英国苏塞克斯大学的语言学教授特拉斯克在历史语言学和巴斯克语研究方面卓有建树，在其晚年所著的畅销书《语言》（Language）中，曾就把语言"写下来"的书写文明问题写道："人类开始讲话已经至少有上万年的历史，而他们使用标记的历史也同样悠久。但书写系统是人类发展过程中更近期的事件。目前所知，最早的书写系统是苏美尔人发明的。大约在5200年前，苏美尔人生活的区域在今天的伊拉克境内。书写系统起源自那里，但之后一段时间在更多的地区各自独立发明了书写系统，这样的地区至少包括中国和墨西哥。"② 他否定语言的思想性，书写即是语言本身，与其他的要素无关。所以，在人类发展的漫长历史中，"一个书写系统一定是用来记录某种特定语言的。没有哪种书写系统能不通过某种特定的语言作为中介来记录人们的'想法'或'主意'。中国的书写系统和欧洲语言的字母系统差别很大，欧洲人第一次见到时非常困惑，就猜测这种语言一定是人类想法的直接代表。但他们错了，中国的书写系统记录的是中国的语言，仅此而已"③。汉语是书写的系统，是文字的直观，这是西方语言学家眼里最直观的汉语思想。

　　独特的书写功能以其唯一性著称。这也是汉语成为交流障碍较少的语言的一个重要原因。英国剑桥大学文化史荣休教授、历史学家彼得·伯克（Peter Burke）在《语言的文化史：近代早期欧洲的语言和共同体》（Languages and Communities in Early Modern Europe）中，从人类历史的角度发现："研究近代早期西方崛起的历史学家以及研究近代早期中国崛起的历史学家越来越多地受到了告诫，要求他们给予语言以更多的注意。一个区域的语言种类较少意味着交流的障碍也比较少。"在此，他以中国为例，认为从数量上讲，其人口

---

① 伯克. 语言的文化史：近代早期欧洲的语言和共同体［M］. 李霄翔，李鲁，杨豫，译. 北京：北京大学出版社，2007：30.
② 特拉斯克. 语言［M］. 于东兴，译. 南京：南京大学出版社，2014：185.
③ 特拉斯克. 语言［M］. 于东兴，译. 南京：南京大学出版社，2014：185.

要多于当时的欧洲人口，但在中国只有一种主要的书面语言和口头语言。① 尽管有方言存在，但并没有影响汉语在文化圈内的交流，说的不同，但书写是相同的，这是汉语能够在如今14亿人口中保持鲜活生命力的原因，是世界语言史奇迹。尤其要指出的是，汉语的世界影响可以构成一个"汉字文化圈"，分享汉语的音形义之美。李宇明对此指出：汉字及汉语书面语在东方的传播，构建了"汉字文化圈"这样一个文化共同体。在学习汉文经典、使用汉语汉字的过程中，日语、朝鲜语（韩国语）、越南语都吸收了大量的汉语借词，并借鉴汉字创制了假名、谚文和喃字。至今，汉字、汉语、汉文化在这个文化共同体中还有特殊表现。②

美国圣路易斯大学教授沃尔特·瓮（Walter J. Ong，1912—2003）③《口语文化与书面文化——语词的技术化》一书中，其论述在破解荷马史诗和口语文化的千古之谜的同时，提到中国文字是世界文字的先驱之一：一方面肯定了中国文字的文明历史，认为世界各地的人们各自独立地开发了许多文字，如两河流域的楔形文字、埃及的象形文字（或许受到楔形文字的影响）、弥诺斯（Minoan）或迈锡尼（Mycenean）的线形文字、印度河流域的文字、中国人创造的甲骨文、玛雅人（Maya）创造的象形文字和阿兹特克人（Aztec）创造的象形文字。另一方面，对汉字的图画记号给予了高度的评价，"直到今天，汉字基本上还是由图画构造的，不过他们是高度程式化、代码化的文字，是时间空前复杂的文字系统"④。作为"形符系统"的汉字，"在形符（pictograph，一幅画着树的画表示'树'这个单词）的基础上，文字发展出了其他的符号。一种是意符（ideograph），其中的意义是一个概念，不是由图画直接表示的，而是由代码确定的：比如，在汉字'林'（有两个'木'组成）这个会意字里，两个高度程式化的形符并不是代表'两棵树'，而是代表'树

---

① 伯克. 语言的文化史：近代早期欧洲的语言和共同体［M］. 李霄翔，李鲁，杨豫，译. 北京：北京大学出版社，2007：12.
② 李宇明. 语言与人类文明［N］. 中国社会科学报，2021-02-09（1）.
③ 瓮（Walter J. Ong，1912—2003）生前任美国圣路易丝大学教授，传播学媒介环境学派第二代核心人物。他以研究中世纪人文学者彼得·拉米斯（Peter Ramus）和口语文化著称。他提出了口语文化和次生口语文化的分野，界定了原生口语文化的九大特征。代表作：《拉米斯、方法和对话的式微》（Ramus, Method, and the Decay of Dialogue，1958）、《语词的在场》（The Presence of the Word，1967）、《口语文化与书面文化》（1982）等。
④ 瓮. 口语文化与书面文化——语词的技术化［M］. 何道宽，译. 北京：北京大学出版社，2008：65.

30

林'；高度程式化的'女'人和'儿'童这两个形符并置时的意思是'好'，等等。口语里的三个词'女''子''好'分别读作［ny］、［dzə］和［hau］，其象形依据不必和口语词的音位有什么关系"①。当然，汉语文字字形与音节相脱离仅仅是象形文字的一个重要特点，实际上，很多形声字是有声符相依托的，这一点在此并没有做出论述。

  针对形符的复杂的符号问题，沃尔特·瓮给出了一个"汉字就会被拼音文字取而代之"②的预测性结论。他认为："汉字系统最庞大、最复杂，也最丰富：中国在1716年编撰的《康熙字典》收录了40545个汉字。中国人也好，汉学家也好，没有一个人认识所有的汉字，谁也不曾做到。识字的中国人很少有人能够写出所有能够被听懂的口语词。要得心应手地学会汉字这个书写系统，一般要花20年的工夫。这样的文字是很费时间的，是精英主义的。考虑到全国都在学普通话，一旦中华人民共和国所有公民都掌握了相通的语言（方言），汉字就会被拼音字母取而代之，这是毫无疑问的。这将给书写和文献带来损失，但与中文打字机所使用的40000个汉字的巨大数字相比，损失也许就不那么严重了。"③ 对此，译者曾注释道：这是沃尔特·瓮1982年的观点。20世纪80年代，由于历史条件的局限，由于汉字的信息化尚未完成，汉字超越拼音文字的优越性尚不为人知，所以沃尔特·瓮写这本书时主张汉语拼音化是可以理解的。但是，到了21世纪的今天，赞同她这种主张的人恐怕是越来越少了。④ 实际上，中国语言学家罗常培早就意识到了汉字的特点，更反对欧化的汉字改革。他承认汉字的形意文化的复杂性，认为："中国有将近五千年的历史，开化很早，文化很高，从有史以来就有文字的记载。这种文字属于衍形系统，在世界各国除去埃及和苏墨利亚的古文，很少和它相同的。它的形体比较繁难，含义比较复杂，从这方块字的本身又得不到什么发音的符号，所以很不容易认识。"⑤ 但并不同意汉字改革，对汉字改革所

---

① 瓮. 口语文化与书面文化——语词的技术化［M］. 何道宽，译. 北京：北京大学出版社，2008：66.
② 瓮. 口语文化与书面文化——语词的技术化［M］. 何道宽，译. 北京：北京大学出版社，2008：66.
③ 瓮. 口语文化与书面文化——语词的技术化［M］. 何道宽，译. 北京：北京大学出版社，2008：66.
④ 瓮. 口语文化与书面文化——语词的技术化［M］. 何道宽，译. 北京：北京大学出版社，2008：66.
⑤ 罗常培. 中国人与中国文 语言与文化［M］. 北京：新星出版社，2015：4.

产生的"注音符号、国语罗马字和拉丁化三种辅助汉字或代替汉字的东西"①并不认可，并给予了批评。

尽管对拼音与汉字有不同的观点，但是西方人还是认识到汉字可以在不同语音系统下的与众不同的书写功能，即依靠形符的文字体系有一个优点是：操不同"方言"（实际上是不同的语言，因为它们虽然结构基本相同，却不能互通）的中国人不能够通话，却能够看懂彼此写下来的文字。他们用不同的语音读相同的像画一样的汉字，这和法国人、卢巴人、越南人能够用阿拉伯数字"1""2""3"来理解彼此的意思具有相似之处。但是如果他们用自己的语言说出"一""二""三"，其他人就听不懂（汉字虽然精湛而程式化，但它基本上还是图画，而阿拉伯数字还不是图画）。②这样，汉语就具有不同于西语的质感特征，从而成为世界文明的重要源头和文化传承载体。

（二）汉语是文化接触的优势语言

汉语作为优势语言曾影响周边国家的语言与文化。在文化接触中，语言与文化的相互影响力是存在中心与边缘、优势与劣势之分的。在《语言论》第九章"语言怎样交互影响"中，爱德华·萨丕尔一方面指出语言接触的客观现实，"语言，像文化一样，很少是自给自足的。交际的需要使说一种语言的人和说临近语言的或文化上占优势的语言的人发生直接或间接接触"，从而也会带来"足以引起某种语言上的交互影响"；另一方面也看到这种接触和影响表现出的"一面倒"特点，即被看作文化中心的人群的语言，自然更可能对附近的语言产生明显的影响，而不怎么被它们所影响，为了证明此论断所举的例子恰恰是汉语对周边国家语言影响的实际情况，他看到"多少世纪以来，汉语在朝鲜语、日语和越南语的词汇里泛滥着，可是反过来，没有接受过什么"③，这种论说无疑对汉语的文化中心论提供了智力支持。

汉语作为优势语言，同梵语、阿拉伯语、希腊语、拉丁语一起，在世界文化传播中起到了重要作用。语言的相互影响体现在新词的借用，爱德华·萨丕尔将"一种语言对另一种语言最简单的影响"称作"词的'借贷'"④。这样的事例比比皆是：

---

① 罗常培. 中国人与中国文 语言与文化 [M]. 北京：新星出版社，2015：4.
② 翁. 口语文化与书面文化——语词的技术化 [M]. 何道宽，译. 北京：北京大学出版社，2008：67.
③ 萨丕尔. 语言论. [M]. 陆卓元，译. 北京：商务印书馆，2011：178.
④ 萨丕尔. 语言论. [M]. 陆卓元，译. 北京：商务印书馆，2011：179.

基督教传入英国，一些有关的词如 bishop（主教），angel（天使）也进入了英语。这样的过程继续不断，直到如今，每一个文化浪潮都在英语上沉积下一层借词。仔细研究这样的借词，可以为文化史作有意味的注疏。留意各个民族的词汇渗入别的民族的词汇的程度，就差不多可以估计他们在发展和传播文化思想方面所起的作用。只要我们知道，一个受过教育的日本人不使用汉语资源几乎连一句文言都写不出；直到今天暹罗①语、缅甸语和柬埔寨语还带有许多世纪以前随着印度佛教传入的、错认不了的梵语和巴利语的印记；或者，不论我们赞成或是反对在学校里教拉丁语和希腊语，我们的辩论里本身就处处点缀着从罗马和雅典传来的词，那我们就多少能了解到早期中国文化、佛教和古典地中海文明在世界史上起过多大作用了。只有五种语言在传布文化上有过压倒势力。它们是古典汉语、梵语、阿拉伯语、希腊语和拉丁语。和它们比起来，甚至像希伯来语和法语这样的文化上很重要的语言，都落到次要地位。英语的一般文化影响，到今天为止，几乎是微不足道的，这未免叫人扫兴。英语本身正向四方传播，因为英国人把广大地区殖民化了。可是无从说它在任何地方进入了别的语言的词汇核心，像法语点染了英语的面貌或阿拉伯语渗透了波斯语和土耳其语那样。②

毋庸置疑，从形式到内容，从物质到精神，古典汉语和早期的中国文化对日本等亚洲国家的影响都是深远的。学术理论研究也不例外。以中国的"天人合一"思想为例，至今仍是日本学界热衷的话题，比如致力于分析中国"天人合一"思想在日语语言和文化中的体现，隐喻性的概念"自然是人"和"人是自然"在早期日本文学与漫画中均有出现，直到现在仍有较强的生命力。③

（三）汉语是特殊词序的语法范畴

英国苏塞克斯大学的语言学教授认为："任何语言的语法都被清晰地分为

---

① 暹罗（xiān luó）系中国对现东南亚国家泰国的古称，英语为 Siam。主体民族为泰人，信奉上座部佛教，自公元 13 世纪开国，先后经历了素可泰、阿瑜陀耶、吞武里、曼谷四个时代。1939 年 6 月 24 日改国号为"泰国"，1945 年复名"暹罗"，1949 年再度改名"泰国"，沿用至今。
② 萨丕尔. 语言论［M］. 陆卓元，译. 北京：商务印书馆，2011：179-180.
③ 山口征孝，丹尼斯·戴，本杰明·布朗特. 语言、文化与认知的多维视角：认知语言学和语言人类学的交集［M］. 上海：上海外语教育出版社，2018.《导读》部分的第 19 页.

数量可观的等级化的术语和形式，称之为语法的范畴。"① 在形式、词序、语序方面，汉语表现出不同于其他语言的独特性。

汉语的语法规则一：不区分单复数

对此，不少外国语言学家都有共识。比如英国苏塞克斯大学的语言学教授特拉斯克在分析名词的时候就指出，"许多语言，都没有数量的范畴，至少在名词里没有。举个例子，汉语和日语，不区分名词的单数和复数形式"，因为"在这些语言里，数量的区分根本不是语法的一部分。在需要强调数量时，它们必须被表达成具体的词，如一、二或者很多"②。

汉语的语法规则二：没有时态变化

作为一种特殊案例，特拉斯克在其著作《语言》中就指出："汉语就没有时态。汉语中没有任何词和英语中的'go/went'匹配。说汉语的人必须总是表达出时间的区别，有必要时，在句中加上适当的时间类词语。我现在去，我昨天去的，我明天去，我十分钟之内去，我二十年前走的。这种表达方式很好，说汉语的人并没有因为语言里没有时态而表达受到限制。"③ 当然，英语通过动词的形式变化可以区分时态，并且"英语把时态的变化标记在动词上。英语的动词表现出一种系统化的时态区别：love 对 loved、go 对 went、do 对 did"④。"汉语缺少严格意义的形态变化"⑤，正如刘利民研究中指出的那样，其重要的结构差异就是：①先秦古汉语没有系词"是"，且即便是现代汉语，也没有集联系主谓、断真和存在于一身的系词；②汉语没有形态变化，名、动、形等词类、词的抽象与具体、专名与通名等等，均无法从形态上区分；③汉语不重语句结构形式，主谓不分明，相当多语句不能以主项与述谓来刻画。⑥ 由此，外国人会认为这是一种"智力混沌"⑦ 的表现。实际上，汉语往往是在不同的语序中表达不同的语义，从另一个侧面反映出汉语的丰富性内涵。

---

① 特拉斯克. 语言 [M]. 于东兴，译. 南京：南京大学出版社，2014：50.
② 特拉斯克. 语言 [M]. 于东兴，译. 南京：南京大学出版社，2014：57.
③ 特拉斯克. 语言 [M]. 于东兴，译. 南京：南京大学出版社，2014：82.
④ 特拉斯克. 语言 [M]. 于东兴，译. 南京：南京大学出版社，2014：82.
⑤ 吕叔湘. 汉语语法分析问题 [M]. 北京：商务印书馆，1979：9.
⑥ 刘利民. 汉语与求真价值取向——从先秦名家语言哲学看形而上学思维的普遍性 [M] //江怡，勒坡. 语言与价值. 北京：中国社会科学出版社，2017：225.
⑦ 明恩溥. 中国人的气质 [M]. 刘文飞，刘晓畅，译. 南京：译林出版社，2012：59.

汉语的语法规则三：不唯语音的形意词序组合

早在17世纪的早期汉语观中，汉字就被认为是"最为典型的象形表意文字"，是"真正的文字"，似乎可以有效克服语言交流中词和物之间的障碍①。但同时也要注意到，汉语的字形是外国人学习汉语的痛点和难点，因为无论是读还是写，都离不开对汉字字形的记忆和理解。西方人自然会意识到一个问题："欧洲孩子学字母表，只要学二十来个符号，而中国孩子却不得不学会辨认、分析和书写至少两千个不同的字词符号，倒霉的孩子！"② 在瑞典汉学家高本汉看来，仅仅是汉语的字形还不是难点，最难的地方在于经过象形字、会意字、假借字和形声合体字的字形演变后所带来的古音缺失现象，这就是语言的历史，"语言绝不是一成不变的，语音经历了不断地变化，几个世纪过后，字音往往变得不可辨认了。在拼音文字中，字形当然能够与语音演化的步调一致，再现语言的音变。当盎格鲁—撒克逊weg（路）后来失落了尾音-g的时候，这一音变就反映在拼写的变化里了，即英语的way。这样修改字的拼写法以对应音变，在汉语中是不可能的，因为汉语字符的写法早已彻底固定，不能改变了"。而且，汉语"语音的变化在字形上根本反映不出来，字形基本上是不变的"③。这在西方的语言世界是难以理解的。

换个角度看，汉语不唯语音而重视形意的特点，恰好规避了一般字母文字要从语音识别概念的不足，因为在洪堡特看来，"有缺陷的语音形式变化妨碍从语音上重新识别出被表示的概念，要不是汉语的派生词和复合词经常在语音类似的地方也出现类似的文字的话，这一困难在汉语中还会令人更深刻地感觉到"④。对于汉语来说，"保持音节隔离状态""排斥它们的形式变化及衔接的语音结构"特性已经根深蒂固。所以洪堡特会认为，这是因为汉语缺乏多样性和变化性。⑤ 但是要注意的是，从句子成分的角度看，洪堡特眼中的汉语可以用没有任何变化的主干词组成句子，并且，这些词完全是松散、独立、自足的。

---

① 童庆生. 汉语的意义：语文学、世界文学和西方汉语观[M]. 北京：生活·读书·新知三联书店，2019：145.
② 高本汉. 汉语的本质和历史[M]. 聂鸿飞，译. 北京：商务印书馆，2017：22.
③ 高本汉. 汉语的本质和历史[M]. 聂鸿飞，译. 北京：商务印书馆，2017：22-23.
④ 洪堡特. 论人类语言结构的差异及其对人类精神发展的影响[M]. 钱敏汝，译. 西安：陕西人民出版社，2006：81.
⑤ 洪堡特. 论人类语言结构的差异及其对人类精神发展的影响[M]. 钱敏汝，译. 西安：陕西人民出版社，2006：93.

Languages like Chinese, which incorporate every root-word into themselves with unaltered rigidity, do the same thing, in fact, and almost in a stricter sense, since the words occur totally isolated; but in building up the unity of the sentence, they assist the understanding, partly by merely soundless means, such as position. But if we take these two together, there is opposed to them both a second method, which we here do better, however, to regard as a third, of preserving the unity of the sentence for the understanding, namely to treat it, with all its necessary parts, not as a whole made up of words, but really as a single word. ①

由此出现"为了理解而使句子牢固保持统一性的第三种手段，即它不是把句子连同其所有必要的成分视同一个由若干词语组合起来的整体，而是把句子看作一个单独的词语"②。这种迥异于欧洲语言的语法规则，不在形变，而取决于语序的变换。不同的语义取决于不同的语序。由此使得汉语具有心理情感、隐喻象征的附加文化义，其理解难度明显地高于其他语言，成为具有爱德华·霍尔（Edward Hall, 1976）所说的"高语境文化"（high-context culture）的语言类型。

二、他眼旁观：外国学者眼中的诗性汉语

作为交际工具而存在的语言本身都不同程度地具有诗意的形式，诸如语音的起伏、排序的美感、情感的介入等，正如人是感性和理性结合的整体一样。在不同时期，这种富有诗意的语言形式与时代共同发展，生成诗意的精神世界，随着作者、文本和读者的阅读获得新的生命，从而为语言的诗意形式锦上添花。"雅各布森在《语言学与诗学》中曾经说道：'一个对语言的诗性功能充耳不闻的语言学家，和一个对语言学问题漠不关心、对语言学方法所知甚少的文学研究者同样是不能容忍的不合时宜之人。'雅各布森的这一陈

---

① HUMBOLDT W N. On language: On the Diversity of Human Language Construction and its Influence on the Mental Development of the Human Species [M]. HEATH P, trans. Beijing: World Publishing Corporation Beijing Branch, 2008: 128.

② 洪堡特. 论人类语言结构的差异及其对人类精神发展的影响 [M]. 钱敏汝，译. 西安：陕西人民出版社，2006：161.

述虽然是在50年前做出的，但时至今日，仍对我们有振聋发聩的作用。"①

汉语集合形音义的多重美感，也自然拥有了不同于字母文字的诗意内涵，这在外国学者的研究中可循踪迹，汉语文化连接中西，学术问道殊途同归，并以此再次强化中国学人对汉语诗性特色的认同感、自豪感和自信感。

汉语的诗性之一：简约

从语言与文学的关系出发，萨丕尔谈到了汉语的简约和"集点法风格"，即对于汉语而言，由于具有不变的词和严格的词序，所以也会有"密集的词组""简练的骈体"和"言外之意"，这对英语而言，显得过度刻板。同时，他也表达了自己的态度：虽然我们吸收不了拉丁语繁华的叠尾和古典汉语的集点法风格，但是我们能够了解这些语言的精髓所在。而且他对语言的驾驭能力可以现身说法，且饱含一种羡慕的情感。比如，萨丕尔就曾引用一位中国朋友信手拈来的诗句：

我相信今天的英语诗人会羡慕中国即兴凑句的人不费吹灰之力就能达到的那种洗练手法。这里有一个例子：
吴淞江口夕阳斜，北望辽东不见家。
汽笛数声天地阔，飘飘一苇出中华。②

其间，简约的诗性，让汉语的特点凸显。相比而言，复杂的欧式句子则为学习英语的汉语母语者增加了一定的翻译难度。

汉语的诗性之二：声韵

17世纪法国耶稣会的作家布乌尔曾在一本对话录中借对话者之口认为："中国人乃至几乎所有的亚洲人说话时都像唱歌。"③ 一种会唱歌的语言必然是融合了声韵特色的语言，否则何以歌何以唱呢？萨丕尔通过希腊语、拉丁语、法语和英语的声律对比，讲到汉语的音节、押韵特色：

---

① 塞尔. 表达与意义 [M]. 王加为，赵明珠，译. 北京：商务印书馆出版，2017. 编者前言第2页
② 萨丕尔. 语言论 [M]. 陆卓元，译. 北京：商务印书馆，2011：209.
③ 伯克. 语言的文化史：近代早期欧洲的语言和共同体 [M]. 李霄翔，李鲁，杨豫，译. 北京：北京大学出版社，2007：94-95.

大概没有别的东西比诗的声律更能说明文学在形式上依靠语言。讲究音量的诗句，在希腊语里是完全自然的。不仅因为诗和歌谣、舞蹈是同时发生的，并且因为长音节和短音节的交替在希腊语的日常运用里是活生生的事实。声调虽然只是次要的音势现象，可是它能使音节更具有音量上的个性。把希腊诗的韵律用到拉丁韵文上去，不算太勉强，因为拉丁语也有对音节的音量差别很敏感这一特征。不过，比起希腊语来，拉丁语显然是更侧重重音了。所以，模仿希腊语的、纯粹的音量韵律，大概会让人觉得不像在原来的语言里那样自然。企图用拉丁、希腊的模子来铸造英语的诗，从来没有成功过。英语的动力基础不是音量，而是音势，是重音节和轻音节的交替。这个事实使英语的诗有完全不同的倾向，过去决定了英语诗格的发展，现在还对创造新诗格起作用。法语的动力里，音势和音节的分量都不是深刻的心理因素。法语的音节本身很响亮，音量上和音势上没有多大波动。音量或音势韵律用在法语上很不自然，就像音势韵律不能用在经典希腊语上，音量或纯粹靠音节的韵律不能用在英语上一样。法语的声律不得不在以音节组为单位的基础上发展。同位元音和后来的押韵，不能不是受欢迎的、几乎不可少的手段，用它来把一串串支持不起的响亮音节说清楚或分成段落。英语能接受法语的暗示采用押韵，然而在节奏的安排上并不真正需要它。所以押韵的用处一直是远比不上音势，有点像装饰品，时常可以不用。押韵进入英语较法语为晚，现在又似乎要离开它了，这在心理上不是偶然的事。汉语的诗沿着和法语差不多的道路发展。音节是比法语音节更完整、更响亮的单位；音量和音势太不固定，不足以成为韵律系统的基础。所以音节组——每一个节奏单位的音节的数目——和押韵是汉语韵律里的两个控制因素。第三个因素，平声音节和仄声（升或降）音节的交替，是汉语特有的。[1]

因有了声调韵律，汉语可以自然地拥有诗歌的声音基础，为人们创作提供了语言的声韵形式，成为一种会歌唱的语言。加之有各种同音字、谐音字的存在，汉语正如利玛窦所言，是"所有语言中最模棱两可"[2] 的语言。这种源于声韵的多义性和模糊性恰恰是诗性解读汉语的特质所在。

---

[1] 萨丕尔. 语言论 [M]. 陆卓元，译. 北京：商务印书馆，2011：209-211.
[2] 利玛窦，金尼阁. 利玛窦中国札记 [M]. 何高济，王尊仲，李申，译. 北京：中华书局，1983：27-29.

汉语的诗性之三：内敛

汉语的形式特征不是十分突出，更多的精神意义是内在的，需要读者的文化积累、情感体验和语义转换。这也是汉语的诗性特点之一，即内敛性。外国学者大多通过"外在形式"和"内在形式"来认识汉语的这一特性。比如在《语言论》中，爱德华·萨丕尔就曾否定了老作家"把语言分为有形式的和没有形式的"分类做法，指出："每一种语言都能够，也都必须表达基本造句关系，即使在他的词汇里找不到一个附加成分。我们的结论是：所有语言都是有形式的语言。语言必须表达纯粹的关系，此外语言是可以'没有形式'的。这所谓'没有形式'，只是机械的、相当浮面的看法，不过是说语言可以不受非根本成分的牵累。又有人试图按'内部形式'来区分语言。例如，汉语没有单纯的形式成分，没有'外部形式'；但是它对于关系，对于主语和宾语的区别，定语和述语的区别等等，都显得很敏感。换句话说，它具有'内部形式'，正像拉丁语一样，只是外表上是'没有形式的'，而拉丁语是外表上'有形式的'。反过来说，有人以为某些语言不能实在掌握基本关系，只是满足于细致地表达实体概念，有时候也炫耀一下'外部形式'，而纯粹的关系则留待人从上下文推想。我总以为所谓语言'没有内部形式'只是一种幻觉。很可能，在有些语言里，关系不像是在汉语里甚至拉丁语里那样，用非实质的方式表达出来的；或者它们的顺序原则比汉语不固定；也可能是因为趋向于复杂的派生方式使它们不必像更具分析性的语言那样，需要把关系从外表表达出来。"[1] 汉语恰恰是这样一种不凸显外在形式的语言。一种内敛的语言正是一种没有形式，或者淡化形式的语言。

来自异域他国的汉语观如同一面镜子，让我们照得到自己，也看得到他人。通过比较反思新时代的汉语本体研究。

第一，汉语本体研究需要注入新的能量，不限于浅尝辄止，还有很多外国人的疑问，中国学者并不能给予积极的回应，前提是自己要懂，才可以反馈他者的疑问而问道无阻。因为很多问题不是仅仅用古已有之就可敷衍而过的。为此，掌握国内外的语言特质亟须消除不同文化之间的隔膜，避免误读，在学术交流中客观解读分析语言领域的文化内涵。

第二，汉语研究的国际视野尚需进一步拓宽，一方面汉语需要走向世界，另一方面世界也需要了解汉语，而这还有时间和地域的差异，需要积极寻找

---

[1] 萨丕尔. 语言论 [M]. 陆卓元，译. 北京：商务印书馆，2011：115.

交流的平台。事实上,"很多中国学者向来不重视学习和了解外民族的语言,狭隘的语言视野也使他们不想去探寻语言发展的共性"[①]。但是,世界实现文化共建共享的前提之一就是共性的相知,只有"逐渐认识到了人类的语言有其共同的发展规律,并找到了探寻这些规律的一些科学方法"[②],才可以在文化的认同中获得文化自信力和文化他信力。

总之,随时代发展的语言要么消亡,要么鲜活地存在下来。汉语在世界的影响力日益随他者视域的拓宽而拓宽。贝内代托·瓦尔基的著作《埃尔科拉诺》曾将语言分为三类:"活跃的"语言、"半活跃的"语言和"死亡的"语言。[③] 就世界存在感和文化传播而言,汉语显然是从未消失,并且是一种在不断更新、创新的语言之一,因其使用人数之多和形神义的完美结合日益获得世界的美誉,是全世界最活跃的语言,也是最具有艺术感的语言。在全球化的语境中,汉语是世界的汉语,也正因其独特性而具有民族气息和世界情怀。

三、"多语性"与"杂语性":汉语共同体的文化想象

源于巴赫金思想的"多语性"和"杂语性"理论,在语言学界引起广泛的关注,也为汉语普通话、外来词和华文圈的语言建构提供了文化想象的空间。由此生成关于汉语民族性和世界性的思考,从而促进世界语言生态的平衡,实现语言文化的亲和与共生共融的文化共同体的形成。

语言有自己的文化历史。这在文化史家和不同领域的思想家的著述中都有不同的体现。比如,文学思想家巴赫金非常关注语言领域的"多语性"和"杂语性"问题;文学界的前几代学者也一直在写作语言史,其中最杰出的人物当推俄国的米哈伊尔·巴赫金(Михаил Михайлович Бахтин,英译 Mikhail Mikhailovich Bakhtin)。他从 20 世纪 30 年代开始研究拉伯雷,但直到 1965 年才出版其著作。这本著作将他引向他所说的"多语性"(不同语言,如拉丁语和意大利语之间的相互影响)和"杂语性"(不同形式的同一语言之间的相

---

① 高本汉. 汉语的本质和历史 [M]. 聂鸿飞,译. 北京:商务印书馆,2017:2.
② 高本汉. 汉语的本质和历史 [M]. 聂鸿飞,译. 北京:商务印书馆,2017:2.
③ 伯克. 语言的文化史:近代早期欧洲的语言和共同体 [M]. 李霄翔,李鲁,杨豫,译. 北京:北京大学出版社,2007:27.

互影响）的研究。巴赫金批评过当时的语言学家对社会因素没有给予足够的关注。① 此处引入"多语性"与"杂语性"概念，从汉语普通话、外来词、华语圈三个层面来探讨语言共同体的文化想象问题，丰富汉语共同体的文化内涵，进一步厘清语言在人类命运共同体构建中的积极意义。

（一）普通话："杂语性"的国内汉语共同体

顾名思义，汉语是汉民族的文化载体。语言与民族个性如母亲与婴孩的脐带一般，总是天然地连接在一起。即使是非语言学家，如阐释学的思想家狄尔泰（Wilhelm Dilthey，1833—1911）也会从语言来论述民族文化问题，提出一种"语言的民族个性和语言与文化共同体间联系的问题"，在共同性论断中充满文化共同体的理想：

在客观精神的领域中，每一个单独的生命的表现都代表一种共同的特征。每个字，每个句子，每个手势和礼貌的套话，每一件艺术品和每一历史行为都是可以理解的，是因为那些通过这些东西表达自己的人和那些理解这些东西的人具有某些共同性。人们总是在一个共同性的领域体验、思考和行动着……我们生活在这样一种环境中，它始终围绕着我们。我们沉浸于这种环境之中……我们理解这一切的感觉和意义；我们就交织在这种共同的环境之中。（韩震，2002）显然，狄尔泰的"共同性"不是指不同人在属性上的抽象的相同性或同一性，而是指人人都生活在其中、交往于其中的生活集体或语言文化共同体。狄尔泰在强调语言与民族个性问题时指出，翻译语词和文本时必须考虑到接受译文者的心智特征，因为在语言、神话、文学艺术中，在一切历史行为事件中我们都把译者看作客体化的心理活动。也就是说，在语词中既反映个人经验，又表现该语言民族的性格特点，语言是具有民族文化特征的语言，而对语言意义的理解也离不开对民族文化语境特点的参照。②

从民族性的角度讲，谁拥有一种语言，谁就拥有一个世界。在这个世界上，不同民族拥有不同的语言，民族性可以在语言的世界获得统一。即使在汉语为主要语言的中国，同样存在 56 个民族，每个民族都拥有自己的民族语

---

① 伯克. 语言的文化史：近代早期欧洲的语言和共同体 [M]. 李霄翔，李鲁，杨豫，译. 北京：北京大学出版社，2007：5.
② 杨秀杰. 语言文化学的观念范畴研究 [M]. 哈尔滨：黑龙江人民出版社，2007：17-18.

言，但是却可以通过汉语的普通话达成共识和理解，尽管汉语也是一种方言，但这正是"杂语"世界的统一，"杂语性"是中国语言存在的基本生态特点。

为此，创造一种世界语，或者一种"共同体"的语言理想，就应该是一种可以说的不同，但是写的相同的文字，汉语就是最理想的选择。若干年前，如彼得·伯克所言（2007）："人们的理想是建构一种'哲学的'语言，或者正如我们所说的，一种'科学的'语言。这种语言的模式之一是使用象形文字或'方块字'的汉字书写系统。例如，培根意识到，尽管中国人和日本人相互不了解对方的语言，却可以依赖这些文字进行交流；培根与他的追随者威尔金斯都把文字看作是'指实的'，而不是表意的，可以无须借助口头语言来表达思想。"①

时代在发展与进步，语言亦然。尽管当代还存在复兴古语的写作，但是谁也挡不住历史的发展，"所谓的古典语言的'复兴'意味着用'死'语言取代活语言，或者，用一个更加合适的比喻来说，就是用凝固的语言取代流动的语言"②。语言总是按着自己的规律不断生长着，如自然生长的一棵树，有老叶，也有新芽。汉语普通话作为汉语的核心语言，连接着各个民族的精神世界，并随着时代的发展注入新的词语和文化，实现自我的更新。诸如"微信""给力""网购""网红""暖男""剩女"等新词，如雨后春笋般充溢着当代中国人的语言生活，带给人们数之不尽的中国故事和文化理想。于是，在中国，语言可以有"共同体"，并且新旧更迭，古今并用，保持着鲜活的发展态势。

（二）外来词："多语性"的国际汉语共同体

语言的产生与发展离不开中外文化交流。世界各国的语言都是彼此影响的。"在任何时候，语言都是一个敏感的指示器，能表明文化的变迁，虽然并不只是个简单地反映。在这方面，借用外来词汇和用法的语言史是有启发意义的。在16世纪和17世纪，英语从意大利语中借用的那些词汇，尤其是艺术的用语，如 aria（咏叹调）、chiaroscuro（明暗对照法）、fresco（壁画）和 piazza（广场）等，就向我们表明了这两种文化的一些情况：在艺术上，意大利处于领导地位，而英国正在有意地追赶它。同样，法语在18世纪也向英语

---

① 伯克. 语言的文化史：近代早期欧洲的语言和共同体［M］. 李霄翔，李鲁，杨豫，译. 北京：北京大学出版社，2007：83.
② 伯克. 语言的文化史：近代早期欧洲的语言和共同体［M］. 李霄翔，李鲁，杨豫，译. 北京：北京大学出版社，2007：81.

借用了一些词汇，特别是政治用语，如 budget（预算）、club（俱乐部）、jury（陪审团）、pamphlet（传单）和 vote（投票）等，因而说明了这两种政治文化之间存在着的差异，同时也表明在法国有过一场以英国为榜样的运动。"[1] 这种英语和意大利语、法语与英语的借词现象就是巴赫金所说的"多语性"异质文化语言接触活动。由此生成现在南太平洋地区所使用的"皮钦英语（Pidgin English）"，并在混合过程中进一步生成新的语言，问题的关键是，"就语言方面而言，这种混合的过程产生了混杂语"，最重要的问题在于这种混杂语是一种"没有人以此为母语的语言"，因为"为了让来自不同的言语共同体的人们能够互相理解，这种语言被简化和削减到了最低的限度。克里奥尔语则是一种返生的皮钦语，也就是说，作为混杂语，它却成为一些人的母语，这就使得语言本身变得更为复杂"[2]。

此种西方外来词语的交汇现象也出现在汉语中，即体现为特定时期出现的"洋泾浜语"现象。这是一种中国式的"皮钦语"。首先，如前所述，它是指"两种或多种不同语言频繁接触的地区，由这些语言杂糅而成的语言。洋泾浜语在一个社会中通行的范围是有限的，一般使用洋泾浜语是不同语言的人有必要相互交际的场合，而不用于同属一种语言的社团内部"[3]。其次，中国有过半殖民地的历史阶段，而"洋泾浜语是殖民地和半殖民地文化的产物。它的形成过程是单向的，即在土著学习欧洲语言的过程中形成的，其底层是土著语言，绝没有以欧洲语言为底层的洋泾浜语。洋泾浜语内部并没有严格的规范，往往因使用的场合不同而不同，因人而异，只是以满足最低限度的交际需要为目的。洋泾浜语共同的特点是语音、词汇和语法的全面简化和杂糅。例如，上海的洋泾浜语将'三本书'说成 three piece book，其汉语底层表现是：有量词 piece；名词无复数，book 不用复数形式；没［pi：s］这样的音节，所以 piece 读成［pisi］"[4]。再次，中国的洋泾浜语产地以南部沿海城市为主。大概形成于 18 世纪初期，使用地点以广州、香港、上海为代表，以及其他通商口岸，如宁波、海口、汉口、芜湖、北京、南京等地。使用者主要是英美人和他们在中国的雇员、用人，以及与他们接触的中国商人。

---

[1]　伯克. 语言的文化史：近代早期欧洲的语言和共同体［M］. 李霄翔，李鲁，杨豫，译. 北京：北京大学出版社，2007：2.
[2]　伯克. 语言的文化史：近代早期欧洲的语言和共同体［M］. 李霄翔，李鲁，杨豫，译. 北京：北京大学出版社，2007：158.
[3]　游汝杰. 什么是社会语言学［M］. 上海：上海外语教育出版社，2014：91.
[4]　游汝杰. 什么是社会语言学［M］. 上海：上海外语教育出版社，2014：91.

开头用于业务上的联系和买卖交易，如用于供外国人购物的零售商店，后来也用于中外认识互相接触的别的场合。除了用人和商人之外，较高阶层也有使用洋泾浜语的。① 当然，随着时代的发展，"20 世纪初期以后，洋泾浜语开始衰落，其原因除了英语水平普遍提高，一般人宁可使用较纯正的英语外，还有别的社会文化方面的因素"②。"上海的洋泾浜语虽然早已不用，但是其中的某些词汇仍然一直沿用至今，例如瘪三（'毕的生司'pity cents 的缩写形式）、那摩温（number one）、麦克麦克（much）、混腔势（chance）。'刚白度'（'江摆渡'comprador）还曾用于早期的现代汉语书面语。"③

综上，这种混合语是殖民地的产物，随着殖民地的消失而消失。在中国，关于语言的文化引入从没有停止过，不同时期有不同时期的外来词丰富中国语言的内容，成为汉语的重要组成部分之一。新词语的产生离不开文化接触，更离不开外来语引入。汉语外来词正是从文化接触的过程中不断更新着汉语的内容和数量。

事实也表明，英语词汇的介入可以是汉语史的一部分，从而体现出自己的时代特点：

语言文化的融合呈现出新趋势。任何一个民族不能孤立于世，任何一种语言文化也不能自给自足。因此，语言文化之间相互引进或相互借鉴的情况必然出现，其结果常常在语言中打下深刻的烙印。外来词的出现便是中外文化交流的一个重要成果。据史料考证：中国文化史上曾有三次吸收外来语的高潮。第一次是汉唐通西域，佛教传入中国，外来语"葡萄""骆驼""世界""庄严""结果""现在""圆满"等西域语言和佛教用语被引入汉语，此后被我们使用了数千年。第二次外来语高潮是鸦片战争以后，从英语中引进了"坦克""沙发""吉普车"等，从日语中引进了"组织""纪律""政府""党""政策"等词汇，现今这些词汇已融入我们的主流语言之中。第三次高潮是改革开放以后，伴随对外交往的扩大和加深，外来语似大潮汹涌，如借自日语的"便当""写真"等，堪称中国文化史上的一次盛举。毋庸置疑，外来词的引入、消化和吸收对促进中外文化交往和经济发展意义重大。从外来词语的形式上看，五四时期大量的音译外来词，如"梵阿铃

---

① 游汝杰．什么是社会语言学［M］．上海：上海外语教育出版社，2014：91-92．
② 游汝杰．什么是社会语言学［M］．上海：上海外语教育出版社，2014：92．
③ 游汝杰．什么是社会语言学［M］．上海：上海外语教育出版社，2014：92．

（violin）""赛恩思（science）"等，被后来的意译词"小提琴""科学"所取代，长久地保留在了汉语词汇中。但近年来，音译词、字母词大量增加大量涌现，如"克隆（英语 clone 音译）""拷贝（英语 copy 的音译）""布丁（英语 pudding 的音译）""MTV（英语 music television 即音乐电视的缩略）""CD（英语 compact disc 即激光唱盘的缩略）""WHO（英语 World Health Organization 即世界卫生组织的缩略）""CEO（英语 Chief Executive Officer 即首席执行官的缩略）。"①

不同语言文化的接触，一方面促进国外语言的引入，尽管在 17 世纪的英国，用拉丁语在大学授课和用法语完成庭审的做法曾受到牧师、鞋匠、掘土派领袖的批判，因为"使用外来语言的目的是为了让专业人士变得神秘化，以便统治普通民众"②。但是，不可否认，另一方面，外来语在同一语言文化语境下带来新词语的更新，走进日益广阔的"语言生态学"，将语言放在它的文化和社会环境中加以研究③，体现了一定时期一定地域的某一语言的社会文化状况。

与此同时，汉语也为他国文化输入新的词汇，不同程度地影响着世界语言的内容和形式。诸如中国文化的经典词"饺子""功夫""熊猫""京剧"等也融入了英语世界，有的生成英语新词，有的保持汉语的原貌，从而实现了一种语言世界相融、共生、共存的"杂语性"特色。

很显然，一个国家仅仅对应一种语言的模式在世界各国并不是一种常态，因为"从一个国家的中央政府看来似乎得到了'统一'的东西，从边缘的角度来看却是文化侵略"④，对语言文化，尤其是汉语的推广与传播，人们总是表现为或保守，或开放的态度，但是，犹如生物进化规律一样，世界语言生态系统的"多语性"状态必将是长久存在的。

---

① 李燕．语言文化十五讲［M］．天津：南开大学出版社，2015．前言第 2 页．
② 伯克．语言的文化史：近代早期欧洲的语言和共同体［M］．李霄翔，李鲁，杨豫，译．北京：北京大学出版社，2007：23．
③ 伯克．语言的文化史：近代早期欧洲的语言和共同体［M］．李霄翔，李鲁，杨豫，译．北京：北京大学出版社，2007：10．
④ 伯克．语言的文化史：近代早期欧洲的语言和共同体［M］．李霄翔，李鲁，杨豫，译．北京：北京大学出版社，2007：242．

(三) 华语圈:"想象性"的世界文化共同体

"想象的共同体"①更多出现在文化领域。文化具有无形而潜移默化的影响,不是可以瞬间物化或视觉化,所以"同质的语言如同共同体一样,也是被想象出来的"②,由此,关于语言的统一和传播就是一种关于美好蓝图的想象,因为美好而让人类为之努力求索。

巴赫金就反复提到他所说的"多语性","多音性"或"杂语性"的现象,当然他是用俄语说的,并对这类现象着迷。这类现象其实就是不同语言之间的对话,或同一种语言中的各种变体之间的对话,其中包括巴赫金所说的它们之间的"互相活化"。"互相活化"的思想是指语言混合促进了语言意识,因而也促进了语言和文学的创造力。③

英国文化史学家彼得·伯克(Peter Burke)就"把拉丁语称为一种寻找共同体的语言",而且"古典时代以后的拉丁语像其他地方语言一样,证明了语言在凝聚群体时发挥的作用。在这种情况下,被聚集起来的人们构成了一个'观念的共同体'或构成了一个国际范围内的'想象的共同体'。具体地说,拉丁语在近代早期不仅表达了而且推动了两国国际性共同体的凝聚;一个是罗马天主教教会,另一个是'文人共和国'"④。毫无疑问,中世纪的拉丁语,是"圣坛的语言""教士的语言"⑤"有知识的人的母语"⑥。于是,欧洲学者们以拉丁语写作产生一种归属感,认为自己属于一个被他们称作"文

---

① 伯克.语言的文化史:近代早期欧洲的语言和共同体[M].李霄翔,李鲁,杨豫,译.北京:北京大学出版社,2007:239.
② 伯克.语言的文化史:近代早期欧洲的语言和共同体[M].李霄翔,李鲁,杨豫,译.北京:北京大学出版社,2007:240.
③ 伯克.语言的文化史:近代早期欧洲的语言和共同体[M].李霄翔,李鲁,杨豫,译.北京:北京大学出版社,2007:160.
④ 伯克.语言的文化史:近代早期欧洲的语言和共同体[M].李霄翔,李鲁,杨豫,译.北京:北京大学出版社,2007:61.
⑤ 伯克.语言的文化史:近代早期欧洲的语言和共同体[M].李霄翔,李鲁,杨豫,译.北京:北京大学出版社,2007:68.
⑥ 伯克.语言的文化史:近代早期欧洲的语言和共同体[M].李霄翔,李鲁,杨豫,译.北京:北京大学出版社,2007:73.

人共和国"或"知识共和国"的国际共同体。①

  同一种语言的写作很容易在写作者之间产生一种亲和力，形成一种"文本共同体"②。这要以文学领域的研究为代表："日本学者藤井省三《华语圈文学史》是以文学研究为基本平台而展开的跨学科研究的一个典型例证。文学史书写必须重新回到文学与现代性的关系这一最为基本的问题上来，文学以言说的方式记录和参与着现代民族国家共同体的建构，文学想象的丰富性是源于对现代性的多重面相的描述，而民族文学的'差异性'也只能在与现代性的'同一性'共存共在的境遇中得以显现和保存。就此而论，藤井先生的著述无疑为我们带来了一种全新的启发。"③ 共同的文本融合的是共同的语言文化，犹如在世外找到知音一样亲切，和谐的"文本共同体"必将促进人类的思想文化交流。

---

① 伯克.语言的文化史：近代早期欧洲的语言和共同体［M］.李霄翔，李鲁，杨豫，译.北京：北京大学出版社，2007：74.
② 伯克.语言的文化史：近代早期欧洲的语言和共同体［M］.李霄翔，李鲁，杨豫，译.北京：北京大学出版社，2007：76.
③ 贺昌盛.民族国家想像与文学史书写——以藤井省三《华语圈文学史》为中心［J］.东南学术，2015（1）：8.

第二章　中国语言文化研究概述

引　言

　　根据学者的研究，一般情况下，中国语言指的是现代汉语，中国文化指的是现代汉族的文化。中国有很多民族，各有不同的文化，又有很多语言和方言，进行全面探讨是不可能的。甚至汉语和汉族文化也因地域而有所不同，因此我们把对汉语语言的研究范围限于以北京方言为基础的普通话（包括语言及文字）和以北京地区为主的汉族居民的文化。[①]

　　本书中所言及的中国语言文化研究主要指当代中国学者的代表性研究成果，中国语言文化现象主要以汉语言中的文化现象为主。

　　文化语言是一门学科，致力于语言与文化关系的研究。吕必松（2005）就曾经指出："语言不但是最重要的交际工具，而且是文化和信息的一种载体，任何一种语言都含有一定的民族文化的印记，这种民族文化印记跟语言理解和语言表达有密切的关系。人们学习语言，必须同时学习关于这种语言中所包含的民族文化印记的知识，否则就不能正确理解和正确使用这种语言。不同的语言所包含的民族文化有一定的差异，这种文化差异是第二语言学习和习得的障碍之一。所以在第二语言教学中，必须重视跟语言理解和语言表达有密切关系的文化差异知识的教学。"[②]

　　中国语言与中国文化相辅相成，因文化涵盖了物质和精神两个重要层面，所以中国语言文化也自然包含了语言文化的物质和精神层面。从中国语言的文化研究中，人们可以窥见历史中的文化和文化中的历史，可以了解中国的

[①] 邓炎昌，刘润清．语言与文化——英汉语言文化对比 [M]．北京：外语教学与研究出版社，2007：149．

[②] 吕必松．语言教育与对外汉语教学 [M]．北京：外语教学与研究出版社，2005：8．

文化历史、文化制度及其所呈现的人文精神，并对文化翻译和汉语作为第二语言的教学提供新的研究思路和实践方法。

鉴于此，这里仅从汉语与文化研究、汉语与文化历史、汉语与文化制度、汉语与汉民族思维、汉语与人文精神、汉语与文化翻译、汉语与文化教学几个方面做如下概述。

第一节　汉语与文化理论

根据邵敬敏的论述，20世纪90年代，国内主要有三种代表性观点：①以游汝杰为代表的双向交叉文化语言学，主张文化语言学"是语言学和文化学的交叉科学。不仅在文化的背景中研究语言，而且利用语言学知识来研究文化学，或利用文化学知识研究语言学。不仅研究共时现象，也研究历时现象，力图把语言学和文化学结合起来"。②以陈建民为代表的社会交际文化语言学。它强调在语言与文化的结合中来研究交际与社会的重要性，侧重于进行共时的变异研究，代表性著作是《社会、语言、文化初探》。③以申小龙为代表的全面认同文化语言学。这种流派主张"以汉语事实为出发点，建立能够与汉民族思维特征相印证的句子理论和句型体系"，"把文化语言学看成是一种'世界观'，从而把其他语言学研究全部纳入自己的理论框架之中"①。

以上三种观点或者三种学说流派，对于我们的语言文化研究有着重要的参考价值。他们的前期研究成果，也是我们今天继续思考中国语言文化问题的一个重要思想来源。

根据时间节点的划分，中国文化语言学兴起于20世纪80年代，以申小龙（1986）的《文化断层与中国现代语言学之变迁》为标志②。中国文化语言学"以一种探求汉民族文化与汉语之间关系的新语言流派的面貌出现在学术界"③，其课程开设始于陈建民。1985年陈建民在中国社会科学院开设了"文化语言学"课程，游汝杰和周振鹤的著作《方言与中国文化》首次提出了建立中国文化语言学这一主张。《语文导报》发表了一组与文化语言学有关

---

① 邵敬敏. 说中国文化语言学的三大流派［J］. 汉语学习，1991（2）：27-30.
② 罗进德. 从中国文化语言学的崛起看翻译理论研究的问题和路向［C］//英汉语比较与翻译·中国英汉语比较研究会会议论文集，1994（12）：433-440.
③ 张琰. 小议中国文化语言学［J］. 安徽文学，2012（8）：119-120.

的论文。① 这一具有"中国文化本位特色的学科"② 在20世纪90年代引起广泛的讨论。同期，出现一批研究成果。

其中，主要研究论文有：游汝杰（1989）发表于《汉语学习》的《文化语言学答疑》、申小龙（1989）发表于《辽宁师范大学学报》的《论中国文化语言学之语言观》、邵敬敏（1991）发表于《汉语学习》的《说中国文化语言学的三大流派》、林归思（1992）发表于《汉语学习》的《中国文化语言学的类型化趋势——第二届全国语言与文化学术研讨会纪要》、张国扬和苏新春（1992）发表于《汉字文化》的《当代中国汉语人文研究的兴起及其历史原因和发展趋势》、晓雁（1993）发表在《汉字文化》上的论文《中国文化语言学理论争鸣》、刘丹青（1993）发表于《江苏社会科学》的《中国文化语言学的紧迫课题》、苏新春（1994）发表于《汉语学习》的《"文化认同"不宜看作文化语言学的具体研究方法》、屈承熹（1994）发表于《语言文字应用》的《怎样为"中国文化语言学"定位》、方文惠（1994）发表于《浙江大学学报》的《中国文化语言学质疑——与申小龙同志商榷》、苏新春（1995）发表于《世界汉语教学》的《文化语言学发展的一个里程碑——评宋永培、端木黎明的〈中国文化语言学辞典〉》、游汝杰（1995）发表于《复旦学报》（社会科学版）的《中国文化语言学的涵义和界说》、李葆嘉（1995）发表于《解放军外语学院学报》的《参予：中国文化语言学的当代意识——第三届全国文化语言学研讨会述评》、张榕（1995）发表于《江西教育学院学报》（社会科学）的《汉语研究的全新视野——中国文化语言学简介》与《汉语研究的全新视野（下）——中国文化语言学简介》、孙建强（1997）发表于《固原师专学报》的《申小龙与中国文化语言学》、宋永培（1997）发表于《中外文化与文论》的《中国文化语言学笔谈》、杨启光（1999）发表于《汉字文化》的《学术新范型：中国文化语言学的本质所在——兼论科学革命及其所依傍的"学术生态环境"》等。其讨论的内容涵盖了学科定位、内涵、研究方法等宏观问题，体现了20世纪80年代到90年代的对语言与文化进行研讨的学术氛围。

另外，20世纪90年代，以语言文化为专题的研究专著和论文集也日益增加，不断丰富学术研究内容，如陈建民和谭志明主编的《语言与文化多学科

---

① 张琰. 小议中国文化语言学［J］. 安徽文学，2012（8）：119-120.
② 申小龙. 中国文化语言学范畴系统析论［J］. 杭州师范学院学报（社会科学版），2004（3）：63-69.

研究——第三届社会语言学学术讨论会文集》（北京语言学院出版社，1993），共收集49人次47篇论文，文化内容涵盖了文化导入、文化传播、文化交际、文化比较、文化教学、文化词语、文化心理、文化价值、宗教文化、方言文化等领域，堪称是"多学科合作的结晶"（孙天义，1993）[①]。张黎的《文化的深层选择——汉语意合语法论》（吉林教育出版社，1994）作为文化语言学丛书著作之一，从文化和语言的深层沟通、文化语法观、语法的语义内涵、语法的语用内涵、语法的句法内涵等方面论述了意合语法在人类知识系统中的地位。谢大正主编的《汉语的文化特征与国家通用语言文字》（中国法制出版社，2000）从文化语言学的崛起展开论述，讨论了汉字、语法、词汇、修辞方面具有的文化特征，分析了普通话的规范性和创新性问题。

21世纪，语言与文化的研究成果日益丰富，研究领域逐渐多元化，彰显出语言、文化、翻译多元融合的新趋势，双语对比研究和全英文研究成果增多，文化翻译也逐渐被重视起来。

从研究专著看，文化语言学逐渐兴起，并呈现多视角的研究取向。代表性专著有：邓炎昌、刘润清的《语言与文化——英汉语言文化对比》（外语教学与研究出版社，1989）侧重比较文化的研究视角。赵爱国的《语言文化学论纲》（黑龙江人民出版社，2006），涵盖了语言文化学的理论渊源及学科定位、基本理论框架、语言世界图景、语言个性理论、定型理论、先例理论、言语交际理论及语言文化学的应用研究等八章的内容。王立军等的《汉字的文化解读》（商务印书馆，2012）侧重从汉字角度做文化分析。宋洪英的《语言文化学视野下的定型研究》（河南大学出版社，2011）侧重定型研究。李宝玲的《语言文化单位的修辞学研究：描写与阐释》（世界图书出版公司，2011）侧重修辞学视角的研究。钱冠连的《汉语文化语用学》（第三版）（清华大学出版社，2020）则侧重于语用学视角，系国内外首部以汉语文化为背景的语用学专著。

从教材建设角度看，出版了一批融入汉语新词语和跨文化比较专题的当代教材。如21世纪英语专业系列教材之柯平编著的《英汉与汉英翻译教程》（北京大学出版社，1993）、全国翻译硕士专业（MTI）系列教材之陈建平编著的《翻译与跨文化交际》（外语教学与研究出版社，2012）、21世纪课程规划教材之卓振英、李贵苍编著的《汉诗英译教程》（北京大学出版社，

[①] 陈建民，谭志明. 语言与文化多学科研究——第三届社会语言学学术讨论会文集［M］. 北京：北京语言学院出版社，1993：1.

2013)、丁迪蒙主编的《汉语语言文化学教程》（上海大学出版社，2012）等。李燕编著的《语言文化十五讲》（南开大学出版社，2015）侧重从大学生文化素质视角编写，涉猎语言的性质与功能、语言文化的多样性、语言与文化认同、语言文化的接触与融合、非语言与跨文化交流、网络语言、新词新语、性别文化、新媒体语言、广告语言等十五讲的内容，具有学术性、趣味性、时代性。王和私主编的《中西语言文化导读》（西北工业大学出版社，2017）用十个单元的内容全英文介绍了中西方的语言文化理论、发展状况、碰撞与融合、思维模式、职场价值观、爱情婚姻和家庭，以及人际关系、文化禁忌、礼仪礼节等。冯学芳主编的《中国语言与文化》（武汉大学出版社，2019）既可以作为教材，也可以作为研读著作，涵盖了儒家思想、佛道观念、人名地名、饮食、艺术思维、中医养生、诗歌小说等多个主题文化内容，体现出适合新时代国际教育发展的新特点，如"重视文化精神的概况""语言和文化结合"，从而"透过汉语的特点展示文化的潜在作用，同时让语言学习者通过文化的认识理解语言特征的来源，以促进读者汉语学习和汉文化欣赏水平的共同提高"，同时"将文化学习和文化翻译相结合"，全英文介绍中国语言文化现象与精神内核，对促进中国语言文化的国际传播起到了积极的作用。

另外，文化翻译类专著成果日趋理论化、专业化。如王宁的专著《文化翻译与经典阐释》（中华书局，2006）从"翻译的文化学反思""文化阐释与经典重构""文化研究与文化理论的阐释"三个主题进行了跨文化的文学对话。刘宓庆的专著《文化翻译论纲》（中国对外翻译出版公司，2019）阐释了文化价值、文化心理、文化诠释、文化解读、意蕴探索、对策论与方法论、接受理论等问题，基于对文化的深层理解提出文化翻译的基本理论模式。

第二节 汉语与文化历史

正如苏联著名心理学家列夫·谢苗诺维奇·维果斯基所认为的那样，"思维发展受制于语言"，"思维发展是由思维的语言工具和儿童的社会文化经历所决定的"[1]。从人类文明的发展史层面讲，这里的"儿童的社会文化"也就是人类的童年时期。每一个民族的语言都会镌刻上其文明历史初期阶段的文化印记。以汉语为代表的中国语言走过了几千年的历史，中国文化的信息非

---

[1] 维果斯基. 思维与语言[M]. 李维，译. 杭州：浙江教育出版社，1997.

常丰富，文化底蕴就更加深厚。

在中国，研究语言文化的开山鼻祖是罗常培①。其主要著作有：《汉语音韵学导论》（北京大学出版社，1949 年初版，1956 年再版）、《汉魏晋南北朝韵部演变研究第一分册》（合著，科学出版社，1958）、《厦门音系》（1930 年初版，1956 年新版）、《临川音系》（1940）、《唐五代西北方音》（1933）、《八思巴字与元代汉语》（合著，科学出版社，1959）、《八思巴字与元代汉语》（合著，科学出版社，1959），《十韵汇编》（合著）是《切韵》系韵书材料的总结集，《中国音韵学研究》（高本汉著，与人一起合译，1937）、《普通语音学纲要》（合著，科学出版社，1957）、《国音字母演进史》（商务印书馆，1934）、《语言与文化》（北京大学出版社，1950 年初版，语文出版社，1989 年再版）、《北京俗曲百种摘韵》（重庆国民图书出版社，1942）。

其著作《语言与文化》（注释增订本，北京大学出版社，2017）的研究内容包括语词的演变、造词心理、借字和文化接触、地名和民族迁徙、姓氏别号与民族来源和宗教信仰、亲属称谓和婚姻制度。其主要观点如下。

---

① 罗常培，北京人。毕业于北京大学，语言学家、语言教育家。历任西北大学、厦门大学、中山大学、北京大学教授，历史语言研究所研究员，北京大学文科研究所所长。罗常培毕生从事语言教学、少数民族语言研究，方言调查、音韵学研究。与赵元任、李方桂同称早期中国语言学界的"三巨头"。其学术成就对当代中国语言学及音韵学研究影响极为深远。1950 年，筹建中国科学院语言研究所（今中国社会科学院语言研究所），并任第一任所长。还曾任《中国语文》总编辑、中国文字改革委员会委员、普通话审音委员会委员和召集人、1954 年和 1958 年两届全国人大代表、《语言研究》常务编委等。他曾参加制订《汉语拼音方案》的讨论，创办了北京大学语言专修科。1899 年 8 月 9 日，罗常培出生于北京一个没落的满族家庭，原姓萨克达，正黄旗人。家境的贫寒促使他从小发愤图强，刻苦学习。1907 年，考入京师公立第二两等小学堂，与舒庆春（老舍）为同学。1916 年，考入北京大学。1919 年，从北京大学中文系毕业，又到哲学系学习了两年，接受了西方的学术思想和治学方法。曾历任北京第一中学校长、西安西北大学教授、中央研究院历史语言研究所研究员、北京大学教授、西南联合大学中文系主任等。1921 年，毕业后于北京及天津的中学任教。1926 年至 1928 年，先后赴西安的西北大学、厦门大学及广州的中山大学任教。1929 年，傅斯年成立中央研究院历史语言研究所，罗常培与赵元任、李方桂为该所语言组第一批聘用的研究员。1934 年，罗常培于北京大学中国文学系出任教授。1937 年，因战争爆发，随北大转至由北大、清华、南开共同组成的长沙临时大学。1938 年，该校迁往云南，易名西南联合大学，罗常培也随校到云南。1944 年，到美国讲学。1948 年，在得知闻一多先生被刺的消息后，毅然回国，继续于北大任教。1950 年，罗常培获任命负责筹建中国科学院语言研究所（今中国社会科学院语言研究所），并任第一任所长。1958 年 12 月 13 日逝世，享年 59 岁。

(一) 中国人与中国文的问题

1. 重视母语学习

母语是每个人的文化基因，因其充满民族记忆而具有民族性。所以罗常培就说过："语言文字是一个民族文化的结晶，这个民族过去的文化靠着它来流传，未来的文化也仗着它来推进。凡属一国的国民，对于他本国固有的语言文字必须有最低限度的修养，否则就不配做这一国的国民。"① 可见，母语是民族文化的底色，是人们的重要文化修养之一。

2. 反对汉字改革运动

罗常培承认汉字的形意文化的复杂性，认为"中国有将近五千年的历史，开化很早，文化很高，从有史以来就有文字的记载。这种文字属于衍形系统，在世界各国除去埃及和苏墨利亚的古文，很少和它相同的。它的形体比较繁难，含义比较复杂，从这方块字的本身又得不到什么发音的符号，所以很不容易认识"②。但他并不同意汉字改革，对汉字改革所产生的"注音符号、国语罗马字和拉丁化三种辅助汉字或代替汉字的东西"③ 并不认可，并给予了批评。这对于提升中文的自我认同感和文化自信无疑是具有积极意义的。

(二) 从词源变迁看文化遗迹

在各国语言里，会有许多这样的语词，它们现在通行的含义和它们最初的语源并不相同。其中，尤其强调："如果不明了它们的过去文化背景，我们简直推究不出彼此有什么关系来。可是，你若知道它们的历史，那就不但可以发现很有趣的语义演变，而且对于文化进展的阶段也可以反映出一个很清晰的片影来。"④ 所以，每一个单词的背后有着文化的信息，需要通过词源的探究来获得答案，从而构建起语言和物质文明之间交流的桥梁。

1. 外国语言词源可看出文化痕迹

（1）"笔"和"毛"。"笔"和"羽毛"的联系是一个物质文化的发展史。根据罗常培的解析，因为英语世界的"pen"源于拉丁语的"penna"，其本义就是羽毛（feather），最初只严格应用在原始的鹅毛笔（quill pen）。物质

---

① 罗常培．中国人与中国文 语言与文化 [M]．北京：新星出版社，2015：4．
② 罗常培．中国人与中国文 语言与文化 [M]．北京：新星出版社，2015：4．
③ 罗常培．中国人与中国文 语言与文化 [M]．北京：新星出版社，2015：4．
④ 罗常培．中国人与中国文 语言与文化 [M]．北京：新星出版社，2015：87．

的进化改进了笔的质料，可是这个字始终保存着，于是在古代本来含有羽毛意义的字现在却用它来代表一种有金属笔尖的文具。反过来说，如果分析这个现代语词和羽毛的关系也可以教我们知道一些古代笔的制度。这样的一种探究有助于我们以小见大，获得从远古时期至今的文化变迁印记。

（2）"墙"和"柳"。根据罗常培的解析，英语的"wall"和其他印欧系语言含有"墙"的意义的语词，它们的基本意义往往和"柳条编的东西"（wicker-work）或"柳条"（wattle）有关系。德语"and"从动词"winden"变来，它的原义是"缠绕"或"编织"（to wind, to interweave）。盎格鲁-撒克逊语（Anglo-Saxon）的"winden manigne smiceme wah"等于英语的"to weave many a fine wall"，用现在通行的意义来翻译就是"编许多很好的墙"。墙怎么能编呢？据考古学家发掘史前遗址的结果发现许多烧过的土块上面现出清晰的柳条编织物的痕迹。这就是一种所谓"编砌式"（wattle and daub）的建筑。它或者用柳条编的东西做底子上面再涂上泥，或者把泥舂在两片柳条编的东西的中间。由此可以使我们推想欧洲古代的墙也和中国现在乡村的篱笆、四川的竹篾和古代的版筑一样，并不是铁筋洋灰的。① 这无疑是从语言中透析出的欧洲文化史。

（3）"窗"和"眼"。根据罗常培的解析，英语的"window"直译是"风眼"（wind-eye）。在许多语言里用来指"窗"的复合词，"眼"字常常占一部分。这种意思还可以通过一系列其他语言的直译来佐证，如峨特语（Gothic）直译是"眼门"（eye-door）。盎格鲁-撒克逊语的直译是"眼孔"（eye-hole），在梵文（Sanskrit）里我们找到的意思是"牛眼"（ox-eye），还有俄语中"窗"的语根和拉丁语的"oculus"有关系（直译是"小眼"，"a little eye"）。要想解释这些关于"窗"的语词，我们还得回到古代的建筑制度。我们在上文已经说过最古老的房子或者用柳条编的东西造成，或者用木头造成。② 这种溯源的解析无疑让人们获知一部欧洲的建筑文化史，从语词看出人类建筑文化的印记。

（4）"钱"和"造币厂"。根据罗常培的解析，英语的"dollar"借自德语"taler"，从"Joachim´s Dale"演变而来。Joachim´s Dale 在波希米亚（Bohemia），16 世纪的时候曾经在这个山谷铸造过银币，因此现在就将"dollar"当作银币的名称。"money"的语源同样和造币场所有关系。当初罗马的造币

---

① 罗常培. 中国人与中国文 语言与文化 [M]. 北京：新星出版社，2015：87-88.
② 罗常培. 中国人与中国文 语言与文化 [M]. 北京：新星出版社，2015：88.

厂设在"Jūnō Monēta"的庙里,"monēta"的本义只是"警戒者"(warner),和钱币渺不相关。因为在"Jūnō Monēta"有造币厂,所以罗马人就用"Monēta"这个字代表"造币厂"(mint)和"钱币"(coin, money)两个意思。英语的"mint"是原始英语直接从这个拉丁语词借来的;英语的"money"是中古时间接从古法语借来的。①

(5)"style"的字源与文化遗迹。为什么要说这个词呢?因为它也是我们这个时代的流行舞蹈和流行词,曾经的"江南Style"是流行音乐和舞蹈。英文的解释对其有多种释义:①文体或用语言表现思想的体裁("mode of expressing thought in language");②表现、构造或完成任何艺术、工作或制造物的特殊方法,尤其指美术品("distinctive or characteristic mode of presentation, construction, or execution in any art, employment, or product, especially in any of the fine arts");③合乎标准的风格或态度,尤其指社交上的关系和举止等("mode or manner in accord with a standard, especially in social relations, demeanor, etc.");④流行的风尚("fashionable elegance")。推究它的语源,与上述意义相差甚远。这个字原本从拉丁语的"stilus"发展而来。在罗马时代,人们是在蜡版上写字的。他们并不用铅笔或钢笔,而用一种铁、硬木或骨头制成的工具。这种东西一头是尖的,用来写字;一头是扁平的,用来擦抹——换言之,就是把蜡版磨平了,好让它可以反复地用。这种工具叫作"stilus"或"stylus"。它本来指写字的工具,意义渐渐地引申,就变成用这种工具所写的东西、文章,作文的风格和体裁,作文或说话的特殊风格等等。"stylus"这个字进到法文后变成"style",读作[stiː l],意义还保持着上面所说的种种。当它进到英文时读音就变成[stail]了。至于"高尚的举止或态度"或"流行的风尚"这个意义,那是最后在英语和法语里引申出来的。虽然这样,"style"的本义在《韦氏字典》却仍然保留着,它的第一条解释就是"古人用以在蜡版上写字的尖笔"("an instrument used by the ancients in writing on wax tablets")。同时,"stylus"也由拉丁语直接借进英文,仍然保持它的本义。在现代英语里,因为"stylus"流行,"style"的第一个意义就慢慢地消失了。②

2. 中国语言的汉字可看出古汉语文化的思想遗迹

在此罗常培先生举了很多汉字的例子。如钱与贝的密切关系。现实中的

---

① 罗常培. 中国人与中国文 语言与文化[M]. 北京:新星出版社,2015:90-91.
② 罗常培. 中国人与中国文 语言与文化[M]. 北京:新星出版社,2015:91-92.

钱字类汉字多和"贝"有关，如财、货、贡、赈、赠、贷、赊、贿、赂等。因为"中国古代曾经用贝壳当作交易的媒介物。秦以后废贝行钱，但是这种古代的货币制度在文字的形体上还保存着它的蜕形"①。当然，这一点可从许慎的《说文解字》而知："古者货贝而宝龟，周而有泉，至秦废贝行钱。"再如，"安"字《说文解字》训"静也，从女在下"，言外之意——"把女孩子关在家里便可以安静，由此可以想见中国古代对女性的观念"②。侯玥从文化语言学视域下研究太原街道名称的历史文化，认为这类街道名称不仅具有道路指称功能，而且承载了丰富的地域历史文化，那些含有姓氏的街道名称，是一种社会现象，也是一种语言现象，还是一种文化现象。③

综上研究案例可见：汉字是一种文化载体，反映出不同时期的文化历史。

中国文化制度的规约常常会在汉语的结构中给予体现。比如，车裂的刑法本来是古代一种残酷的制度，从现代人道主义的立场来看这实在是一种"蛮性的遗留"。可是就"斩"字的结构来讲，我们却不能替中国古代讳言了。《说文解字》中记载"斩从车斤，斩法车裂也"，段玉裁注："此说从车之意。盖古用车裂，后人乃法车裂之意而用铁钺，故字亦从车，斤者铁钺之类也。"可见这种惨刑在中国古代绝不止商鞅一人身受其苦。④

中国文化制度的历史会影响到汉语的地位和表达形式。比如，官话的产生、文言的推崇、言辞规范的形成离不开语言政策的推动，很大程度上会受到中国古代教育制度和科举制度的影响。游汝杰认为语言的演变和它的文化背景密切相关。在《中国古代文化制度与语言演变》一文中，他探讨了中国古代的文化制度与汉语历史演变的关系。就中国古代的教育制度、科举制度、言辞规范和异地为官制度对语言的影响做了梳理，由此得出结论：现代汉语是历代汉语演变发展的结果，汉语及其方言的现状，不仅与语言本体发展规律相关，也与中国悠久的历史和文化相关。⑤ 姚小平（2020）从近代北京话与南京话入手，依托17—19世纪传教士和汉学家的著作来补充中国本土文献，借以研究近代汉语通言如何由南官话逐渐变为北官话，让人们从文化史

---

① 罗常培. 中国人与中国文 语言与文化 [M]. 北京：新星出版社，2015：94.
② 罗常培. 中国人与中国文 语言与文化 [M]. 北京：新星出版社，2015：94.
③ 侯玥. 文化语言学视域下含有姓氏的太原街道名称研究 [J]. 文化学刊，2020（11）：193-195.
④ 罗常培. 中国人与中国文：语言与文化 [M]. 北京：新星出版社，2015：94-95.
⑤ 游汝杰. 中国古代文化制度与语言演变 [J]. 语言战略研究，2021，6（1）：26-35.

料中深入了解现代普通话的演变历程。① 这些源自语言的文化印记正是语言世界内容丰富的文化景观。

第三节 汉语与人文精神

根据中国传统文化，"天"与"人"相对应，相融合，"天人合一"是自然规律。因此"人文"是与"天文"相对应而提出的概念。据《周易·彖上》记载："观乎天文，以察时变；观乎人文，以化成天下。"所以，中国的人文内涵非常丰富："指礼乐教化、典章制度，即诗书、礼乐、法度等精神文明的创造以及与之相关的既有差等又有调和的社会秩序。与'天文'（日月星辰等天体的运行状态和规律）相对。也泛指人事，即人类社会的行为、习俗或状态。近代以后，受西学影响，'人文'演变指人类社会的各种文化现象，研究人类社会文化现象的学科称为人文科学。"② 与人类的文化现象融合统一，汉语的研究范畴同样融入了人文的内涵与精神。

在申小龙的研究中，人们看到：汉语不仅是工具，而且具有人文精神。他认为：①人类各民族的语言，不仅仅是一个符号体系或交际工具，还是民族认识、阐释世界的一个意义体系和价值体系。无论是东方还是西方，语言都是一个民族看待世界的一种样式，都是"所有人类活动中最足以表现人的特点的"，是"打开人民心灵深处的钥匙"。②与西方语言相比较，汉语的人文性尤为突出。汉民族从不把语言仅仅看作一个客观、静止、孤立、在形式上自足的对象。而把语言看作一个人参与其中、与人文环境互为观照、动态的、内容上自足的表达与阐释过程。因此，关于汉语的分析理解方面，比较侧重关注人的主体意识。

反思西方的语言观，中国语言文化研究日益突破狭隘的工具论。20世纪80年代，固守以西方文化为顶点的学术坐标，坚守西方文化中心论，笃信单线进化论和实证主义，由此取得汉语科学化的理论成果，诸如遵循语法的西方体系化、遵循汉字的拉丁化，遵循修辞的辞格化。但是，新的汉语危机让

---

① 姚小平. 近代北京话与南京话：17—19世纪西士笔下的北南官话之争 [J]. 中国语文，2020（4）：498—509，512.
② 《中华思想文化术语》编委会. 中华思想文化术语 [M]. 北京：外语教学与研究出版社，2016：127.

人们思考汉语语法的范畴问题、汉语的思维问题、汉语的交叉学科对话,以及汉语如何具有文化心理的特征,如何具有文化底蕴,如何走出科学主义泥淖,等等。如此,汉语研究与人文性思考走得越来越近。

一、汉语结构的人文性

根据语言相对论的观点,人类总是在语言形成之前就已经具有了共同的认知逻辑,或者可以称为内在结构,并且会对外在的语言生成起到不可忽视的作用。汉语因其特殊的中国文化基因,不同程度地存在隐性的精神气质,通过物化、人化的作用而使汉语具有独特的精神气韵。在同英语比较的基础上,这种精神气韵表现为申小龙所论述的三种差异性:

第一种是形态差异,二者形态上的差异体现在"散"与"聚",汉语侧重散点式,英语侧重焦点式。第二种是过程差异,二者过程上的差异体现在"动"与"静",汉语侧重动态式,英语侧重静态式。第三种是句子差异,二者在句子上的差异体现在"心"与"物",汉语侧重心理时间流,英语侧重物理空间体。由此可以认为,汉语的结构特征具有文化通约性,汉语结构是人的主体意识(申小龙,2008)。由此,汉语的结构和人的主体意识有机地联系在一起。

汉民族的主体意识具有内省式特点,常常自我形构,反观自身,这反映在文字上就是字形与人形的同一或者相近。如"人"之站立起居变换成汉字的高低长短,模仿人形,随人造字。这种现象就是谢大正所说的汉字构形的"人本倾向",即"在文字符号结构形态上,将人的主体意识与自然法则的统一,也内化进去,汉字的构型以人的肌体和行为通于一切事物,这就是汉字构形的人本倾向"[1]。并且这种外在的形似也可在语言的内部结构中得以深化,生成汉语独有的意合式语法结构。

从语法结构来看,汉语的语法常常会由语义来连接各种语法成分。比如,汉语中的"多项定语的位置顺序""多项状语的位置顺序"等都凸显出人文性特点。[2] 不同的顺序组合成不同的语法结构。张世禄曾提出"语序"论,主张在语序中构建汉语的语法范畴和体系。郭绍虞曾提出"弹性"语法论,

---

[1] 谢大正. 汉语的文化特征与国家通用语言文字 [M]. 北京:中国法制出版社,2000:58.
[2] 李雯,李涛. 论汉语的人文性与对外汉语教学 [J]. 重庆三峡学院学报,2006(6):83-86.

视说话人的情感态度,语法成分可前可后,汉字可增可减,在一种"人文环境"中实现语法的结构变化,表达着叙事人的多重情感态度。这正是汉语不同于其他语言的独特所在。

二、汉语意义的人文性

汉语的意义具有多重性,既可以有基于词语本身的基本义,也可以由此生发出象征义、精神义,或者可以概括为一种游离于本义之外的文化义。无论是对于汉语母语者,还是对于汉语非母语的外国人,理解汉语都要经历一个意义的阐释翻译过程。刘宓庆认为:"意义始终是我们关注的中心:一般说来,它既是我们的出发点,又是我们的目的地。"[①] 从宏观视角来审视语言,"人类语言都有共性,语法都有共性,共性也就是同质性,这是问题的一面。另一面是异质性。由于文化母体不同,语言都表现出异质性,因此语言异质性问题的本质是语言文化问题"[②]。其中,汉语因其凝聚了"天人合一"的思想,文化义比较突出,内在的精神层面的人文性诉求尤其凸显。

从汉语的意义来看,儒家思想的核心是"仁","仁"者爱人,落实到生活中是爱人爱己,落实到齐家治国,就是爱家爱国。汉语的意义兼顾了这些人文性特点,其核心是要字外的意义,个体"人"的意义可升华为集体、国家、社会。这种"仁"的文化源泉滋养出书生的儒家气息,生成汉语的人文特性。对此,只有在理解汉语字面和字里的含义之后,人们才可以体会得到。这就是古人所追求的一种"言有尽而意无穷"的语义境界。

综上,汉语的人文性就是"汉语通过自身的存在状态等各个方面表现出汉民族文化要素和特色的属性。而汉语词的文化意义则是直接揭示着这种文化属性所拥有的文化内涵及这些文化内涵的语言存在形式和特点"[③]。汉语的人文性是汉语形式结构和内涵意义的综合体现。

三、汉语思维的人文性

文化差异会导致思维方式的差异,从国家和民族的角度而言,不同的文

---

① 刘宓庆.文化翻译[M].北京:中译出版社,2019:95.
② 刘宓庆.文化翻译[M].北京:中译出版社,2019:97.
③ 王华杰.论汉语言的人文性[J].商丘职业技术学院学报,2006(3):79-81.

化会产生不同的民族思维。因有人的思想观念存在与投射，汉语的人文性比较凸显。

生活实践中，人们习惯"用既成的语言系统去认识对象"，而"这个既成的语言系统必然影响人们的思维样式"①；同时，思维影响语言，这是因为思维的主体不同，经过大脑加工的信息和输出的信息也会不同，正如马克思所言："观念的东西不外是移入人的头脑并在人的头脑中改造过的物质的东西而已。"所以，汉语和汉语使用者在思维模式方面会存在统一性和相似性。郭玉娥（2014）曾将混沌学中的自相似性原理用以研究汉语与汉民族思维模式之间的关系研究，在对汉语进行辩证的考察中，揭示汉民族思维方式对汉语特质形成的影响。②

对于汉语而言，中国传统文化的影响会在汉语词汇上形成"孑遗"③现象，即中国长期的封建宗法社会培育出的"尊卑"等传统观念在汉语词汇中孑存，造就了大量的相应词语。"这些词语，无论在造词上还是表意上都各具特点，这些特点也会因时、地的不同而有所不同"（周荐，2021）。由此也会影响民族思维，形成固有的模式，不易变更。汉民族的思维会影响汉语言的形式和内容，由于对家庭的亲和，会创造出有房有猪、彰显衣食无忧的汉字"家"；由于对女性的从属定位，"女"的汉字组成"姓"会同生命相联系，类似"男尊女卑""男主外女主内"等描述中女性常常位列从属地位；由于对集体的推崇会产生自谦语或谦卑词，会凸显"大我"而降低"小我"。

无论是汉语母语者，还是汉语作为第二语言的学习者，想要深入地了解和理解汉语，必然要深入探索隐含在语言内里的思维模式。汉语作为一种语言，具有物质属性，同时它因为凝结了汉民族的智慧而具有主观属性，其思维模式也体现出主观与客观相结合的"整体性""具象性""意会性"④，并通过形、音、义"三位一体"的结合、"天人合一"的关联、"不可言传"的领会来加以深刻理解。

---

① 王克喜，黄海. 中国文化视域中的语言与逻辑［M］. 北京：中央编译出版社，2020：27.
② 郭玉娥. 汉语与汉语使用者思维模式自相似性［J］. 语文建设，2014（14）：69.
③ 这是澳门理工学院（Macao Polytechnic）周荐教授在2021年"语言与社会"（Language and Society）线上国际研讨会上的报告内容，此次研讨会由中国人民大学外国语学院举办，周荐教授报告的题目是《中国传统观念在汉语词汇上的孑遗》，报告时间是2021年5月7日。
④ 王克喜，黄海. 中国文化视域中的语言与逻辑［M］. 北京：中央编译出版社，2020：48.

（一）"三位一体"的整体性思维

1. 造字："字本位"

汉字的存在是一种思维的存在。换言之，汉字作为文化符号，是人类生命的符号，其形符的音义都体现着汉民族思维的印记，如同人类文明古国的悠久文化一样，在象形文字中书写人类记忆，所以"汉字在思维故汉字在"[1]。汉语中，字的重要性反复被强调，比如，一字可以为师，一字价值千金，一字可以透视人品，产生诸如"一字之师""一字千金""字如其人"等词语，同时强调行文的"字里行间"要"字斟句酌"，甚至为了好字佳句苦吟冥思，文人做文章写诗常常要"两句三年得，一吟双泪流（唐·贾岛）"。从中可以窥探中国人的"字本位"思维，从中衍生出沿用至今的汉字符号体系。其中，汉字形塑的思维中，离不开形、音、义相结合的"三位一体"造字法。

汉语中的造字法依托自然万物，或者模仿声音，或者描摹形态，在声音和形状的组合中表达心领神会的意义。比如，远古人类根据事物外在形状创造象形文字，在多种形式组合中获得意义的统一。诸如来自自然界感知的"日""月""水""山"等，都依附于实际存在的事物。也有一部分字通过对立意义的形旁组合，实现意义的整体表达。比如：

（1）通过会意来造字。"好"字直接将性别不同的"女"和"子"统一起来，构成儿女双全的吉祥蕴意。"烎"（yín）字直接通过打开火的组合来表示光明的意思。"槑"（méi）字通过两个"呆"的量化组合突出傻气十足。"囧"（jiǒng）字通过脸部造型的设计突出烦恼尴尬的状态。"奤"（tiān）直接将中国人骂人的话表达出来。"汆"（nì）直接用水中之人表达溺水落水的含义。"嚻"（jiào），同"叫"，通过四张嘴的组合成字，表示声音大的意思。

（2）通过否定字"不"来造字。对于不好的意思直接用汉字"不"来组合：将"不""好"整合在一起，在"好"与"不好"的对立中直接构成汉字"孬"。在"要"的上面加个"不"，构成表达"不需要"意思的汉字"嫑"，表示拒绝的意思。

（3）通过形似叠加来造字。也就是根据形音义的结合，由少到多地组合汉字。汉语中会造出一些具有趣味性的汉字，如三个同样形旁叠加而成的"品"（pǐn）、"众"（zhòng，人多）、"森"（sēn，树木众多）、"磊"（lěi，众

---

[1] 姚淦铭. 汉字文化思维[M]. 北京：首都师范大学出版社，2008：2.

石堆积)、"鑫"(xīn，兴旺发达)、"犇"(bēn，群牛奔跑)、"骉"(biāo，万马奔腾)、"龘"(dá，群龙腾飞)等字，既具有形义，也具有意义，同样体现了汉字组合的"三位一体"性。

2. 组词："词族"

汉字具有自身的构词能力，通过形音义的拓展生成同类词语，或声旁同一，如汉字"青"，可以生成"清——清水""情——情感""请——请客"；或形旁组合，如汉字"木"，作为形旁可以生成与树木相关的一系列汉字和词组"松——松树""柏——柏树""柳——柳树"等；或同字延伸，如汉字"家"可以延伸出"家人""家庭""家乡""家族"或者"大家""农家""国家"，形成具有同质性的词语链条。综上由字而词的组词现象也可称作汉语的词族现象。

汉语词族的构词起点源于汉民族思维的基因汉字，包括声旁、形旁和意义的架构。词族分析有助于理解汉语的整体性思维。比如，在论文《汉语"感""觉"词族与汉民族认知思维研究》中，夏耕以汉语"感""觉"词族为观察对象，探索汉语与汉民族认知思维的同一性。文章从宏观、中观、微观三个角度，先对感知义心理动词"感""觉"词族进行多角度、多层次的统计、描写与分析，然后依次归纳单音感知义同类词族的构形、取象、合成及其民族思维。研究认为，语言既独立于某些思维形式，同时又包含在某些思维形式之中。基因型词义凸显特征潜在地制约着词语组合关系。[1] 基于"字本位"的理念，汉语词族的形成也可以看作一种"字—词联动"[2] 的思维过程，从而也是对外汉语教学常用的教学模式之一。

(二) 天人合一的具象性思维

根据现有研究，普遍认为"汉民族思维方式不同于西方的抽象思维，是一种具象思维，汉语中汉字、词语、句子、言语作品都体现了具象思维的特征"[3]。或者说，西方文化"尚思"的文化传统形成了偏重抽象的思维方式，汉语文化的"尚象"文化传统形成了偏重具象的思维方式（包惠南，2001）。有的学者从汉英语言文化追根溯源，将此间的差异概括为"悟性"和"理

---

[1] 夏耕. 汉语"感""觉"词族与汉民族认知思维研究 [D]. 武汉：华中师范大学，2017.
[2] 庞震. 汉字教学中"字—词联动"教学模式的构建 [J]. 汉字文化，2020 (23)：50-52.
[3] 吕高超. 汉语具象性思维特征与语文阅读教学 [J]. 高教探索，2016 (S1) 52-53.

性"①，指出这既是语言文化思维的差异，也是语言常用表达方式的差异。其中心所指具有相似性，都在于强化汉语的具象性思维特点。汉语的具象性思维需要学习者、阅读者都具有体悟的能力，尤其是根据自然万物的特点融入人的心理和情感，自然界的一切都具有"天"的要义，拥有丰富情感的人类依托情感，来不断深刻理解和日益丰富汉语既有的内涵。其中，理解这种具象思维的一个重要思维方式是关联。

1. 汉语关联天地自然

在现有研究成果中，大家普遍认为：语言作为思维的工具，必然会受到其所在民族的思维方式的影响。中国古代占主导地位的思维方式是关联性思维。关联性思维带来汉语整体性和形象性的特征。② 一个重要的表现就在于追求"天人合一"，重视自然规律与人类情感的对应与呼应，字词组合和句子铺排都离不开"天""地""人"的情感联想。为此，在汉语表达中，物理意义上的"天"和"地"往往是情感意义的载体。元代关汉卿在《窦娥冤》中曾写下"地也，你不分好歹何为地！天也，你错勘贤愚枉为天！"此处的"天"和"地"是正义的化身，主宰人间正道。自然万物是汉语的灵感源泉。山水湖泊、花草树木都可以成为汉语遣词造句和表情达意的天然意象。

2. 汉语关联人类情感

人的喜怒哀乐可以映射到自然万物之中。相反，因为人的情感变化，自然万物也就有了人化的喜怒哀乐之情。仅以汉语量词为例：汉语量词体现出汉语的形象性特点。李勇指出：汉语量词不仅具有计数功能，还在描述事物对象和表达情感方面发挥着重要作用。通过对汉语经典语言用例中量词使用情况进行研究，可以发现量词的语义特色与汉民族的形象思维有着一定的联系。量词修辞格的运用是汉民族形象思维在文化表现上的成果，量词的模糊性、情感形象性、普遍性的特征与形象思维方式的粗略性、形象性、非逻辑性的特点是一致的。③

（三）不可言传的意会性思维

汉语意义上的"不可言传"不是不可以表达，而是必须要靠读者基于文

---

① 连淑能. 中西思维方式：悟性与理性——兼论汉英语言常用的表达方式 [J]. 外语与外语教学，2006（7）：35-38.
② 赵霞. 关联性思维影响下的汉语的特征 [J]. 语文建设，2013（35）：64.
③ 李勇. 由汉语量词管窥汉民族形象思维方式 [J]. 重庆三峡学院学报，2013，29（5）：111-113.

化积淀的心领神会。"心"与"神"属于主体感性认知范畴，其认知的程度取决于主体的内在直觉、灵感、顿悟等心理感知能力。不同的主体会产生不同的心理感知，所以意会的内容和形式也不尽相同，这是客观现象和人的主观认知的融合反馈情况决定的。在对意会认知与创造思维的比较研究中，漆捷认为："意会认知是人在认识过程中产生创造性认知的过程，这种从模糊到清晰的认知过程是创造思维的基本形式。"而在分析意会认知与创造思维三种具体形式的内在关联之后可知：直觉思维是意会认知的"不知之知"，即直觉与意志、情感等非理性因素相结合是产生意会认知的基础；灵感思维是意会认知"无意识性"的重要表现，即意会认知与无意识的个人体悟有关；顿悟思维是意会认知"心理论证"的基础，即对客体本质进行深入洞察并在主观上产生认可。[1] 可见，从认知论的角度来看，汉语所体现出的意会性思维是综合了中国人直觉、灵感、顿悟等心理要素的综合反映，是一种不同于英语"直线型"思维的"螺旋型"思维，需要曲折思索后的"意会"才能理解。

在特定历史文化发展的过程中，汉语言承载了汉民族的思维记忆。诚如白光霁所认为的那样："语言交流感情和传输信息，认知世界和描写世界的总结果是人类经验的积累，存在于语言的记忆库之中。语言中积累着前人已有的经验和知识，是人类认识世界的重要基础。语言中保存着许多前人对世界的反思。传说中仓颉所造的文字表达了富有活力的思想，发展出一套人与自然深入交流的、鲜活的、开放的、充满生命力的汉语言思维模式。"[2] 人们也正是在对先民的追忆中不断延续思维的定式，丰富汉语的精神世界。

第四节 汉语与文化翻译

哈佛大学东亚语言与文明系 Charles H. Carswell 讲座教授包弼德（Peter K. BOL）在 2021 年 1 月 6 日的讲座中曾以 "Culture as a Confucion Problem" 作为讲座题目，宣传海报的翻译是"斯文在儒"，体现一种汉语文化的特点。同时，也充分契合了"精神人文主义"云讲堂的主题。"不同民族不同国家在

---

[1] 漆捷. 意会认识论的研究新路径：意会认知与创造思维比较研究［J］. 山西高等学校社会科学学报，2012，24（9）：41-44.
[2] 白光霁. 汉语与思维之关系略论［J］. 读书文摘，2016（20）：32-33.

思维与语言方面都有个性的差异，而思维方式的差异正是造成语言差异的重要原因。"① 汉语言的整体思维、泰语的局部思维、西语的个体思维等，都会不同程度地影响语言的语法结构和语义表达，从而带来跨文化翻译的新思考，即在"欧化"与"汉化"的翻译实践中日益总结文化翻译的理论问题。

一、"欧化"取向的反思

长久以来，汉语的翻译摆脱不掉欧化取向，长篇累牍，失去汉语的特色。人们也开始从语法的角度反思与批评既有观念。《马氏文通》（1898）是马建忠编著的代表性著作，该书是中国关于汉语语法的第一部系统性著作。关于汉语语法的反思也以对该书的批评为标志。朱自清论述："中国的系统的语法，从《马氏文通》创始。这部书无疑的是划时代的著作。著者马建忠借镜拉丁文的间架建筑起我国的语法来……那间架究竟是外来的，而汉语又和印欧相差那么远，马氏虽然严谨，总免不了曲为比附的地方。"（朱自清，1943）对《马氏文通》以来90年的中国现代语言学持严格的批判态度（张国扬、苏新春，1992），其中一个理由就是马建忠比附拉丁文法建立汉语语法体系，开了汉语语法欧化的先河；其后，黎锦熙在《新著国语文法》中指出，这种"欧化"取向"在最大程度上照搬英文语法，完全淹没了汉语的特点"（申小龙，1986）。由此，"欧化无度"现象被认为是一个翻译实践的误区。② 通过吕叔湘和朱德熙（1978年）的论述可以进一步辩证地去看这个问题："语法欧化的趋势是很自然的，一切反对的力量都遏制不住这个潮流，但这并不是说我们可以任意模仿外国语言，毫无限制。采取外国语言的某种表达方式，第一要问有没有必要，如果本国的语言也有相当的说法，就不必去搬弄一般人不习惯的洋说法。第二要问有没有可能，有些外国表达方式是我们的语言规律所能接受的，有的是和我们的语言规律不相容的，如果不问三七二十一，硬搬进来，必然破坏我们的语言的纯洁。"

---

① 刘丽雅. 汉语和泰语思维方式的差异 [J]. 知识文库，2016（16）：3-4.
② 罗进德. 从中国文化语言学的崛起看翻译理论研究的问题和路向 [C] //中国英汉语比较研究会成立大会暨第一次全国学术研讨会会议论文集. 长沙：中国英汉语比较研究会成立大会暨第一次全国学术研讨会，1994：433-440.

二、"汉化"问题的思考

从宏观视角看，汉语的翻译是时间、空间和社会文化的一部分。如罗进德所言："把翻译放到时间、空间和社会中去研究，运用社会语言学、社会符号学、文化人类学等理论工具，对翻译进行多维视角、全方位、动态化的研究。这是因为越来越多的人不再把翻译仅仅看作语言转换的技术操作，而是进一步把它看作是社会文化现象。翻译活动总是在一定的社会历史环境中进行的，不能不打上时代的、社会的、文化的、意识形态的种种烙印。"[①]

从构建文化翻译学的角度看，"中国现代翻译理论应该为成功的文化翻译提供理论根据和应用手段"，"对文化翻译进行全面的理论描写，并提出对策"（刘宓庆，1993）。从汉语特性看，汉语自身的文化特性无疑为汉语文化翻译理论和实践提供了语言本土案例。

一定时期，"曲为比附"被认为是一种翻译观念的歧途[②]，英汉语翻译的文化对比成为新趋向和新取向，学界日益提倡翻译研究应和语言对比研究一样，注重"微观与宏观兼顾，并适当地向宏观研究倾斜"，打开"翻译研究的文化视角"[③]，这也是汉语翻译路径的新趋向和新取向。

---

① 罗进德. 从中国文化语言学的崛起看翻译理论研究的问题和路向 [C] //中国英汉语比较研究会成立大会暨第一次全国学术研讨会会议论文集. 长沙：中国英汉语比较研究会成立大会暨第一次全国学术研讨会. 1994：438
② 罗进德. 从中国文化语言学的崛起看翻译理论研究的问题和路向 [C] //中国英汉语比较研究会成立大会暨第一次全国学术研讨会会议论文集. 长沙：中国英汉语比较研究会成立大会暨第一次全国学术研讨会，1994：433-440.
③ 罗进德. 从中国文化语言学的崛起看翻译理论研究的问题和路向 [C] //中国英汉语比较研究会成立大会暨第一次全国学术研讨会会议论文集. 长沙：中国英汉语比较研究会成立大会暨第一次全国学术研讨会，1994：433-440.

第二部分：
汉语词汇文化与文化教学研究

第三章　汉语称谓词与中国文化

引　言

　　汉语的称谓词是一个无法穷尽的语言宝库。因为这里面有统称，有谦辞，有敬语，有真言，有虚指，有实指，有泛指，有代称，有昵称，还有数之不尽的方言俚语……如此繁多名目，总会让许多外国人困惑不已。比如，在外国人的眼中，"一封寻常的中国人书信，信封上会写有一些大大的黑字，诸如'父亲大人启''慈母大人启''叔祖大人启''贤弟大人启'等，一般都不会写明收信的'大人'究竟叫什么名字"①。"大人"是汉语中特有的尊称。这种不知"大人"所云的困惑，实际上就是一种对中国语言文化的困惑，具体而言，这恰恰是一种关于汉语称谓词问题的困惑。

　　而中国人在语言交际中所关注的不是具体是什么，而是侧重于交际的对象和交际中应呈现的态度，即通过称谓词恰当地表达出对人、对自己所应有的态度，诸如是平等的对话，还是长幼之间的对话，是对领导上司，还是对下属员工，是普通人还是亲密朋友等。其间，对他人、对自己的角色定位，彼此关系的亲密程度等，都不同程度地决定了应该如何称呼彼此，以及该如何进行符合礼节的交际活动。

---

① 明恩溥. 中国人的气质［M］. 刘文飞，刘晓畅，译. 南京：译林出版社，2012：39.

第一节　称谓与姓名

一、姓氏的来源

汉语中的姓氏文化由来已久，涉及的内容丰富而复杂。流传至今的经典国学读本《百家姓》，就是一本关于姓氏的书。书中的内容叙述简约，结构整齐，四字一句，易于诵读，方便识记，朗朗上口，与《三字经》《千字文》并称"三百千"，是中国古代幼儿的启蒙读物。该书起首的四个姓氏为"赵钱孙李"。目前，中国人仍在使用的姓氏超过 7000 种，其中最常用的单姓只有 100 个左右[①]。据 2020 年公安部发布的《2019 年全国姓名报告》统计，2127.9 万人名中含"国"字，"王李张刘陈"占据姓氏排名前五。[②] 从古至今，姓氏文化贯穿了整个中华民族的历史发展进程，体现出华夏民族独有的母系氏族文化、官职文化和家族文化风貌。

（一）母系氏族社会的影响

从字源上讲，"姓"是由汉字"女"和"生"构成。据《说文解字》中记载："姓，人所生也。古之神圣，母感天而生子，故称天子。从女从生。生亦声，春秋传曰：天子因生以赐姓。"[③] 因此，从语言文化历史的角度看，"姓"最初的意思显然与女人生育孩子有关。"姓"是一种表达血缘关系的特定符号，代表了一个人的血统，具有生命原始密码的意义。

根据现有研究，最初的"姓"具有高贵的权威地位，以女性为"姓"，以男性为"氏"。古人云："三代之前，姓氏分面为二，男子称氏，妇人称姓。"（南宋·郑樵：《通志·民族略序》），氏可以"明贵贱"，姓可以"别婚姻"。"姓"和"氏"具有不同的来源、内涵和作用。母系氏族社会有固定的分支，依据血缘来分成若干氏族，并有"族号"，即所谓的"姓"。因起源于远古的母系氏族社会，最早的中国"姓"自然与"女"字紧密地联系在一

[①] 程裕祯. 中国文化要略 [M]. 北京：外语教学与研究出版社，1998：57.
[②] 公安部户政管理研究中心. 2019 年全国姓名报告 [A/OL]. 中国警察网，2020-01-21.
[③] 许慎. 说文解字 [M]. 北京：中华书局，2013：259.

起。如远古的姓都是女字旁（姜、姬、姚等）。而"氏"则是"姓"的分支，"一个氏族分成多少个支族，就有多少个氏。所以可以这样说，姓区别血统，氏区别子孙"①。自中国秦代以前，姓为尊者用，寻常百姓并无"姓"，只有"名"。古代文献中的"无名氏"作者多为当时无名姓的普通百姓。姓氏的通用和普及是秦代以后的事情，"姓氏之称，自太史公始混而为"（顾炎武：《日知录·氏族》卷23）。由此可知，以"姓"为尊的传统是母系氏族社会的产物，社会的发展带来姓氏的变化，当上自皇族下至百姓都可以有自己姓氏的时候，这本身就是社会进步的体现。

（二）沿袭古代的封号官爵

汉语中的姓氏有一些来源于封号和官爵。这类姓氏以复姓为代表，如"上官"即为古代封号的名称，"司马""司空""司寇""司徒"等均取自古代的官职名称。以此为姓的古代文化名人较多，如西汉辞赋家"司马相如"、太史令"司马迁"、东汉开国将领"司寇恂"、三国时期的军事家"司马懿"、唐代文学家"司空图"、北宋政治家"司马光"等。从一定意义上讲，官阶封号的沿袭带有贵族的高贵内涵，这是中国的姓氏文化，也是中国的历史文化。

（三）继承家族祖辈的父姓

因历史中父系氏族社会取代了母系氏族社会，不同性别的社会分工发生了变化，中国的姓氏开始遵循父姓传统，从原始社会到封建帝国，由君臣而父子，封建等级观念得以强化，家族意识日益凸显，后辈子女在取名中以父姓为尊也就成为一种常态。

（四）父母长辈的个性喜好

当代中国人的汉语姓名不仅有中国文化的积淀，而且还多取自父母尊长的喜好，以寄托对子女的美好祝福。因受中国传统文化的影响，当代中国的父母给新生儿取名时，大多喜欢用典。比如，给男孩子取名父母会读《楚辞》，给女孩子取名父母会翻一下《诗经》。同时，大多数中国人遵循随父姓原则来为自己的孩子取名。汉语姓氏有单姓（一个字的姓，如周、王等）和

---

① 刘光准，黄苏华. 俄汉语言文化习俗探讨［M］. 北京：外语教学与研究出版社，1999：18-19.

复姓（两个字的姓，如上官、诸葛等）两种形式。随着男女平等这一理念被广泛认可，组合父母姓氏的取名方式也比较流行。如父亲姓"刘"，母亲姓"杨"，孩子会取名叫"刘杨"。为了凸显女性地位和民主气息，部分家庭也会随母姓为孩子取名，取名也就愈加多元化、个性化。

二、名字的文化

中国人的名字是一个有趣的文化现象，因为一个人，尤其是古代的文人墨客，有名、有字、有号。作为一种个人专属的语言符号，名字体现了"多层互补性"，往往与个人的"荣誉、耻辱、成功、失败、人格、品行"联系在一起（郭锦桴，2010）。这无疑也是外国人认识和了解中国语言文化的难点之一。美国公理会来华传教士阿瑟·亨德森·史密斯（Arthur Henderson Smith）在 1890 年出版的《中国人的气质》（*Chinese Characteristics*）中就惊讶于中国人的姓名之多，他指出：

像中国人这样一个以讲求实用著称的民族，居然对他们自己的姓名都不甚在意，这无疑是令人惊讶的。这样一种现象是很常见的，即他们的名字时而用这个字，时而又用另一个字，我们得知，这两个不同的姓名是通用的。但是，还有一个比这更让人困惑的事情，即一个人通常有好几种不同的名字，有他的本名，有他的"字"，说来奇怪，还有一个完全不同的、仅供参加科举考试用的学名。正是由于这个原因，外国人往往会把同一个中国人误认为两个或三个人。[①]

从中可以看出，汉语名字具有复杂性。这也是外国人了解和学习汉语的难点之一。

（一）"名"与"字"的分离与融合

从传统文化的角度讲，"名字"是不同于"姓"的语言文化现象。程裕祯认为："中国人注重姓氏，以姓氏为自己的根基和归属；当时中国人也注重名字，因为名字才是自我的存在。"[②] 从汉语名字的演变来看，它是两部分语

[①] 明恩溥. 中国人的气质 [M]. 刘文飞, 刘晓畅, 译. 南京：译林出版社, 2012：39.
[②] 程裕祯. 中国文化要略 [M]. 北京：外语教学与研究出版社, 1998：57.

义的组合体。古代的中国人不但有名，还有字，字由名演化而来，"因名取字"，因此统称"名字"。根据使用对象和场合来区分："名"一般用于谦称、卑称，或上对下、长对少，"字"用于下对上、少对长或对他人的尊称。根据现有研究，通常情况下，汉语的"姓"用来区分一个人所属的氏族血统；"名"一般都寄托着父母等长辈对孩子的期望，反映着取名者的价值观念与取向；"字"则是对名的内涵的补充和延伸；"号"是对"字"的进一步解释，常用作自我激励。[1] 虽然现在的中国人已经不再区分"名"和"字"，但是，如果对父母长辈等直呼其名字，那仍然会被视为非常不礼貌的行为。

（二）"名字"与"姓"的顺序组合

从姓名的顺序来看，它体现了汉语的发展史。汉语的姓名有着与西方语言文化截然相反的排列顺序，即"姓前名后"，而英语是"名前姓后"。汉语这种"姓+名"的组合结构，主要源于汉语进化史。从产生的先后顺序考察，先有"姓"，后有"名"。因为"姓"最早产生于母系氏族社会，而"名"产生于夏商时期，晚于"姓"。与此不同，很多西方国家很长时间内是"有名无姓"，所以其姓名组合顺序多为"名前姓后"[2]。如果按照汉字顺序的话，"字"的出现晚于"名"。按照程裕祯的研究，"名"的概念也许在原始氏族就出现了。且依据《说文解字》云："名，自命也，从口夕，夕者冥也，冥不相见，故以口自名。"这种"以口自名"的"名"，大概就是人们常说的"小名"（乳名），后来随着社会的发展和社会交往的扩大，才产生了后世通行的"大名"（学名）。[3]

（三）汉语"名字"的字数惯例

从名字的字数来看，它体现了汉字自由组合的特点。在古代，由于存在尊"姓"传统，不是所有人都可以有自己的"姓"，所以"名"多为单字，简单易记。一些古人，尤其是文人，都会为自己起"名"和"字"，并有"号"，如诗仙李白，字太白，号青莲居士，又号"谪仙人"，名字的形式和字数虽然不断增加，但大多限于两个或者三个汉字。在当代，汉语的名字大多依据个人的价值取向命名，相对灵活自由。现在，通常情况下，当代汉语

---

[1] 郑野. 英汉文化对比与互译 [M]. 北京：中国水利水电出版社，2016：178.
[2] 郑野. 英汉文化对比与互译 [M]. 北京：中国水利水电出版社，2016：178-179.
[3] 程裕祯. 中国文化要略 [M]. 北京：外语教学与研究出版社，1998：57.

取名字以一个字和两个字的居多,如"心悦""乐乐"等。"姓""名"组合后以两个字或者三个字居多。但是,随着中国人口的增多,为了避免重名现象,当代中国人的名字也有四个字的。实际生活中,过于长的名字不方便记忆,为了方便交流,虽然当代中国人的姓名字数比较多样化,但是也不会有过多的字数,一般情况下,最少两个汉字,最多四个汉字。相对于汉民族而言,少数民族地区的名字字数会更多一些。

三、取名的文化

取名,这是人类对自身生命的一种尊重。在取名的时候,中国人既讲究传统文化的内涵,比如五行的相生相克,家族谱系的文化传承,汉字形音义的组合,同时也体现当代人的个性气息和时代特点,甚至也有不宜用于取名的"禁忌字"或者"禁忌词",从而形成一种禁忌文化。

(一)五行文化

中国人认为,人与自然相生相克,自然界中"五行"既相互依存,如"金生水,水生木,木生火,火生土,土生金",又彼此制约,如"金克木,木克土,土克水,水克火,火克金"。因此,人们也认为,中国汉字中会包含天人合一的信息,隐含人生命运发展轨迹,所以取名字的时候会讲究五行平和,即在姓名中实现"金、木、水、火、土"的合一,不缺不满,中正为佳,以此寓意人生的圆满。

根据中国汉字的结构和形意阐释,任何一个单独的汉字都不能包含所有的五行寓意,所以常常会通过"姓"和"名"的组合来实现人与自然五行的统一与融合。

(二)家谱文化

姓名是家族的记忆符号,常常被中国人写在家谱里。传统的家族谱名通过名字来记载同族的血缘关系和亲缘关系,并且是有规律可循的。同一家族具有同一个姓氏,但是会在名字上设计体现出美好的理想和寄托,同一辈分之间会有相同的汉字,不同辈分之间会通过名字联系组成特有的含义,蕴含家族文化和先辈的寄语期望。在取名字方面,这种家谱文化集中体现在名字中同字、名字可以成词等现象。

1. 名字同字

名字同字，即指在"姓"相同的情况下，同一家族的兄弟姐妹会尽量有一个相同的字。例如，哥哥姓名为王文武，弟弟姓名为王文强；姐姐姓名为刘可心，妹妹姓名为刘可晴。一般情况下，在三个字的名字中，为遵循血缘关系，突出家族同源，体现亲属关系，中国人往往在第二个字上寻找同一个字。这种在名字中取同一个汉字的现象，我们可以称为名字同字现象，这也是家族家谱中常见的一种语言文化现象。

2. 名字成词

名字成词，即指同一家族的前代与后代，或者同一代亲属之间，在取名字的时候设计可以彼此相联系的词语，并且注重词语的寓意。比如，在同一辈中，哥哥叫张文，弟弟叫张武，即以兄弟之间"文+武"的取名方法，表达文武双全的美好愿望。再如，前一辈的兄弟取名都含有相同的汉字"忠"，后一辈的兄弟取名都含有形同的汉字"义"，以此"忠义"相连成词，表达家族的思想文化。又如，同一家族的四代人，在自己的家谱中，分别以"诗""书""济""世"作为取名字的相同汉字，以此表达一个家族"诗书济世"的传统家风。再如，四兄弟的名字分别为"孝长""孝贤""孝祖""孝亲"，连缀而成的"长贤祖亲"体现出该家族所传承的孝文化家风。由此可见，传统家谱文化蕴含着丰富的家庭伦理道德思想，如尊宗敬祖、尊老敬上、孝悌为本、长幼有序等。[①] 所以，正如王振骥所概括的："家谱是一种特殊的文献，就其内容而言，是中国五千年文明史中具有平民特色的文献，记载的是同宗共祖血缘集团世系人物和事迹等方面情况的历史图籍，家谱对于规范人生和教育子弟有着积极的意义，其在传承家族精神、增强民族凝聚力等方面发挥了纽带和桥梁的重要作用。"[②] 也是研究中国姓名文化的重要历史文献资源。

3. 名字同类

名字同类，这是一种取名方法，即指同族兄弟姐妹会用同一类型的事物作为名字的组成部分。如鲁健骥所言："用同类事物作为兄弟几人的名字的一部分，而这些事物又有一定的约定俗成的顺序。"比如，五种金属"金、银、

[①] 鲁晓翀. 伦理学视角下的传统家谱文化研究 [D]. 武汉：湖北大学，2018.
[②] 王振骥. 王氏家谱文化探秘——一个普通家族的流年碎影 [J]. 现代交际，2013 (6)：76-79.

铜、铁、锡",植物类的"松、竹、梅",祈福类型的"福、禄、寿"[①],自然宇宙类型的"宇、宙、乾、坤",四季类型的"春、夏、秋、冬"等。

(三) 时代文化

由于受特定历史文化的影响,一个时代有一个时代的名字。新中国成立时期,中国人的名字以"建国""国庆""兴国""建民""跃进"等居多;抗美援朝时期,中国人的名字以"抗美""援朝""卫国"等居多。这都是时代带给人们的影响,人们的名字也会因此负载不同的时代文化。

(四) 汉字文化

1. 汉字拆分,名姓呼应

汉字组合自由灵活,偏旁和部首可以拆分,具有上下、左右、内外等多种结构形式,往往是取名的重要依据,并形成"名"与"姓"彼此呼应的效果。例如,中国现代作家舒庆春,即用姓氏"舒"的拆分形式取了自己的字"舍予"和笔名"老舍"。再如,"金鑫""聂耳""张弓"等都是采用了名姓呼应的趣味性取名方法。[②]

2. 双音组合,叠韵同音

汉字的同音字比较多,根据个人的喜好和美好祝福,人们往往会在谐音字、同音字、叠韵字等方面为孩子取名。比如,谐音字系列有"李想"——表达前辈对子女实现"理想"的美好祝福,"贺然"——寄托锦绣前程之"赫然"超群,"任义"——寄托中国传统儒家思想的"仁义"之道等。同音字系列有"琳琳""荣荣""晶晶""菁菁""果果""芳芳""程程"等。叠韵字系列有"扶苏"——具有相同的韵母"u","思琪"——具有相同的韵母"i"。

3. 精选成语,取其精华

汉语中的成语一般以四字组合居多,根据个人的选择,人们会从四字成语中择取双音字来取名。例如,以成语"功成名就"为依据,取名为"成就";以成语"锦瑟华年"为依据,取名为"锦华";以成语"见贤思齐"为

[①] 鲁健骥. 人名与称谓中的排行 [A] //陈建民,谭志明. 语言与文化多学科研究. 北京:北京语言学院出版社,1993:213.

[②] 刘光准,黄苏华. 俄汉语言文化习俗探讨 [M]. 北京:外语教学与研究出版社,1999:13.

依据，取名为"思齐"；以"玉洁冰清"为依据，取名为"玉清"；等等。

4. 发挥想象，负载新意

汉字是形音义的综合体，富有多维度的阐释空间，根据不同的生活语境和情感色彩以及丰富的联想，人们往往会赋予其与众不同的新意。例如，名字"丛"就可以被父母解释为"两个'人'字并列，下面来一横，表示孩子是维持爱情的纽带"①。

（五）禁忌文化

一般情况下，汉语取名要讲究求吉避讳。地方性的俗语有"男不带天，女不带仙"的说法，这是一种语言禁忌，因为"天"和"仙"属于神界，具有权威性，凡人尽量不去冒犯。汉语取名尤其要注意的是避"名讳"，即普通人既不可以用身份显赫之人的名字命名，也不可重复尊长用过的名字。秦始皇（姓嬴，名政）之后，"正月"的"正"只能读作第一声；从汉高祖刘邦开始，多用"国"而少用"邦"；现在，又有哪个姓孙的人敢叫"中山"?②所以，中国人取名都尽量不用伟人名字中已经有的字。尽管中国人不直接使用伟人、名人或祖先的名字来给孩子取名，但是，为了纪念祖先长辈，后辈取名的时候也会嵌入表示纪念或者敬仰类意义的汉字，比如"学""向""忆""念""忠"等字，如名字"向东""念祖"等。③

同时，取名的时候，人们也会注意到汉字谐音问题，讲究求吉避凶，规避禁忌谐音。所谓禁忌谐音，就是"平时讲话、写文章或做事情时，碰到一些禁忌的用字或词汇谐音的情况下，要用与之不谐音的字或事情来取代"。如在不同行业中的禁忌有：养蚕业中忌说"伸"字，因为蚕只有死后才是伸直的。为忌"沉"字，渔家把"盛饭"叫作"添饭"。为忌"散"字，称"伞"为"竖笠"。在广东、香港等粤方言区，店员不准在店内看书，因为"书"与"输"同音。④所以，在取名字的时候，人们尽量不用"死""悲""丧""苦"等不吉祥的读音。这种谐音文化也被运用在文学艺术作品的人物命名当中。例如，在中国文学名著之一的《红楼梦》中，四姐妹"元春""迎春""探春""惜春"即为"原应叹息"之意；再如，《儒林外史》中的

---

① 刘光准，黄苏华. 俄汉语言文化习俗探讨 [M]. 北京：外语教学与研究出版社，1999：13.
② 张勇先. 英语语言文化概览——英语发展史研究 [M]. 北京：中国人民大学出版社，2018：130.
③ 刘光准，黄苏华. 俄汉语言文化习俗探讨 [M]. 北京：外语教学与研究出版社，1999：13.
④ 李燕. 语言文化十五讲 [M]. 天津：南开大学出版社，2015：123.

冒牌名士"权勿用"即为"全无用",歌剧《白毛女》中的"黄世仁"即为"枉是人"①。

第二节 称谓与礼仪

一、尊称

尊称指的是对他人的称呼。它常常根据他人的年龄、身份、地位、职位、场合和说话人欲表达的语义的不同而不同。

(一)"老+称谓"型

汉语中,"老"字可以作为前缀,其后加上人的称谓以表示尊称,且对长辈的尊称多以"老+"型居多。例如,年长或行辈较高的人称"老辈";对老年男子的尊称可以是"老伯""老人家""老大爷""老先生""老太爷";某些帮会或黑社会团伙对首领的称呼是"老大";称迂阔的读书人为"老夫子";小孩子称年老的男子为"老公公""老爷爷";小孩子称年老的妇人为"老婆婆";对教师的尊称是"老师";对擅长某种技能的年纪大的人尊称为"老师傅";对年老的妇女尊称为"老大娘""老太太";男性的朋友或熟人相互间的尊称是"老兄";方言中,对年龄相近的、不相识的男子的客气称呼是"老表";方言中,称年老的男子为"老爹""老爷子";旧时对著名戏曲演员或组织戏班的戏曲演员的尊称是"老板",等等。②

(二)"姓+老"型

汉语中,"老"字可以作为后缀,其前加上人的"姓"以表示尊称。例如,对姓王的人可以尊称为"王老",对姓李的人可以尊称为"李老"。有时候,后面也会加上"先生"二字,如"张老先生""王老先生""李老先生"。著名的中文儿童歌曲《王老先生有块地》,就是以"姓+老"这类尊称来起的

---

① 李燕. 语言文化十五讲 [M]. 天津: 南开大学出版社, 2015: 123.
② 中国社会科学院语言研究所词典编辑室. 现代汉语词典 [M]. 第7版纪念版. 北京: 商务印书馆, 2017: 782-786.

歌名。

(三)"令+亲属词"型

汉语中,"令"字常常加在亲属词的前面来表达尊重对方的意思。这类尊称多用于说话人的亲属之间。比如,尊称对方的父亲用"令尊",尊称对方的母亲用"令堂",尊称对方的儿子用"令郎",尊称对方的女儿用"令媛"或者"令爱",尊称对方的儿媳用"令媳",尊称对方的女婿用"令婿",等等。

二、谦称

自称,即自己对自己的称谓,而谦称大多是自己对自己的谦卑的称谓。换言之,这是"我"的另一种表达方式。汉语中的"我"具有多种表达方式,大多根据身份、场合、对象等的不同而有所不同。

(一) 亲属类谦称

汉语亲属类谦称突出家文化,多以"家""舍""内"等表达自谦的意思。在向他人介绍自己的亲属时,常以"家""舍""内"字加上亲属称谓来表达。比如,向别人介绍自己的父亲时常常说"家父",向别人介绍自己的母亲时常常说"家母",向别人介绍自己的哥哥时常常说"家兄",向别人介绍自己的弟弟时常常说"舍弟",向别人介绍自己的妻子时常常说"内人"。同时,为了表达谦逊之义,也会用动物词来表达自谦,如向别人介绍自己的儿子时常常说"犬子"。

(二) 年长者谦称

年龄大的人,常常称自己"老",以示自谦。例如,年老的男子可以称自己为"老汉""老夫""老朽";老僧人自称"老衲";有的老人自称"老身"(后一般为老年妇女的自称)[1];男性的自称还有"老子",但是含有傲慢的意味,多用于气愤或开玩笑的场合[2]。

---

[1] 中国社会科学院语言研究所词典编辑室.现代汉语词典 [M].第7版纪念版.北京:商务印书馆,2017:783-784.
[2] 中国社会科学院语言研究所词典编辑室.现代汉语词典 [M].第7版纪念版.北京:商务印书馆,2017:786.

(三) 年幼者谦称

对于年幼者,一般以"小"字表示自谦。比如:强调自己的辈分低或者年纪轻,常说"小弟""小侄";强调自己职位低或者级别低,常说"小吏""小人";强调自己身为庶民,常说"小民";强调自己学识不高,常说"小生"①。由此可见,汉字"小"可以指年龄小、身份低,也承载了自谦的特殊语义。

第三节　称谓与层级

如费孝通在著作《乡土中国》中所言:"亲疏关系是根据生育和婚姻事实所发生的社会关系。从生育和婚姻所结成的网络,可以一直推出去包括无穷的人,过去的、现在的和未来的人物。"所以,中国社会中的亲疏关系就如同"丢石头形成同心圆波纹的性质"(费孝通,1947年)②,层层涟漪,次序分明。汉语中的称谓词有自己的层级,遵循封建时代的"三纲"次序,"君为臣纲",以"君"为先;"父为子纲",以"父"为先;"夫为妻纲",以"夫"为先。"君臣""父子"和"夫妻"不可替换次序和层级。由此影响到汉语称谓词中的语素组成,形成遵循层级,体现纲常,标明长幼亲疏的称谓词体系。

所谓亲属称谓词是由亲属语素组合构成的一类表达亲近程度和血缘关系的词群。而"所谓亲属语素的组合指汉语 AB 两个亲属语素所构成的 AB 组合,比如爷孙、父子、兄嫂等,这些组合受制于中国社会的伦理观念③"。中国人讲究"亲戚有亲疏,朋友有远近"。因此这种观念会在亲属称谓词中得以体现。根据汉语亲属称谓的层级,可将其分为三个基本序列,即曾祖辈称谓词、祖辈称谓词和同辈称谓词。

其中,近亲称谓词以"爷爷""奶奶""爸爸""妈妈""哥哥""姐姐""弟弟""妹妹"为主,加上"外""堂""表"等亲属关系的区别。

---

① 李仕春. 中国文化词语教学要略 [M]. 北京:科学出版社,2014:103.
② 费孝通. 乡土中国 [M]. 北京:作家出版社,2019:28-29.
③ 李燕. 语言文化十五讲 [M]. 天津:南开大学出版社,2015:11.

<<< 第三章 汉语称谓词与中国文化

一、近亲称谓词

（一）"内+"型

汉语中，"内"本是一个方位词，表示"里边"，与汉语词"外"相对。从亲属称谓角度讲，"内"与"妻子"相联系，可以指"妻子或妻子的亲属"①。比如，妻子可以称为"内当家""内人"。由此衍生的亲属称谓有：妻子的弟弟可以称为"内弟"，妻子兄弟的儿子可以称为"内侄"，妻子兄弟的女儿可以称为"内侄女"（图 3-1）。而表示丈夫惧怕妻子可以称为"惧内"等。

内→妻子（内当家、内人） ⎧ 内　弟（妻子的弟弟）
　　　　　　　　　　　　⎨ 内　侄（妻子兄弟的儿子）
　　　　　　　　　　　　⎩ 内侄女（妻子兄弟的女儿）

图 3-1　"内+"型近亲属称谓词

（二）"亲+"型

汉语中，"亲"的一个重要意义是指"父母"，是亲属称谓词中的重要组成要素。例如，对爸爸可以称为"父亲"，对妈妈可以称为"母亲"，对父母可以称为"双亲"。同时，作为一个属性词，尤其是指血缘关系比较亲近的亲属时，经常放在核心称谓词的前面，以强调关系的亲近程度，尤其指亲生的意思。如亲爸、亲妈、亲子、亲父母、亲兄弟、亲姐妹、亲叔叔、亲伯伯（图 3-2）等。

　　　⎡ 双亲（父母）
　　　⎢ 亲爸（父亲）
　　　⎢ 亲妈（母亲）
亲 ⎨ 亲子（父母与子女）
　　　⎢ 亲人（有血缘关系或婚姻关系的人）
　　　⎢ 亲属（有血缘关系或婚姻关系的人）
　　　⎣ 亲戚（有婚姻关系或血统关系的家庭或它的成员）

图 3-2　"亲+"型近亲属称谓词

---

① 中国社会科学院语言研究所词典编辑室. 现代汉语词典 [M]. 第 7 版纪念版. 北京：商务印书馆, 2017: 943.

83

(三)"阿+"型

汉语中,"阿"可以用在排行、小名或姓的前面,有亲昵的意味;也可以用在某些亲属称谓的前面①。常见的带"阿"的亲属称谓词有:祖父或者父亲称为"阿爷",丈夫的父亲称为"阿公",丈夫的母亲称为"阿婆",母亲的姐妹称为"阿姨",少数民族地区称自己的爸爸和妈妈为"阿爸""阿妈",以及具有泛指称谓的"阿姨""阿哥""阿妹"等。方言中,也有带"阿"的昵称,如父母对女儿,或者长辈对晚辈(多指女孩子)的称谓"阿媛"(图3-3)。

$$\text{阿}\begin{cases}\text{阿爷(祖父或者父亲)}\\\text{阿公(丈夫的父亲)}\\\text{阿婆(丈夫的母亲)}\\\text{阿爸(父亲)}\\\text{阿妈(母亲)}\\\text{阿姨(母亲的姐妹)}\\\text{阿哥(哥哥)}\\\text{阿妹(妹妹)}\\\text{阿媛(女儿)}\end{cases}$$

图 3-3 "阿+"型近亲属称谓词

(四)"爱+"型

汉语中,"爱"是一个表示亲密情感的汉字,可以与亲属称谓的核心词结合在一起,表达亲近关系,大多为昵称、爱称。比如,称自己的配偶可以说"爱人",称自己的妻子可以说"爱妻",称自己的女儿可以说"爱女",称自己的儿子可以说"爱子"(图3-4)。生活中,作为一种爱称的延伸,师生关系中也会对老师喜欢的学生称"爱徒"。

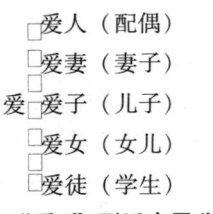

$$\text{爱}\begin{cases}\text{爱人(配偶)}\\\text{爱妻(妻子)}\\\text{爱子(儿子)}\\\text{爱女(女儿)}\\\text{爱徒(学生)}\end{cases}$$

图 3-4 "爱+"型近亲属称谓词

---

① 中国社会科学院语言研究所词典编辑室. 现代汉语词典 [M]. 第7版纪念版. 北京:商务印书馆, 2017:1.

二、远亲称谓词

(一)"外+"型

在亲属称谓的范畴内,与"内"相对应,"外"多用于称呼母亲、姐妹或女儿方面的亲属,因非嫡系血亲,"外+"型亲属称谓表示关系相对疏远(图3-5)。例如,古代帝王的母亲和妻子方面的亲戚称为外戚,妈妈的爸爸称为外祖父或者外公,妈妈的妈妈称为外祖母或者外婆,女儿的女儿称为外孙女,女儿的儿子称为外孙,姐姐或妹妹的儿子称为外甥,姐姐或妹妹的女儿称为外甥女。① 在古诗词中也会看到"外弟"一类的称谓,如唐代诗人李益的五言律诗题名为《喜见外弟又言别》,其中的"外弟"就是指"表弟"。

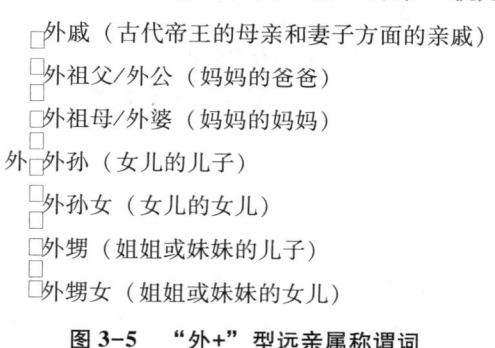

外 ┌ 外戚(古代帝王的母亲和妻子方面的亲戚)
　 │ 外祖父/外公(妈妈的爸爸)
　 │ 外祖母/外婆(妈妈的妈妈)
　 │ 外孙(女儿的儿子)
　 │ 外孙女(女儿的女儿)
　 │ 外甥(姐姐或妹妹的儿子)
　 └ 外甥女(姐姐或妹妹的女儿)

图3-5 "外+"型远亲属称谓词

(二)"堂+"型

汉语中的"堂"是建筑类用语,同"殿"。其基本义是指"正房",即长辈居住的地方。中国古人由其住所转为对长辈的专属称呼语,比较常见的有:称呼母亲的"萱堂"或"椿堂"②,称呼父母的"高堂"③,称同祖不同父的兄弟为"同堂"。由此衍生出属性词"堂房",即"同宗而非嫡亲的亲属",

---

① 中国社会科学院语言研究所词典编辑室. 现代汉语词典[M]. 第7版纪念版. 北京:商务印书馆,2017:1342-1346.
② 中国社会科学院语言研究所词典编辑室. 现代汉语词典[M]. 第7版纪念版. 北京:商务印书馆,2017:1483.
③ 中国社会科学院语言研究所词典编辑室. 现代汉语词典[M]. 第7版纪念版. 北京:商务印书馆,2017:433.

如堂兄弟、堂姐妹，或者同祖父、同曾祖或同宗而关系更远的兄弟姐妹，如堂房兄弟的子女称为堂侄子、堂侄女（图3-6）。因堂亲属系一个祖宗，一个家族，一个姓，所以亲戚关系要更加亲近，中国人素来就有"一堂五百年"的说法，以此表明堂系亲属的亲缘关系。

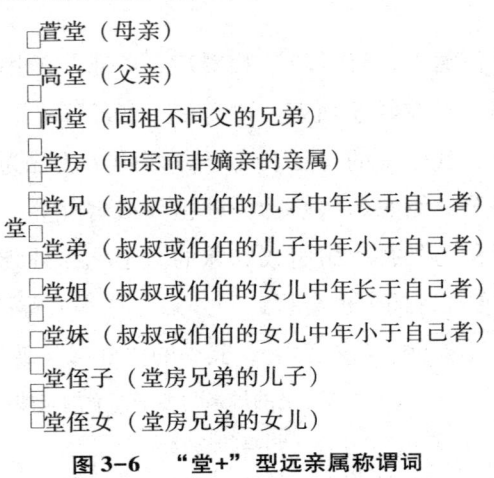

堂 ┬ 萱堂（母亲）
　 ├ 高堂（父亲）
　 ├ 同堂（同祖不同父的兄弟）
　 ├ 堂房（同宗而非嫡亲的亲属）
　 ├ 堂兄（叔叔或伯伯的儿子中年长于自己者）
　 ├ 堂弟（叔叔或伯伯的儿子中年小于自己者）
　 ├ 堂姐（叔叔或伯伯的女儿中年长于自己者）
　 ├ 堂妹（叔叔或伯伯的女儿中年小于自己者）
　 ├ 堂侄子（堂房兄弟的儿子）
　 └ 堂侄女（堂房兄弟的女儿）

图3-6　"堂+"型远亲属称谓词

（三）"表+"型

汉语中的"表"具有"中表亲属"的意思，系属性词，专指与祖父、父亲的姐妹的子女有亲戚关系的人，或者与祖母、母亲的兄弟姐妹的子女有亲戚关系的人。[①] 例如，表兄弟的儿子称为表侄，表兄弟的女儿称为表侄女，姑姑和舅舅的儿子称为表兄弟，姑姑和舅舅的女儿称为表姐妹，从而也会从母系亲属和父系亲属的角度概括出"姨表亲""姑表亲"的说法，即两家的母亲是姐妹的亲戚关系为姨表亲，一家的父亲和另一家的母亲是兄妹或者姐弟的亲戚关系为姑表亲。姑表亲要比姨表亲更亲近些。因表亲不是一个姓，也不是一个家族，所以真正意义上的接触要少于同一家族的堂亲，从亲戚关系上讲要比堂亲疏远，故有"表亲三千里"的说法（图3-7）。

[①] 中国社会科学院语言研究所词典编辑室. 现代汉语词典[M]. 第7版纪念版. 北京：商务印书馆，2017：1693.

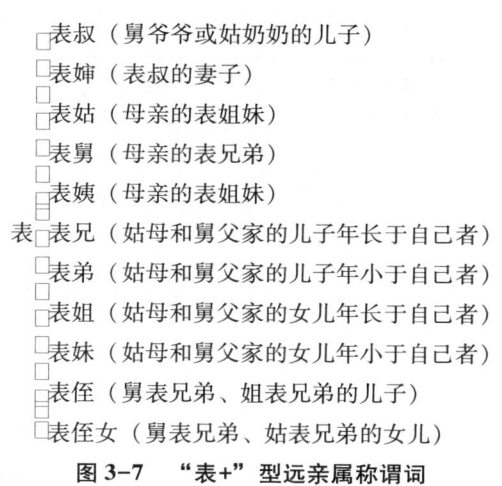

```
       ┌表叔（舅爷爷或姑奶奶的儿子）
       │表婶（表叔的妻子）
       │表姑（母亲的表姐妹）
       │表舅（母亲的表兄弟）
       │表姨（母亲的表姐妹）
    表 ┤表兄（姑母和舅父家的儿子年长于自己者）
       │表弟（姑母和舅父家的儿子年小于自己者）
       │表姐（姑母和舅父家的女儿年长于自己者）
       │表妹（姑母和舅父家的女儿年小于自己者）
       │表侄（舅表兄弟、姑表兄弟的儿子）
       └表侄女（舅表兄弟、姑表兄弟的女儿）
```

图 3-7 "表+"型远亲属称谓词

三、跨文化比较

在不同的语言体系中，亲属称谓词不完全相同。汉语亲属层级复杂，分支较多，不同层级的亲属称谓都会有自己的标识语素。相对而言，印欧语系的亲属层级相对简约，一个词可以对应众多的亲属关系词（表3-1）。

表 3-1 亲属称谓跨文化比较表

序列	汉语亲属称谓词	英语亲属称谓词	俄语亲属称谓词	韩语亲属称谓词
曾祖辈	太爷爷/太姥爷	great-grandfather	Прадед（прадедушка）	증조할아버지/외증조할아버지
	太奶奶/太姥姥	great-grandma	Прабабка（прабабушка）	증조할머니/외증조할머니
祖辈	爷爷/姥爷	grandfather	Дед（дедушка）	친할아버지/외할아버지
	奶奶/姥姥	grandmother	бабушка（бабуля）	친할머니/외할머니
父母辈	爸爸	father	папа	아빠
	妈妈	mother	мама	엄마

续表

序列	汉语亲属称谓词	英语亲属称谓词	俄语亲属称谓词	韩语亲属称谓词
父辈亲属	伯父	uncle	дядя	큰아빠
	姑父			큰고모부/작은고모부
母辈亲属	舅舅			큰삼촌
	大姨父/小姨夫			큰이모부/작은이모부
父辈亲属	叔叔	aunt	тетя	작은아빠
	伯母			큰엄마
	姑姑			큰고모/작은고모
	婶婶			작은엄마
母辈亲属	舅妈/舅母			큰외숙모
	大姨妈（母）			큰이모
	小姨妈（母）			작은이모
同辈亲属	姐姐	sister	старшая сестра	누나
	妹妹		младшая сестра	여동생
	哥哥	brother	старший брат	형
	弟弟		младший брат	동생
	堂妹/堂姐	cousin	двоюродная сестра	사촌 누나
	表妹/表姐			사촌 여동생
	堂哥/堂弟		двоюродный брат	사촌 형
	表哥/表弟			사촌 동생

综上可见，汉语亲属称谓词的主要特点是血缘传统清晰，出处明确，且标识长幼辈分。比如，以"父"作为核心语素的汉语称谓词，其前多以"伯""姑"类凸显父系血缘的语素作为前缀，组成"伯父""姑父"，以此表明其为父辈亲属。同样，以"母"或"妈"作为核心语素的汉语称谓词，其前多以"伯""姑"类凸显父系血缘的语素作为前缀，组成"伯母""姑母"，以此表明其为父辈亲属；或者以其前多以"舅""姨"类凸显母系血缘的语素作为前缀，组成"舅母（妈）""姨母（妈）"，以此表明其为母辈亲属。

同外语类亲属称谓词相比，汉语的亲属称谓词比较复杂，分类比较详细清楚，尤其与英语或者俄语称谓词相对比，汉语称谓词体现出明显的"多对一"的特点。

相对而言，英语或者俄语的亲属称谓词相对模糊，具有明显的泛化特征，如无论是表兄弟，还是堂兄弟，虽然从血缘关系上看都来自父系或者母系，但是在英语中都会用一个单词"cousin"来表示，单纯从形式上无法区分远近关系或者血缘关系，这些都需要深入研究才可以知道其具体所指。俄语中会用"Двоюродная"（堂）作为修饰的形容词来限制和表明亲属称谓"堂兄弟"和"堂姐妹"的具体范围，同一父母的兄弟姐妹也会用形容词"старший/старшая"（大的）、"младший/младшая"（小的）做出限制性的修饰，相对于英语的语义更具有明确性。

其间，由于共处汉语文化圈，具有文化上的历史渊源，韩国语的亲属称谓词与汉语亲属称谓词相类似，同样具有可以探寻的血脉联系，远近亲疏关系具有标识性。比如，堂兄弟可以用"사촌 형"表示，表兄弟可以用"사촌 동생"表示，堂姐妹可以用"사촌 누나"表示，表姐妹可以用"사촌 여동생"表示，兄弟姐妹可以用"형""동생""누나""여동생"表示等。由此，我们也可以看出汉文化的相似性，以及文化彼此影响的一些语言印记。

第四节　称谓与性别

汉语称谓词可做性别区分，大致分为两种类型，即男女称谓和夫妻称谓。在特殊情况下，也会存在"性别异化"现象，即男性称谓词语和女性称谓词语相互转化的现象。钟如雄对此认为，"性别异化"是指称谓词适用的称呼对象的性别转移，即原来称呼的对象只适用于男性，后来也可以称呼女性；原来称呼的对象只适用于女性，后来也可以称呼男性。称谓词的性别异化现象实际上也是汉语中特有的词义变易现象。[1] 这些都是称谓与性别问题所关注的范畴。

一、男女称谓

汉语中的男女称谓的核心语素比较突出，男性主要以"爷""丈""翁"

---

[1]　钟如雄. 汉语称谓词的性别异化［J］. 西南民族学院学报（哲学社会科学版），2002（4）：215-220.

"哥""生"等为主，形容词以"帅"和"酷"为多；女性则以"姐""娘""媪""妪""妞"等为主，形容词以"美"字居多。从本位关系来看，逐渐走出重男轻女的传统观念，男女平等意识日益增强。

（一）男性

男性称谓词语古今不同。一般情况下，旧社会官僚、地主人家的仆人等常称自己的男主人为"老爷"，当代对男子的尊称是"男士"，书面语中对年老的男子可以称作"老翁""老丈""老者"[1]，方言中，成年男子可以说"老爷们儿"[2]，对陌生男子常会称"大哥"或者"师傅"。因传统文化对男性形象的形塑，人们会把行为举止像女子的男子称为"女气""娘娘腔儿"，这里就具有明显的性别歧视意味，隐含着男人不应该像女人的文化心理。

（二）女性

女性称谓词语古今不同。旧时，对于未结婚的女子称"室女"；当代，对妇女的尊称是"女士"；称言谈举止具有男子汉气概的女子为"女汉子"。女性的"女"与男性词"汉子"的组合构成特殊女子气质的称谓词，这是典型的性别称谓词的异化现象。当代，称读书的女学生为"女生"，年轻的女子称为"姑娘"，美丽的女子称为"美女""美人"，网络用语中也会称作"美眉"，称神话中的女性神为"女神"，称精明能干事业有成的女子为"女强人"，称年轻的女子为"女郎"，称女性眷属为"女眷"，称女性做的纺织、缝纫等工作和这些工作的成品为"女红"[3]，年老的妇女称为"老媪""老妪"[4]，旧社会对年龄较大的女仆称为"老妈子"[5]，对陌生女子常会称"大姐"或"大妹子"等等。

在语言的发展过程中，关于女性的称谓也逐渐"趋向于直接确定和以女

---

[1] 中国社会科学院语言研究所词典编辑室.现代汉语词典［M］.第7版纪念版.北京：商务印书馆，2017：785-786.

[2] 中国社会科学院语言研究所词典编辑室.现代汉语词典［M］.第7版纪念版.北京：商务印书馆，2017：786.

[3] 中国社会科学院语言研究所词典编辑室.现代汉语词典［M］.第7版纪念版.北京：商务印书馆，2017：964.

[4] 中国社会科学院语言研究所词典编辑室.现代汉语词典［M］.第7版纪念版.北京：商务印书馆，2017：782-786.

[5] 中国社会科学院语言研究所词典编辑室.现代汉语词典［M］.第7版纪念版.北京：商务印书馆，2017：784.

性关系为本位,不以男性为中介"。如吴慧颖(1993)所论,这主要表现为:

对于已婚同辈女性,过去称"大嫂"多于称"姐",现在城市中称"姐"多于称"大嫂"。称嫂是以哥为中介再同自己发生联系,绕了弯子,隔了一层;称姐则是把对方直接比拟成同自己有血缘关系。儿童称母辈女性,过去称"伯母""婶娘",要经过父亲和伯父或叔父两层中介,是以男性为中心而确定的称呼;现在称"阿姨"或"姨",是把她们比拟成母亲的姐妹,不但只有一层中介,而且是立足于女性相互关系所确定的称呼,又可回避若对方未婚而可能引起的尴尬。所以称"姐"称"姨"都反映了女性自主意识的加强,妇女社会地位的提高,可见男女平等观念已进入深层社会心理。[①]

在当代生活中,对于具有泛化特点的称谓词"阿姨",同样可以看出女性主体地位的变化。因其在不同时期内涵并不相同:古代指自己妈妈的姐妹,当代指为人看护婴幼儿的保姆以及保洁员等,同时也可称呼年龄稍大的女性陌生人。由此,"阿姨"具有了亲属称谓、职业称谓、泛化称谓的多重含义,从一个侧面反映了女性地位的社会化过程,女性意识和女性主体观念也在随社会的进步而逐步增强。

二、夫妻称谓

汉语中的夫妻称谓会随着年龄的变化而变化。例如,谈恋爱的时候可以互称"对象",刚结婚的夫妻称为"新婚夫妇",年老夫妇的任何一方都可以称为"老伴儿"[②]。书面语中也有"伉俪""眷侣""伴侣"等称谓。除了夫妻的统称之外,还会区分出丈夫系称谓和妻子系称谓。

(一)丈夫

关于丈夫的称谓词可分为两大类:一类是只具有单一和确切指称的,如古代的"夫君",结婚时的"新郎官",对人称自己的丈夫的"外子",书面语色彩的"夫婿"等,均指丈夫。另一类是具有多义性的词语,在特定的时

[①] 陈建民,谭志明. 语言与文化多学科研究[M]. 北京:北京语言学院出版社,1993:208.
[②] 中国社会科学院语言研究所词典编辑室. 现代汉语词典[M]. 第7版纪念版. 北京:商务印书馆,2017:782.

候,又具有了丈夫的意思。这一类词语包括"良人""男人""先生""官人""相公""老板""老公""掌柜的""当家的"等(表3-2)。妻子称年纪大的丈夫为"老头子"①。

表3-2 丈夫称谓词统计表

序号	称谓	语用分类	释义	语义特点
1	良人	书面语	古代女子称丈夫；古代指普通百姓	多义模糊
2	男人	口语	男性的成年人；丈夫	
3	先生	书面语	老师；对知识分子和有一定身份的成年男子的尊称(有时也尊称有身份、有声望的女性)；称别人的丈夫或对人称自己的丈夫(都带有人称代词做定语)；医生；旧时称管账的人；旧时称以说书、相面、算卦、看风水等为业的人	
4	官人	书面语	有官职的人；对一般男子的尊称(多见于早期白话)；妻子称呼丈夫	
5	相公	书面语	旧时妻子对丈夫的尊称；旧时称年轻的读书人(多见于旧戏曲、小说)	
6	老板	通用	私营工商业的财产所有者；掌柜的；旧时对著名戏曲演员或组织戏班的戏曲演员的尊称	
7	掌柜的	方言	旧时指商店老板或负责管理商店的人；旧时佃户称地主；指丈夫	
8	当家的	口语	主持家务的人；主持寺院的和尚；指丈夫	
9	老公	口语	丈夫；太监	

---

① 中国社会科学院语言研究所词典编辑室.现代汉语词典[M].第7版纪念版.北京：商务印书馆,2017:785.

续表

序号	称谓	语用分类	释义	语义特点
10	孩子他爸	口语	丈夫	
11	夫君	书面语	古代妻子称丈夫	
12	新郎（官）	口语	结婚时的男子	
13	外子	书面语	对人称自己的丈夫	单义确定
14	爱人	书面语	夫妻俩互称	
15	夫婿	书面语	丈夫	
16	那口子	口语	夫妻俩互称	

注：释义主要参考《现代汉语词典》（第7版）的相关解释。

（二）妻子

关于妻子的称谓，在汉语中数不胜数，不同的时代称谓也不同。现统计出当代中国人38个关于妻子的称谓，恰好与3月8日妇女节的"38"相一致，足见汉语的丰富性和趣味性。实际上，关于妻子的称谓远不止这些（表3-3），从中可以看出中国传统文化的影响。

1. 等级文化的影响

中国传统文化注重性别分工，强调女主内，男主外，且以男为尊，女为卑，男为贵，女为贱。这种等级观念也反映在夫妻称谓当中。在夫妻称谓中，针对女性方面的称谓侧重从家务来设定，并且带有明显的重男轻女的倾向。如称妻子为"贱内""内人""拙荆""做饭的"等。

另外，妻子称谓也受到官阶文化的影响。当代的一些称谓词源自贵族官僚的专属称谓。其间，妻子称谓也经历了从上层社会到普通民众的发展过程。比如"太太"，也是旧时称官吏的妻子。再如"夫人"一词，本指古代各诸侯的妻子，在明清时期，那些拥有一、二品官的高官者，其妻子可以被封为夫人。只是到了后来，才用"夫人"尊称普通人的妻子。

2. 建筑文化的影响

在中国语言文化中，"妻子"被称为"堂客""屋里的"。这些称谓词与中国家居建筑的主次定位有密切的联系。以"堂客"为例：在中国建筑中，"堂"指的是"堂屋"，是房屋的前面，后面的中央是"室"。"堂屋"也是供奉先祖牌位的重要地方，一般情况下，这里是不允许外人进入的。当妻子被娶进门，她自然就不是外人，可以进堂入室。因为妻子可以直接出入堂屋，是自己家人，而且是家中的重要成员之一，又因其非同姓，是外来的，顾名思义，称其为"客"比较符合其外来的身份。"室"在古代就是指现在的卧室，古代的妻子也多以此分为不同的称谓，如原配妻子可以称为"正室""正房"，与其相对应，则有"侧室""偏房"之称。如果指在原配死后续娶的妻子可以称"继室"。这也是中国家居文化的反映，通过建筑的主次格局来区分妻子称谓，以分明主次，标识亲疏远近的关系。

3. 语用习惯的影响

在中国语言文化中，受不同地域习俗的影响，"妻子"称谓又可分为书面语、口语、方言等。比如，口语中常见称呼为"老婆""孩他妈""孩他娘"等；书面语常见的有"发妻""夫人"等；方言中也有"堂客""婆姨""娘儿们"等称呼。由于部分称谓语义单一，专指妻子，所以具有明确的语义特征。相反，有些妻子称谓意义多元复杂，并不专指妻子，所以具有多义性、复杂性，呈现出语义模糊的特征。

表3-3　妻子称谓词统计表

语用分类	称谓	释义	语义特点
口语	老婆	指妻子	单义明确
	孩他妈	指丈夫对妻子的称呼	
	孩他娘	指丈夫对妻子的称呼	
	浑家	妻子（早期白话）	
	新娘（子）	结婚时的女子	
通用	内人	对人称自己的妻子	
	贤内助	指在各个方面帮助丈夫获得成功的妻子	
	内子	古代称卿大夫的嫡妻；今通称自己的妻子	
	糟糠	指贫穷时共患难的妻子	
谦辞	拙荆	旧时丈夫对自己妻子的谦称	
	山妻	指隐士的妻子；称自己妻子的谦辞	
	贱内	旧时谦称自己的妻子	
	贱荆	旧时谦称自己的妻子	
书面语	发妻	旧指原配妻子	
	夫人	古代诸侯的妻子称夫人，明清时一、二品官的妻子封夫人，后用来尊称一般人的妻子	

续表

语用分类	称谓	释义	语义特点
昵称	达令	英语外来语	单义明确
	心肝		
	宝贝		
方言	家里的	河北方言	
	老布	上海方言	
	老婆子	东北方言	
	孩儿他妈妈	天津方言	
	屋里头的	指妻子	
	娃他娘	特指妻子	
	崽他娘	特指妻子	
书面用语	妻子	妻子和儿女	多义模糊
	主妇	一家的女主人	
	另一半	指妻子或者丈夫	
通用	太太	旧时称官吏的妻子；旧时仆人等称女主人；对已婚妇女的尊称（带丈夫的姓）；称别人的妻子或对人称自己的妻子（人称代词做定语）；方言中称曾祖母或曾祖父	
	老伴	老年夫妇的一方	
	爱人	指丈夫或妻子；指恋爱中男女的一方	
	对象	行动或思考时作为目标的人或事物；特指恋爱的对方	
	女主人	一家的女性主人；家庭主妇的尊称	
口语	媳妇	儿子的妻子；弟弟或晚辈亲属的妻子；泛指已婚的年轻妇女	
	那口子	夫妻中的任何一方	
	女人	指女性的成年人；指妻子	
	马子	指马桶；对女人的蔑称	
	领导	率领、引导；指担任领导工作的人	
	女当家	指妻子	
	财政部部长	官职	
	纪检委	纪律检查委员会的简称	
	浑人	愚昧的人	

续表

语用分类	称谓	释义	语义特点
爱称	娘子	丈夫对妻子的称呼	多义模糊
方言	堂客	旧指女客人；泛指妇女；某些地区指妻子	
	婆姨	泛指已婚妇女；特指妻子	
	娘儿们	口语中指长辈妇女和男女晚辈的合成；方言中称成年妇女（含轻蔑意，可以用于单数）；方言中也可指妻子	
	婆娘	泛指已婚妇女；特指妻子	
	新妇	新娘；指儿媳	

注：释义主要参考《现代汉语词典》（第7版）的相关解释。

（三）性别称谓的对称性

李燕对夫妻称谓做过分析，认为："夫—妻"是古语词，在现代汉语的书面语中可以单用，而口语除了二者连用外一般不再单用；"先生—太太"中的"先生"是多义词，可以泛指男人，也可以指德高望重的人（性别不限），还可以指教师、医生、管账的或者算命的等等；"男人—女人"中，均有泛称和特称问题；"当家的—做饭的"中，两个"的"字短语内的述宾短语各指明了其主要作用，但明显有男尊女卑之嫌；互为"对象""爱人"的称谓有指代不明的不足。由此认为"老公—老婆"组合是最好的对称词。[①]

总之，汉语称谓词涵盖了亲属称谓和非亲属称谓，在尊称、谦称、昵称的分类中，体现出了汉语特有的礼仪文化和性别尊卑观念。在汉语交际中，如果能够运用自如，这本身就是对汉语文化的一种深入理解。

---

① 李燕．语言文化十五讲［M］．天津：南开大学出版社，2015：131．

第五节　教学与反思

一、汉语称谓词的教学研究现状

（一）关注词语教学

词语教学是汉语教学课堂的重要环节。由此形成词语到句子的运用和练习过程，并在特定语境中完成任务式教学。其中，教师需要从称谓词出发，注意其使用的得体性。对此，李倩建议要引导学习者掌握基本的汉语称谓词，注意其使用当中的得体性问题。[①]称谓词是基础性的语言信息，是促进汉语作为第二语言信息输入的基本出发点。

（二）文化对比意识

跨文化教学离不开跨文化对比的意识。各国语言对于称谓词的使用有相同的地方，有相似的地方，也有完全不同的地方。对此，教师层面的认识尤为重要。前期的备课准备需要厘清不同汉语学习者的语言背景，从调整教学方法出发，注意针对性、层性次。对此，周健提出的对策是：注意"称谓教学的阶段性和层次性"，注重"通过中英对比掌握汉语称谓特点"，不断克服"跨文化交际中的文化依附矛盾"，在实践中"掌握称谓策略，提高交际水平"，同时要"结合语境进行称谓教学"[②]。实践教学中，需要从汉英对比出发，注意文化差异性。对此，学者们针对汉英亲属称谓做对比分析研究，找出二者的主要差异，从而明确教学中要注意的难点问题。[③] 在教学中，有针对性地进行称谓词跨文化对比举例，有助于增强学习者对汉语称谓词的理解。另外，从社会文化出发，注意文化信息的逐步渗入。对此，针对亲属称谓词

[①] 李倩. 汉语称谓词语与对外汉语教学［J］. 考试周刊，2009（12）：199-201.
[②] 周健. 汉语称谓教学探讨［J］. 语言教学与研究，2001（4）：31-38.
[③] 郝然. 汉英亲属称谓的文化差异——兼论对外汉语亲属称谓教学［J］. 中华文化论坛，2016（5）：181-184.

泛化问题，何向向建议侧重从"社会文化渗入、改善教学策略和完善教材编写"①等方面予以关注和实施。

结合研究成果来看，针对汉语称谓词的研究成果有专著和论文，比如：马丽的《中古汉语称谓词交际功能研究》（浙江工商大学出版社，2019）、胡士云的《汉语亲属称谓研究》（商务印书馆，2007）、刘永厚的《汉语社会称谓语的语义》（知识产权出版社，2017）等。在中国知网中的搜索中，汉语称谓词教学论文仅有11篇。其中，针对国别化的称谓词对比研究还明显不足。

三、汉语称谓词的教学模式

基于汉语称谓词的特性和语用功能，其教学模式应注意本体研究和汉外对比，从汉语的词语链入手，由点及面，由词到句，从语言到语境，从交际到文化，逐步提升跨文化汉语教学的质量。

（一）坚持"以本为本"

"以本为本"指的是坚持汉语本体研究，系统掌握汉语称谓词的基本词语和语义，这是进行国际中文教育的基本出发点。由于汉语称谓词的多义性和复杂性特点，其相关教学离不开语言本体研究。只有在充分理解汉语自身的语义和使用范畴，才能更好地进行语言文化的输入和输出，为汉语学习者提供最科学有效的学习方法。

（二）设计结构图式

汉语称谓词有自身的构成规律。一般情况下，在基础的称谓词前后可以通过增加前缀或者后缀的方式来表达特定的语义。这些前缀和后缀语素需要教师进行系统整理，设计出最简化的结构图示，实现结构—功能的可视化表达，以此帮助学生记忆和理解称谓词，取得良好的教学效果。

（三）关注文化差异

汉语称谓词中的语言知识可以通过学习者的记忆来完成，相对容易把握，

---

① 何向向. 对外汉语中的亲属称谓词泛化教学研究［J］. 吉林广播电视大学学报，2016(8)：92-93，97.

其间的文化信息需要在对比中予以强化。这种语言现象对比，既有人类关系中的共同性、共通性，也有自身语境影响的特殊性，甚至会有截然不同的，或者完全相反的语言文化现象。若能够在同中取异，异中求同，就可以取得最佳的语言文化教学效果。

第四章　汉语数字词与中国文化

引　言

毕达哥拉斯（Pythagoras，约公元前572年—约公元前500年）早就有一句著名的论断："万物皆数"。法国诗人杰拉尔·马瑟在自述中认为：

中文中之数字进位是百，是千，是万。我们用三个零（千）为大单位时，他们则用四个零（万）。从一文字到另一文字意味价值转换，那转换是思想性的，因为数字所转换乃牵涉到空间与时间，牵涉到天与地的关系：一圆与九州，八大与四方。①

这段论述可以发现几个汉英数字语言方面的差异：

第一，关于数字的表达单位不同。英语中的数字单位没有"万"，一般要用十个一千（ten thousands）来表示。例如：汉语要表达的"一亿"，英文中就要写成一百个百万（one hundred millions）。汉语的一个数字思维特点是概述化，以"百""千""万"囊括了所有。这也是外国人学习难以理解的地方。"一个中国人会不知道他住的村庄里总共有多少人家，而且他也不想知道。""他们会说有'几百家''好几百家'，或者'不少人家'"②，这就是中国的数字文化。

第二，关于数字的分组形式不同。例如，英语按三位给数字分组，而汉语则是四位数字。例如：对于12345678这个数字，英语的表达形式是12,

---

① 程．法国当代诗人与中国［A］//钱林森．法国汉学家论中国文学——古典诗词．北京：外语教学与研究出版社，2007：418.
② 明恩溥．中国人的气质［M］．刘文飞，刘晓畅，译．南京：译林出版社，2012：38.

345，678 = 12kk + 345k + 678 = 12M + 345k + 678，而汉语表达形式是 1234，5678 = 1234 万 + 5678。

第三，关于数字计量的国别化。在人类发展史上，中国幅员辽阔，是世界上的人口大国，以"成千上万"计量人口是一个很自然的现象。与中国地理文化不同，西方国家相对分散，多以城邦划分，人口相对较少，所以"千"这个单位更加适合作为西方语言的数字表达单位。实际上，在西方文化发展过程中，英语中其实也出现了"myriad"（一万）这样的词，只是不方便计数而未获得广泛应用。日本则不同，倾向使用单位较大的计数单位，比如"兆"。这是因为 20 世纪 80 年代签署的广场协议迫使日元升值，日元的面值越来越大，就出现了"兆"（one trillion）这样的单位。

语言是文化的物质载体，文化是语言的内在精神。在中国文化经典《易经》中，每个数字均被赋予一定的含义：一为"太极"，二为"两仪"，三为"三才"，四为"四象"，五为"五行"，六为"六合"，七为"七政"，八为"八卦"，九为"九星"，十为"十干"。诸如"五行八卦""两仪生四象""阴阳六爻""七夕""七日来复""九阳""十二地支""十二生肖""三十六计""七十二行"等这些含有神秘色彩的数字。所以，在中国文化中，数字承载着深刻的文化内涵，是人类文明发展演变中关于宇宙观、哲学观、宗教观和价值观的集中反映。

可以说，汉语数字在千载文明的发展中不断丰富着自身的文化内涵。数字的功能经历了记数、运算、归纳总结的演变过程，同时，数字被用来占卜天象、国运气数、福祸吉凶等，包含了宗教、政治、文化、地理等因素并形成一种特殊的文化——数字文化。[①] 汉语中的数字是汉语言的重要组成部分，不同的数字通过特有的文化信息传递不同的思想情感，一方面形成具有神秘崇拜的吉祥数字，如共同崇拜的数字"三""八"和共同喜爱的吉利数字"六""九""十"和偶数；另一方面也有比较避讳的忌讳数字，如数字"四"和"七"。综上，这些数字现象都从不同层面体现汉民族特殊的数字文化。不同的数字背后蕴含着不同的民族文化，研究者可以从汉字书写、民族思维、时空观念和宗教文化等多个方面给予认识和理解。

---

① 刘玉萍. 俄汉语数字文化对比研究［D］. 哈尔滨：黑龙江大学，2016.

第一节　数字与书写

汉语中，数字的书写方式非常特殊，通常包括三种书写方式：一种是世界通用的阿拉伯数字，另外两种就是简体字书写和繁体字书写的数目字。后两种又被称为是汉字的"小写"和"大写"。在提倡简化字的今天，数字中的繁体字书写仍被保留下来。一般情况下，"大写"的汉语数字被应用于银行填单、财务报账、合同文件、法律文书等官方书写材料之中。根据清代时期的说法，"今官书数目一、二、三、四，作壹、贰、叁、肆，所以防奸易也（朱骏声：《说文通训定声》）。"就是说，之所以会用复杂的数字繁体字，主要是为了防止一些有不良居心的人来窜改数字。但是，对于汉语数字而言，文化内涵最为丰富的内容就是源自繁体字的书写形式。

一、"一"和"壹"

汉字"一"的书写简单易记。《说文解字》对《一部》的解说："一，惟初太始，道立于一，造分天地，化成万物。"[1] "一"既是道之始，划分天与地，也可生成世界万物，因此具有很大的神秘性。姚淦铭（2008）曾综合《说文解字》的解释及其多重联想意义指出："一"是"最简单的一个字，但又是极其复杂的一个字。"[2] 其复杂性体现在繁体字书写形式"壹"所具有的多义性方面。这可以总结为一个语义空间的拓展，即从"数"到"物"的认识路径。

其一，从"壹"到"壶"。根据汉代许慎的《说文解字》，繁体字"壹"含有"从壶"义。而"壶"系"圆器也"[3]。从日常器物的"壶"形很容易引发相关字义的联想，二者字形的差异不仅仅是在于下半部分，更重要的是二者的字义差异，即作为生活用品的圆状形体，"壶"有统一不可分的整体性，故"壹"字也就有了整合为一体的含义。

其二，从"壶"到"葫"。葫芦是中国文化中的吉祥物，因谐音"福

---

[1]　许慎. 说文解字 [M]. 北京：中华书局，2013：1.
[2]　姚淦铭. 汉字文化思维 [M]. 北京：首都师范大学出版社，2008：162.
[3]　许慎. 说文解字 [M]. 北京：中华书局，2013：214.

禄",葫芦象征着健康长寿、事业发达,常常是人们车内、家中等处所的重要饰物。而"壶"与"葫"谐音,必然承载了葫芦的吉祥寓意。实际上,根据古人文献可知:"壶"同"瓠"。在数字"一"中,汉语的"壹"—"壶"—"葫"—"瓠"被连接在一起,也实现了数字、器物、植物的融会贯通,在数字和实物之间具有了语义的同一性,由此借助自然物质传递美好祝福,丰富了最简数字"一"的精神文化内涵。

二、"二"和"贰"

数字"二"基于"一"而生,天为一,地为二,所谓"二,地之数也"[1]。而"贰"与此"二"的本义并不相同。在《说文解字》中,"贰"字含有两个意思,即"副益也,从贝"[2]。姚淦铭(2008)将其解释为:"贰是居于次要地位的意思,又有增益之意。从贝,是表示增加财物来应付匮乏时的需求。"[3] 从中,可以探寻二者之间的异同。

其一,共同的"次要"义。"二"的一个文化附加义就是"不一样",引申为有二心、不忠诚、背叛、变节等意思。不可否认,"二"与"贰"所共同拥有的"次要"意思被广为接受。

其二,不同的古义。"贰"的古义用的已经很少了。

"贰"不同于"二"的用法,现代人不太熟悉,我们举些例子。比如,"贰臣",就是指在前一朝做了官,投降后一朝又做了官。"贰车",就是副车、副职等。"贰官",就是副官,又称离官。"贰都",就是陪都。"贰职",就是副职,或任副职。再比如"贰"字用为增益意义的例子。《周礼·天官·酒正》:"大祭三贰,中祭再贰,小祭一贰。"这里都用了"贰",这里的"贰",就是增益、增添,使之常满。这是说,大祭天地时要添三次酒,中祭先祖时要添两次酒,小祭五岳时只添一次酒。不知道"贰"的这些不同于"二"的用法,我们就读不懂上面的词语、语句的正确意思了。[4]

无论是增加资财,还是居于次要地位,这些古代的字义与当代人的实际

---

[1] 许慎. 说文解字 [M]. 北京:中华书局,2013:287.
[2] 许慎. 说文解字 [M]. 北京:中华书局,2013:126.
[3] 姚淦铭. 汉字文化思维 [M]. 北京:首都师范大学出版社,2008:167.
[4] 姚淦铭. 汉字文化思维 [M]. 北京:首都师范大学出版社,2008:167.

应用还有距离。至今，人们熟悉的用法还是"贰"作为"二"的繁体字书写形式，并广泛地应用在计数和算账等的记录当中。

三、"三"和"叁"

数字"三"结合天、地、人共存共在的宇宙观，突出"天地人之道也"①。从数字"一"到"三"既有量的递增，也有"天人合一"思想的渐进式发展过程，具有数理的意义和哲学的意蕴。根据《现代汉语词典》（第七版）的解释，汉字"叁"的基本义为数词"三"，是"三"的大写形式。

关于"叁"的例句多集中于古代汉语篇章。例如在《荀子·天论》中云："天有其时，地有其财，人有其治，夫是之谓能叁。"意思是说，天有四时更迭变化，地有万千丰富资源，人有治理与运用的方法。换言之，人如果能够应天时，用地财，利用万物规律，就堪称掌握规律并能够治理天地的人。这恰恰是数字"叁"的基本要义。在《左传·襄公二十七年》中云："志以发言，言以出信，信以立志，叁以定之。"其意思是说，能够做到志、言、行三点的人，可以实现安身立命。

可见，"三"与"叁"具有意义的等同性。在古代汉语中，都表达了数量意义。在当代，二者作为汉语数字的大写和小写形式而并存。

四、"四"和"肆"

数字"四"是"三加一后所得的数目"②。在《说文解字》中记载："四，阴数也。象四分之形。"③ 除了字本身的数目意义外，这里突出该数字具有的方向感和象形义。

其一，"四"和"肆"同音。中国汉字的同音字较多，也比较容易结成简体字和繁体字的对应字。作为"四"的大写形式，"肆"是数字账务中的常见书写形式。

其二，"肆"不限于数字含义。它有超越"四"的丰富字义。"肆"的字典义不仅仅是"四"的大写，还有"铺子""尽力""任意妄为"等字义。例

---

① 许慎. 说文解字 [M]. 北京：中华书局，2013：3.
② 中国社会科学院语言研究所词典编辑室. 现代汉语词典 [M]. 第7版纪念版. 北京：商务印书馆，2017：1240.
③ 许慎. 说文解字 [M]. 北京：中华书局，2013：308.

如：常见的词语有"茶楼酒肆""肆无忌惮""肆意妄为"等。

五、"五"和"伍"

"五，五行也。从二，阴阳在天地间交午也。"① 其中，"交午"表现汉字书写具有的交叉和交错的特点，既有感性的天地交互，也有阴阳的交合，从笔画中表现中国的宇宙观。

其一，"五"与"伍"数目意义相同。在《说文解字》中，汉字"伍""相叅五也，从人，从五。"② 二者在数量意义上是相同的。

其二，除了具有"五"的大写定位外，还有不同的字义。"伍"可以作为数量单位："古代军队的最小单位，由五个人编成，现在泛指军队。"③ 如"队伍""入伍""退伍""行伍"等。"伍"还可以"指同伙的人"④，如"羞与为伍"等。

六、"六"和"陆"

根据《说文解字》，"六"是"《易》之数，阴变于六，正于八。从入从八"⑤。"陆"义在于"高平地"⑥，常用于表达陆地之意。这与数目"六"不相关联。

但是，从"陆"的两个读音角度看，二者具有两层联想义：

其一，"陆"字取同音，兼有"福禄"寓意。因为有一个读音为"lù"，充分满足人们对于福禄的理想追求。

其二，"陆"字取谐音，兼有"顺利"寓意。因为有一个读音为"liù"，既可以取形容词"顺溜"的吉利义，也同"六"的读音，故"陆"与"六"彼此均可组成彼此对照的祝福话语，并成为互为大写和小写的搭配形式。

---

① 许慎. 说文解字 [M]. 北京：中华书局，2013：309.
② 许慎. 说文解字 [M]. 北京：中华书局，2013：162.
③ 中国社会科学院语言研究所词典编辑室. 现代汉语词典 [M]. 第7版纪念版. 北京：商务印书馆，2017：1350.
④ 中国社会科学院语言研究所词典编辑室. 现代汉语词典 [M]. 第7版纪念版. 北京：商务印书馆，2017：1350.
⑤ 许慎. 说文解字 [M]. 北京：中华书局，2013：309.
⑥ 许慎. 说文解字 [M]. 北京：中华书局，2013：306.

七、"七"和"柒"

《七部》曰:"七,阳之正也。从一,微阴从中邪出也。"① 根据《现代汉语词典》(第七版):"旧俗人死后每隔七天祭奠一次,直到第四十九天为止,共分七个'七'。"② 这也是数字"七"成为一个忌讳数字的重要原因。

而"柒"与此不同,它一方面作为"七"的大写形式具有数目意义,另一方面有自己的特殊含义。从汉字发展演变角度来说,"柒"字最早出自小篆,因从木从水而具有会意字的特点,因声旁从"七",也是一个形声字。其本义指漆木,后逐渐引申为用漆或涂料等涂刷过的意思,所以"柒"兼有名词和动词的双重词性,不限于数字,同时还可以作为一个姓来使用。根据清代王士禛的《池北偶谈·谈异四·姓异》记载:"一、两、双、五、六、七、柒、八、九……皆姓也。"这也是汉语数字与众不同的文化内涵之一。

八、"八"和"捌"

《说文解字》的《八部》曰:"八,别也。"③ "八"在当代汉语中的意思有三种:第一,七加一后所得的数目;第二,表示多数或多次;第三,可以作为姓。④ 作为"八"的大写形式,"捌"虽有数字"八"的意思,但还有不同的意思是,它类似于农具耙子的形状,可以聚拢取物,多用于农业文明时代的常备用具。在古代汉语中,"捌"同"扒",具有动词词性。这些又是数字"八"所不具有的词义特点。

九、"九"和"玖"

根据《说文解字》,"九,阳之变也"⑤。在当代汉语中,"九"既有数字

---

① 许慎. 说文解字[M]. 北京:中华书局,2013:309.
② 中国社会科学院语言研究所词典编辑室. 现代汉语词典[M]. 第7版纪念版. 北京:商务印书馆,2017:1020.
③ 许慎. 说文解字[M]. 北京:中华书局,2013:22.
④ 中国社会科学院语言研究所词典编辑室. 现代汉语词典[M]. 第7版纪念版. 北京:商务印书馆,2017:16.
⑤ 许慎. 说文解字[M]. 北京:中华书局,2013:309.

义，也有名词义，即从冬至起每九天是一个"九"，从一"九"数起，二"九"、三"九"，一直数到九"九"为止。这就形成了民间习俗中"九九歌"，即"一九二九不出手，三九四九冰上走，五九六九沿河看柳，七九河开，八九燕来，九九加一九，耕牛遍地走"。这是中国的节气文化，更是先民通过"九"积累的关于气候变化的经验，表现出人们源于自然的非凡智慧。

大写的数字"玖"有一个组字特点，即有一个"王"字旁，"王"多与玉石相关联，比如："珺""瑜""珏"等均有宝玉的意思。"玖"作为书面语，还可以指"像玉的浅黑色石头"①。其组词大多也就与玉类相关。比如："琼玖"即为美玉，并被后人引申为冰雪、贤才等义；"玖镜"，即为黑色的玉镜，明代文人杨慎曾在《艺林伐山·玖镜》中专门谈及"玖"的意思："玖，黑色玉也，可以作镜。今永昌产。"所以，大写的数字"玖"具有超出数字之外的文化意蕴。

十、"十"和"拾"

在《说文解字》中，《十部》曰："十，数之具也。一为东西，为南北，则四方中央备矣。"② "十"取数字极点义，涵盖东西南北，具有强大的概括力，所以诸如"十全十美""十拿九稳"一类的词语都显示出其无法超越的完美度、准确度。

作为"十"字大写的"拾"，偏向于动词词性。这类似于汉字中的"捡"，所组词语也都与收拾东西有关系，如：不占人钱财的"拾金不昧"、不够创新的"拾人牙慧"、补充遗漏的"拾遗补缺"等。

第二节 数字与思维

中文数字除了简单的一对一式量化对应之外，还有超出本义之外的精神对应，从而拓宽了数字表达的语义空间，丰富了语篇理解视域，彰显出汉语数字独特的多元思维特点。

---

① 中国社会科学院语言研究所词典编辑室.现代汉语词典［M］.第7版纪念版.北京：商务印书馆，2017：698.
② 许慎.说文解字［M］.北京：中华书局，2013：45.

一、谐音思维：近音求吉与避凶

人类的声音发源于自然。自然万物的声音组成人类的声音世界。在有声的世界里，人们或学习，或模仿，创造出与人的思想、情感相应和的语义空间。受到二元对立思维模式的影响，人们会在生死对立的思考范围中，通过同音或近音联想来寄托一切美好的寓意，而忌讳逃避与人之死相关的语言文字。

实际上，联想意义是汉民族思维方式的一种体现，从而留下文化的印记。谭勇认为："不同的国家或地区以及不同的民族对数字赋予了不同的联想意义，使普通的数字具有超越语言的灵性，体现出不同的文化类型。"[1] 其中，汉语谐音的添加是产生联想义的一个重要因素，具有一种"词语联想义的国俗性"[2]，从而形成不同的思维模式。根据李丽群的说法，这种谐音现象指向的是汉民族的一种独特的音义联想：音同或音近即义同或义近。这种音义联想，究其实质，是汉语"音近义通"的音义衍生、调节机制在实际语言运用中的体现，而催生这种衍生、调节机制的心理动因，则是汉民族"比类取象"的独特思维方式。[3] 以中文数字为例，在使用中文数字的实践中，人们不断衍生出一种近音求吉与避凶的思维模式。

（一）数字"二"的谐音："傻"+"疯"

汉语数字"二"有"傻、鲁莽"的意思，这一含义与谐音相关。一种说法是：中国古代的货币银子是 10 两为一锭，500 两为一封，250 两为"半封"，与"半疯"谐音，因此，民间便以"二百五"代指做事鲁莽、智力迟钝的人。从谐音的角度，"二"也就有了一层贬义，并成为汉语詈词的频现字。

"二"在字典中的义项之一就是"次等"。如"二愣子""二流子"等。"二愣子"是指头脑不好，傻里傻气的人；"二流子"则是责骂人不务正业、游手好闲。甚至近年来，在网络的推动作用下，"二"字还可以单独使用，如果说某个人"二"，直接表达出"傻气、鲁莽"之义，被广泛应用在詈词语

---

[1] 谭勇. 数字的联想与民族文化差异 [J]. 社科纵横（新理论版），2008（4）：267-268.
[2] 卜海艳. 论词语联想义的国俗性 [J]. 郑州大学学报（哲学社会科学版），2009（5）：131-133.
[3] 李丽群. 从谐音现象看汉民族的语言文化心理 [J]. 语文建设，2016（5）：66-68.

句中。

　　如上意思的形成主要原因有三个。

　　其一，数字"二"与"一"的对比意识。在常态语言文化中，数字"一"，比如"第一"，大都是居于正统地位、主要地位，具有权威性。所谓"夫上堂之礼，君行一，臣行二"（《韩诗外传·卷四》）。与之相比较，"第二"位于"第一"之后，居于从属、次要的地位。所以"二"又引申出与之相似的字词，如"副、次、次等、二等"。

　　其二，价值评判标准的影响。以质量优劣为标准，一般的东西物品可划分为优等品和次等品；以德行为标准，人可以划分为一等人和二等人或次等人。当与正常人在智慧和行事风格方面不足的时候，这类人就会被称为"傻"，不讲方式的行事作风也会被称为"鲁莽"。"傻气"与"鲁莽"在数字"二"中得到了充分的体现，以至于成为"傻气"和"鲁莽"的代名词。如"二愣子""二流子"等詈词，都是用来责骂那些不懂办事方法和不经大脑思考的鲁莽之人。

　　其三，等级观念的影响。尊卑有序的观念是人们习惯于把第一之后的"第二"当作是逊色的，居有"次等的""差的"隐含意义。同时，天下为公，敢为天下先的民族精神也提倡力争第一，相对弱化从属、屈从类的举止言行。

（二）数字"四"的谐音："喜"+"事"+"死"

　　汉语数字"四"或"事"发音相近，所以会有"四四如意"（事事如意）；但是，因"四"与"死"同音，由此衍生出忌讳义，甚至在生活中会出现这样的现象：有的电梯中没有四楼的数字。但对大多数汉人来说，并非如此。汉人还偏爱"四"，赠送礼品最好四样，图个四平八稳，饭菜中有"四喜丸子"，中药中有"四君子汤"。此外，中国许多事物的命名往往与"四"相配：四大发明、四大名著、四大湖泊、四大才子、四大美女、四大名旦、四大名山、四大名亭、四大名绣、四大菩萨，一年有四季，声调有四声，风景有风、花、雪、月四景，戏曲表演有唱、念、做、打四功，古籍中有"四书"，礼、义、廉、耻为"四维"，音乐、文章、珍味、言谈为"四美"，以上都可看出数字"四"是受人们欢迎的数字。

（三）数字"六"的谐音："溜"

　　汉语中的"六"既有专门的生理所指，如"六神"，也有特定人群所指，

109

如"六亲"。同时,由此衍生出"六神无主""六亲不认"等常见熟语。汉语偶数"六"发音与"溜"相近,因而具有"顺利"的意思,成为吉利数字。"六六顺"就是来自喝酒划拳的酒令。正是因为数字"六"包含顺利与平安的意思,所以一般情况下,农历初六、十六、二十六等日子都是举办婚礼的良辰吉日。

(四)数字"八"的谐音:"发"

汉语偶数"八",与汉字"发"发音相近,人们又赋予"八"以"发达"的含义,因此,在生活中,一些带"8"的电话号码、私家车号码等,就会成为抢手的幸运号。举办婚礼、购买房屋等也会选择带"8"的日子。这种偏好形成一种文化思维模式。比如:2008年举办的北京奥运会,开始时间就是2008年8月8日晚8点8分8秒。尽管有媒体反驳,北京奥运会选在8月8日举行,是因国家气象局分析北京气象数据所得出的结论;但北京奥运相关人士也说过,开幕时间定在晚上8点,是考虑到中国所举办的大型活动都在晚上8点开幕。其中,总是有一种美好的寓意包含在数字"8"里面。

传说中神仙有"八仙",即中国古代神话中的八个人物(汉钟离、张果老、吕洞宾、李铁拐、韩湘子、曹国舅、蓝采和、何仙姑),占卜有"八卦",即古代《易经》的象征符号,就是用三个符号组成八种形式,现比喻"故弄玄虚"。这是一个具有浓郁中国文化内涵的词。原指中国古代一套由阴爻或阳爻构成的有象征意义的符号。现旧词产生新义,人们把刊登明星绯闻、奇闻逸事的报刊也成为"八卦"。该词也可以直接音译为"bā guà",在国外读者看来,更具有异域特色。[①] 文章有"八股",意思是说,明清科举文章一般都是由八个部分组成(破题、承题、起讲、入手、起股、中股、后股、束股)。现将"八股"用于比喻"死板、保守"。汉语方位词有"八方"。汉隶又称"八分书",比喻人有才气说"才高八斗",同时,餐饮桌子称"八仙桌",不同地域的美食文化有"八大菜系"等等。

另外,中国老年人对数目"84"很不喜欢,一个原因在于中国的"亚圣"孟子是在84岁的时候去世的。

(五)数字"九"的谐音:"久"+"究"+"肘"

因数字"九"与"永久"的"久"谐音,中国传统文化赋予"九"以长

[①] 黄永存. 巴斯奈特文化翻译观对汉语新词英译的启示[J]. 湖北经济学院学报(人文社会科学版), 2009, 6 (4): 113-114.

久和永恒之意，并且"九"成为封建皇帝的专用词语。据《史记》记载："禹收九牧之金。铸九鼎，象九州。"其中的至尊之"九鼎"、华夏之"九洲"也是国家天下权力的象征，而且从生活起居到建筑设计都离不开对数字"九"的推崇。比如：古代黄帝服饰要称作"九龙袍"，皇都北京城有九个城门，紫禁城里有九千九百九十九间房屋，宫门上装饰门钉，纵横九排，共八十一个门钉。

另外，据《广韵》中："九，究也"。"九"因"究"声，有"终极"的意思。换言之，"九"与"究"读音相近，数字"九"不仅具有"长久"的意义，还包含了一个世界终极的意义。按"阴阳"来说，易学中的数字奇偶是阳奇阴偶，即：奇数为阳，偶数为阴。所以，一、三、五、七、九为阳，二、四、六、八、零属阴。"九"被视为阳数中的最大数，是极阳数。由此，诸如"九天"之说也就可以理解了。在道教中，传说天有九重，九天就是天的最高级。老子的《逍遥游》中也有记载，"大鹏一日乘风起，扶摇直上九万里"。这里的九万里可能并不是真的九万里，而是表现大鹏鸟飞得非常高。《西游记》中说唐僧师徒四人经历了九九八十一难，终于取得真经。"九"在这里也是夸赞唐僧师徒历经无数磨难，克服种种困难的决心和勇气，以实现最后的功德圆满。

按"字形"来说，丁山《数名古谊》释道："九，本肘字，象臂节形……臂节可屈可伸，故有纠屈意。"他认为"九"来源于"肘"而被借用为数词，所以"九"有表多弯曲之义。诸如：《西游记》师徒四人西天取经要经历九九八十一难，隐喻取经曲折困难之多；中国当代歌曲《天下黄河九十九道弯》，恰当地运用了数字"九"所具有的"弯曲"之意。

在当代生活当中，对数字"九"的偏好也非常多，比如，在婚庆中发9999元人民币的红包给新娘，这也是一种常见的习俗。

综上所述，对于汉语谐音数字的偏好与忌讳大都是求吉避凶的文化心理使然。随着时代的发展，人们对汉语会产生一种谐音思维，由此影响人们对汉语数字的情感取向。同时，在语音层面，汉语数字的文化魅力也在此展示无遗。

二、审美思维：偶数为美与主吉

西方的哲学思想中，历来有不少把数字和美相统一的观点。比如：毕达哥拉斯主张美的本源就是数，而且是数的和谐；著名的"黄金分割线"就已经明确美在于1∶1.618的比例，并且被广泛地运用到美术、音乐、雕塑和建筑的设计之中；亚里士多德推崇数字中的"秩序""体积""零散因素的合为一体"等。

虽然中外文化都比较关注数字文化，但是关于单数与双数的喜好是存在不同程度的差异的。以中日语言文化为例，张茂增、马浦珍认为，中日两国是一衣带水的邻邦，但对奇偶数的喜好却不尽相同。中国人崇尚偶数，主要体现在价值追求、生活方式、文学作品、汉字和建筑风格等方面；日本人喜欢奇数，主要体现在价值观念、文学作品和生活方式等方面。尽管中日两国对数字的喜好不同，但是通过数字的发音趋吉避凶的民族心理，是产生两国数字文化差异的一个重要特征。[①] 另以中俄两国为例，杜国英认为，汉民族是个讲究和谐、注重团圆的民族，因此，认为偶数是吉祥数，成双成对为吉利。相对来说，俄语国家则喜欢把单数作为吉祥数。[②]

在中国汉字文化里，单数的"单"可以组词为"孤单""单身"等，有着不完美之意。从古至今，汉语里一直推崇双数，把"双"寓意为吉祥。《周易》中"一阴一阳之为道"，"一阴一阳"构成双数"二"，为两个"一"的集合，具有完整的意义，就像中国人常说的"好事成双"。所以中国从古至今，一直赋予双数吉祥的含义，并在生活的各个方面都有所表现。如结婚需要送聘礼和嫁妆，礼单上绝对不会出现单数，聘礼的数字都很有讲究。建筑也是如此，都成左右对称型。比如，有上联，就必须有下联。追溯本源，这与中国人讲究阴阳调和的思想分不开，有阳就必须有阴，不然就会阴阳失调，破坏平衡，所以事物必然是成对出现的。

老子的《道德经》中"道生一，一生二，二生三，三生万物。万物负阴而抱阳，冲气以为和"中体现着中国古代哲学中非常重要的一点，也就是阴阳文化。实际上阴阳文化是一种二元论思想，认为一切事物都有其对立面，它们相互依存，相互转化，正如阴与阳、善与恶、有与无等。二元论映射到数字文化中，我们可以发现在中国文化中，人们对偶数或多或少都有些偏好，作为正数中的第一个偶数，"二"更是受到人们的偏爱。而带有"二"含义的变形有"双""对""两"等在生活中则更为常见，在此我主要想讨论"双"体现的数字"二"文化。

[①] 张茂增，马浦珍. 奇偶数文化视域下中日民族心理的共性研究 [J]. 中国多媒体与网络教学学报（上旬刊），2020（10）：63-65.
[②] 杜国英. 数字与俄汉民族文化 [J]. 中国俄语教学，1994（2）：39-41.

但西方人把单数（13除外）作为吉利数字，就像"7"和"9"，人们经常用"to be in the seventh heaven"来表达"心情愉悦"；用"to the nines"来表达"完美无瑕"。这些都说明西方人更热衷于单数。

中文数字的哲学思想突出地表现在《易经》一书中。《易经》中主张二元阴阳学说，"易有太极，是生两仪，两仪生四象，四象生八卦"。万事万物都有此二极延展开来，生成世间万物。"八卦"体现出从二到四，从四到八的递增过程。例如：

两仪：即"阴阳"，可在不同时候引申为"天地、昼夜、男女"等。

四象：即"少阴、少阳、太阴、太阳"。在不同时候，可分别对应"四方、四季、四象"。

青龙居东，春之气，少阳主之；

朱雀居南，夏之气，太阳主之；

白虎居西，秋之气，少阴主之；

玄武居北，冬之气，太阴主之。

四季养生也分别对应为：生、长、收、藏。

八卦：即"乾（天）、坤（地）、巽（风）、兑（泽）、艮（山）、震（雷）、离（火）、坎（水）"。"四象"演"八卦"，最初就是为确立空间和方位。

因此，"阴"对"阳"，"老"对"少"，二元思维主导事物的生成与演变。同时，这彼此对立的事物常常组合在一起，既对立，又统一，通过汉字的组合，在矛盾思维中实现思维统一。同时，也因对立统一获得了偶数存在的审美体验。八卦文化展示出从无到有的偶数递增模式（如图4-1所示）。

零（无极）
↓
二（太极/两仪）
↓
四（四象：老阴、少阳、少阴、老阳）
↓
八（八卦：乾、坤、巽、兑、艮、震、离、坎）

图 4-1　中国八卦文化的偶数递增模式图

从数学意义上讲，"零"是一个特殊的偶数，也是一个最小的偶数。关于偶数的美学思考从零出发，由无到有。在"有"的世界里，人们以"二"为基数，不断提升对数字"二"及其倍数"四""六""八""十"的偏爱。以数字"二""四""六""八""十"为代表的中文偶数，因其具有成双成对的完美寓意而承载了美学思维。

"二"作为偶数,含有"两、双、再"的意义。在汉语语义中,常常指祝福好运、事物和谐对称、夫妻生活幸福等。比如:事情效果上追求"两全其美""一箭双雕";情感需求上都期盼"双喜临门";在人格塑造和教育培养上实现"德艺双馨""智勇双全";在走亲访友时,所带礼物的数量需要讲究"送双不送单";在农历春节送给亲人的红包数字也会选择双数,特殊的纪念日也会选择双数。以爱情类祝福为代表,在汉语成语中有"比翼双飞""双宿双栖""一双两好"等美好寓意的成语,以形容夫妻间的美好爱情。中国传统文化讲究对称美,从古代建筑园林等设计中也可以看出,物品都是成双成对出现,很少有单独出现的事物。

在文学中,"二"的作用发挥为"对"字创作和修辞,即"对偶""对仗""对句""对联"等。"对偶"的修辞手法,讲求句式对称,尤其以诗歌为代表。从"双"字的字形上也可看出,其是左右相同的对称字形,形似两人并列而站,也体现了造字过程中对偶数和对称的艺术表达。中国数字文化积淀形成了中国人的审美情感心理。从另一个角度讲,汉语中人们对"数词的谐音崇拜具有唯心的一面"[①],以满足人们对美好生活的期待与祝福。

这与英语文化不同。英语文化中的"two"是一个不祥的数字。这是因为它源自单词"die"(骰子)的复数"dice","die"是"死"的意思。同汉语数字"四"同"死"的谐音一样,英语单词"two"也被认为是一个不吉利的负面数字,曾被古希腊哲学家毕达哥拉斯视为一切劣根与邪恶的来源。由此生成的词句多为贬义词,比如"two-timer"指"骗子,爱情不专一的人","stick two fingers up at somebody"指"对某人很生气或不尊重某人"。也正是由于这个原因,西方人在送花的时候并不喜欢双数,而常常选择单数,当然,数字13除外。与"two"所具有的死亡意义相关联,西方人把二月定为祭奠冥王即阴阳之神、地狱之神的月份,2月2日定为祭奠亡灵之日。

在大多数英语中,数字"二"还有卑贱、微小、邪恶等意思,如:"two by four"(蹩脚的、不重要的)、"two bits"(低级的、浅薄的)、"two-bagger"(奇丑无比的人)、"two-blink"(很小的、不重要的)、"two time loser"(黑社会用语:判过两次刑的人;离过两次婚的人)、"put two and two together"(根据事实推断)、"between two stools the breech cometh to the ground"(同时坐两

---

① 周媛. 汉语数词"八"和"四"灵物崇拜的古今文化认知差异探析 [J]. 太原师范学院学报(社会科学版), 2017, 16 (1): 29-31.

个凳子就会落空)、"Two dogs over one bone seldom agree"（二狗争食，难得同意)、"two-tongued"（说假话的)、"two of a trade never agree"（同行相轻)、"One can not be in two places at once"（一心不可二用)、"When two Friday collect together"（永远不……)。

所以，"语言是思维的词语形式，词语的组合依赖于思维方式，而思维产生于民族文化的襁褓之中"①。一个民族的文化心理常常在作为语言学的数词运用中产生独特的思维模式，从而影响不同语言的文化理解程度和跨文化交际效度。只有在充分理解汉民族的文化心理，及其常态下的思维模式，人们才能更好地理解汉语言的各种运用形式，恰到好处地表达语言本身所要传递的文化信息。

第三节 数字与时间

中国语言文化中，时间概念与数字的选择紧密相连。人们比较关注开始和结束的时间段，也可以是一种长久永恒的时间。因为中国人看重时间的起点、结点和终极，提倡整体思维，万事希望"有始有终"，力求完美。这些表现在数字文化中就是对"零""一""三""九"的推崇。

一、界限数字"零"

（一）正负数的界限

数学上的"零"，它是一个自然数，是一个整数。从数学意义上讲，它表示没有，但是却有占位的作用；表示通常状态下水结冰的温度，而绝不是没有温度。最重要的是，在数轴上，它既不是正数，也不是负数，它是正负数的分界点；在摄氏温度计上，它是零上温度和零下温度的分界点。一个"分界"的作用，让数字"零"虽然有"无"的数字意义，但是实际生活中却不可或缺。因为如果没有了"零"，有些事情就很难做出一个科学的分界。

---

① 邵楠希. 数词翻译中的思维转换 [J]. 中国俄语教学，2017, 36 (3)：65-69.

（二）有和无的界限

仅从阿拉伯数字的外形来看，"零"是一个封闭的环，开始与结束相聚于一点，完成一个轮回，或生命，或历史，或家族，或命运，或人类，或世界，等等，从而具有一种生命哲学上形而上的意义。

古埃及最早在三千多年前就有衔尾蛇的图案。其形状如一条蛇正在吞食自己的尾巴，结果形成了一个圆环，类似于阿拉伯数字"0"，有时也会展示成扭纹形，即阿拉伯数字"8"的形状。人们称其为"自我吞食"。在埃及，这可以理解成一个太阳圆盘，东升西落，一种自然规律。这幅图的意义被思想家柏拉图做了新的诠释，视其为宇宙始祖生物，一个"0"使它拥有完美的生物结构，首尾相连，实现自我的平衡。

与此相似，"蜷曲的龙"亦是中国红山文化的象征标志。在1984年的红山遗址中，就曾发现一副骸骨胸前挂着一个"蜷曲的龙"形状的玉器，从形似"0"的动物崇拜中来见证"龙的传人"。

因此，从终极的意义上讲，开始就是结束，结束就是开始，无就是有，有就是无。其间，这种虚无的认知和"有""无"的思考，让这个特殊的数字"0"具有了深刻的人生哲学意味。从个体的人生轨迹而言，恰如邱圆诗所言："赤条条，来去无牵挂。那里讨，烟蓑雨笠卷单行？一任俺，芒鞋破钵随缘化！"曹雪芹在《红楼梦》也假借宝玉之口，道出偈语，印证了宝玉最终的归宿，这也是人生的归宿，世界的归宿。

二、起点数字"一"

（一）重视时序

由于在所有数字中"一"是排在最前面的，因此人们把最好的、最初的、最优先的都称为"一"。比如，中国最重要的传统节日春节就是在大年初一；表示较为领先的意思，如"数一数二"；"第一名"通常指最优秀的成绩；中国最好的大学被称为"双一流"大学等。同时，人们对数字的认识也是从"一"开始的，数字"二""三"都是由两个"一"、三个"一"构成的。农历的大年初一是新的一年的开始，是中国从古至今最隆重的节日。因为"一"的首位意义，许多中国人也会用数字"一"作为自己的名字，如："定一""守一"，等等。这种奇特的语言现象正如张德鑫先生所概括的那样：数字姓氏在汉语数词中,除了"伍""陆"("五""六"的大写)及"万"为常见的姓氏外,几乎所有的表数汉字(从"一"至"十、百、千、兆"等及某些两位数)都可作姓①,这正是汉语独特的魅力之所在。

(二) 重视本源

古人云:"一,惟初太始,道立于一,造分天地,化成万物。""道"是古代的哲学概念,指万物的本源,是看不见听不见的无形无象无体的宇宙之源。正如老子所说:"道生一,一生二,二生三,三生万物。"这是源于先贤的一种朴素的数理演绎观念。"道"是单独无偶的,"一"是万物的本源。所以《淮南子·诠言训》中言:"一也者,万物之本也,无敌之道也。"若"以理言之为道,以数言之为一"(孔颖达《正义》),则"一"和"道"相对应契合,数字"一"也就具有了更为深刻的哲学意义。

在英语国家,人们对数字"一"也很崇尚,他们认为只有一个上帝(Holy One)。西方的第欧根尼·拉尔修也曾引述古希腊毕达哥拉斯学派的哲学观点说"万物的本原为一"。在现代汉英两种语言中,"一"和"one"都有"第一""开始"以及"胜利者"的意义。在对世界本源的认知中,尤其是关于"一"的认知中,中西方的数字文化具有相似性。

三、限量数字"三"

汉语数字"三"作为一个限量数字,一横为天,二横为人,三横为地,整个汉字凝聚了"天地人之道"(许慎《说文解字》),古代汉民族的"三才"(天、地、人)观和"三光"(日、月、星)观,都是一种容纳乾坤的宇宙观,代表着一种和谐思想,常常与来自个人或国家层面的各种规约、惯例、制度相联系,并且在特定语境中起到一种限制性的作用。

(一) 作为规约

一般情况下,数字"三"并非总是指数字本身,而是代表"多"的含义。例如:"三思而后行"指的是"深思熟虑之后再采取行动";"三缄其口"指的是"对于询问不开口";"三岁贯汝,莫我肯顾"中的"三岁"是指"多年"而非"三年";类似的还有"士别三日当刮目相看""一日不见,如隔三

---

① 张德鑫. 数字姓、称、名——汉语数文化一奇观 [J]. 汉语学习, 1995 (1): 40-43.

秋"等表示"多"的意思。中国语言文化中常说"事不过三""再三强调""三番五次"等等。

当代中国流行语中有一句"重要的事情说三遍",系 2015 年中国十大网络流行语之一,其中的"三遍"强调不可逾越的限制性。在平时生活中,人们的日常约定大多以"三"为限,如"再给我三天",答应"三个要求",等等。当然也有一些例外,如"三岁小孩""三言两语""三三两两"等表示少的意思。

(二)作为惯例

数字"三"的一个意义是强调生活中的惯例。如:一日三餐的"早中晚",位置变换的"上中下",大小比较的"长中短",教育阶段的"小中大"等。家喻户晓的故事"孟母三迁"中的"三"强调了数量之多,突出环境调整的次数之多,孟母搬家三次的目的就是为孩子寻找一个最适合成长的教育环境,成为古今称颂的环境教育人的经典案例。中国古代文化中还有许多关于大禹的传说,其中大禹治水曾"三过家门而不入",以突出其忘我的精神。另外,文学经典作品也与数字"三"密不可分,如:《三国演义》中的"三顾茅庐""三气周瑜";《西游记》中有孙悟空"三打白骨精""三借芭蕉扇";启蒙诵读的《三字经》,等等。另外,各类型的比赛活动中比较受重视或者能得到荣誉的一般都是前三名,并称作冠军、亚军和季军。

(三)作为制度

中国古代封建制度有三公九卿制,三省六部制,兵以三军为制,处斩犯人也常选择在午时三刻执行。在古代中国,科举考试一般分为乡试、会试、殿试三个等级,科举制度有三甲,状元、榜眼和探花的分级,还有"连中三甲"和"连中三元"之说,即在三次考试中都取得第一名者,就可以称其为"连中三甲"或者"连中三元"。当代中国,医院评价定级体系遵循的是"三级六等"制,其中,三甲医院级别是最高的。

在西方语言文化中,也有相类似的表述特点。例如:美国的"三权分立"制度以求分权制衡;英语中的时态是关于过去、现在和将来,人称数也是三个;数字的进位也是每三个数有一次停顿,等等。

四、节气数字"九"

数字"九"是一个按照中国农历来计算节气的单位,因其是阳数的最大数字,所以常用来表达节气和物象的变化,最冷的气候往往会说成"数九寒天"。在中国传统文化中,从冬至起,每九天就是一个"九"的计数时段,由此开始,经历冰雪融化,青柳发芽,春燕归来,一直到第九个"九"就是八十一天,冬天过去,春天到来,春暖花开,这就是常说的"九九艳阳"。即使在信息技术高度发达的今天,传统的"数九歌"仍是人们计算节气变化的重要方法。诸如"夏练三伏,冬练三九"这样的节气谚语在英语中是很难找到对应翻译的,最简单的翻译就是"In summer keep exercising during the hottest days; in winter do the same thing during the coldest weather."[①] 这也是汉语数字词所具有的特殊意义。

第四节 数字与空间

汉语的数字常用来描述自然中的方位空间,这是汉语与众不同的地方。正如丁四新所研究的那样,汉语的"数"与早期中国的宇宙论数理密切相关,堪称"天地之数":

对于从"一"到"十"的基本数字,许慎在《说文解字》中做了专门解释,赋予其哲学含义。《说文解字》的《一部》曰:"一,惟初太始,道立于一,造分天地,化成万物。"《二部》曰:"二,地之数也。"《三部》曰:"三,天地人之道也。从三数。"《四部》曰:"四,阴数也。象四分之形。"《五部》曰:"五,五行也。从二,阴阳在天地间交午也。"《六部》曰:"六,《易》之数,阴变于六,正于八。从入从八。"《七部》曰:"七,阳之正也。从一,微阴从中邪出也。"《八部》曰:"八,别也。"《九部》曰:"九,阳之变也。"《十部》曰:"十,数之具也。一为东西,为南北,则四方中央备矣。"除了数字"八"以外,许慎对其他九个基本数字的解释均带有浓郁的宇

---

① 邓炎昌、刘润清. 语言与文化——英汉语言文化对比 [M]. 北京:外语教学与研究出版社, 2018:152.

宙论色彩，这表明汉人是从宇宙论的角度来看待这十个基本数字的。或者说，汉人的"数"观念浸染在浓厚的天地阴阳意识或宇宙论意识之中。①

在总结生活实践规律的基础上，人们从数理的基础意义出发，逐渐融入数字空间的概念，从"一维"直线、"二维"平面、"三维"立体到"四维"空间，从"四面"到"八方"，从"五湖""四海"到"九州"，不断丰富汉语数字的文化意蕴。

一、空间意义的"四"

中国古人对于世界的认知始于"天圆地方"，即"如诚天圆而地方，则是四角之不掩也。"《大戴礼记·曾子天圆》为此，常常将空间记为"东南西北"四个方向。基于中国文化传统，古人的方位观念有其特定的文化所指，表现为如下几种汉语组合形式。

（一）"数字+聚居民族"

中国古代幅员辽阔，民族众多，分散聚居，形成独特的多民族文化特点。因此以典型部落民族聚居泛称指代方位也成为一大语言文化特色。

从东而论，居有"九夷"。"九夷"系先秦时对居于今山东东部、淮河中下游的部族的泛称。据《尔雅》记载："九夷、八狄、七戎、六蛮，谓之四海。"郭璞《尔雅注》云："九夷在东"，泛指中国东部夷人。《后汉书·东夷传》云："夷有九种，曰畎夷、于夷、方夷、黄夷、白夷、赤夷、玄夷、风夷、阳夷。"《论语》中曾提及九夷所代表的方位概念。如：《论语·子罕》云："子欲居九夷。"唐代诗仙李白在《名堂赋》中写道："九夷五狄顺方向而来奔。"明代路深在《传疑录》中也曾记载："九夷之国，东门之外，西面北上。"

从北而论，居有"八狄"。"八狄"系先秦对北方各个部族的泛称。《墨子·节葬下》中记载："昔者，尧北教乎八狄。"《淮南子·修务训》云："故秦、楚、燕、魏之歌也，异转而皆乐；九夷八狄之哭也，殊声而皆悲；一也。"

---

① 丁四新．"数"的哲学观念再论与早期中国的宇宙论数理[J]．哲学研究，2020（6）：66-77，128．

从西而论，居有"七戎"。"七戎"系先秦对西方各个部族的泛称。《墨子·节葬下》："舜西教乎七戎。"郭璞注："七戎在西。"

从南而论，居有"六蛮"。"六蛮"古指我国南方各少数民族。《尔雅·释地》："九夷、八狄、七戎、六蛮，谓之四海。"郭璞注："六蛮在南。"《北史·高丽传》："若夫九夷、八狄，种落繁炽，七戎、六蛮，充牣边鄙。"唐代刘禹锡在《原力》中写道："我之力异，然以道用之，可以格三苗而宾左衽；以威用之，可以系六蛮而断右臂。"

由此，"东南西北"的组合能够比较集中地体现出方位的认知观念，附加民族部落的泛称，数字"四"也就具有了比较明显的空间意义。

（二）"数字+自然物"

除了以数字与民族聚居泛称组合来代指方位外，汉语数字还常常附加自然物以表达空间方位。如东汉许慎在《说文解字》记载："海，天池也。以纳百川者也。"唐代韩愈在《南海神庙碑》中道："海于天地间为物最钜。"故汉语常用"四海"来描述"四方"。根据《地理通释十道山川考》记载，"五湖"是指彭蠡湖、洞庭湖、巢湖、太湖、鉴湖。近代一般以湖南洞庭湖、江西鄱阳湖、江苏太湖、安徽巢湖、江苏洪泽湖为"五湖"。"五湖四海"的组合作为一个汉语成语，集中表达的意思就是全国各地或者世界各地。

二、空间意义的"五"

在中国传统文化中，数字"五"最重要的意义是代表"五行"，五行即分别处于东、西、南、北、中五个方位，又分别有特定的元素以及相关联的不同属性，这五种元素分别为金、木、水、火、土，是最基本的元素结构，天地万物都是以这五种元素形成的，所以在中国传统的文化中，"五"象征着基本，具有不可改变的根本性意义。

"五行"思想的神秘性源于方位观念。通常，平面地理方位有四方，位其中间者称为"中"。"中"的意识在认知世界得以强化，形成中国人独有的行事方式"中庸"。"东+南+西+北+中"的组合构成"五"位空间，正如《同文举要》中所云："圣人画卦，由四而五，有君道，故曰五位，天地之中数也。"其中显示出"由四而五"的方位意识，作为数字"五"的神秘性即源于此。

基于天地崇拜，天上有五星运行，地上有五方，并延伸到五色、五气、五味、五音等领域,以达到万事万物的物质平衡和心理平衡,实现和谐发展。行政隶属有"五党为州""五州为乡";民俗中,端午节会缠"五色丝",象征五色龙,以消灾祛病,祈福长寿;"五伦"代表了君臣、父子、兄弟、夫妇、朋友的人际关系,其准则在于用忠、孝、悌、忍、善;"五常"代表了人们仁、义、礼、智、信的基本品行;中国的国旗为五星红旗;世界地理有"五洲",涵盖了欧洲、美洲、非洲、亚洲、大洋洲。在中国文学作品《西游记》中,如来佛祖用"五指"幻化为"五行山",制服了齐天大圣孙悟空,其间的深层意义也源于五行文化。

随着时代的发展,数字"五"具有了新的祝福意义。除了常见的"五谷丰登""五世其昌"等成语之外,还增加了新的内涵。《孟子·公孙丑下》中曾言:"五百年必有王者兴,其间必有名世者。""五百年"在此处指兴盛之年。企业排名有"五百强"之说。临近新年之际,某网络平台也推出了"集五福"的活动,推出了"爱国、敬业、诚信、友善、和谐"五张福卡。另外,也出现了英文中化的用法,融入英语元素的单词被不断吸收运用,如"High Five""Give me five"都是一种为胜利击掌的手势。在网络化数字应用中,数字"5"日益成为网民表达各种情绪的数字符号,比如,"7456"即"气死我了","5555"即"呜呜呜呜",表达伤心而哭的意思。

然而,数字"five"在西方文化中是不吉利的数字。这其中有宗教和历史的原因。星期五既是耶稣被钉死的那一天(black Friday),也是亚当和夏娃违背上帝的禁令偷吃伊甸园的禁果被驱逐的那一天。由此,"five"在英语语言文化中表示负面、消极的意义居多。比如:"five-fingers"就表示"小偷,扒手"的意思。

三、空间意义的"八"

除了"八"具有"发"的谐音之外,我们还可以找到人们偏好"八"的另一个原因,即始于中国传统文化的空间观念。

从字源上讲,古人从空间的"天""地"出发,将"8"的汉字在甲骨文中写作"八",是"相背之形",与方位区分有关。"八字"也叫"四柱"(年柱、月柱、日柱、时柱),每柱两个字,上为天干(甲、乙、丙、丁、戊、己、庚、辛、壬、癸),下为地支(子、丑、寅、卯、辰、巳、午、未、申、酉、戌、亥),正好八个字,所以称为"八字"。因其具有天地规律的因素,民间流传"八字"算命。据史料记载,"八字"来源于《易经》,是中国古代对人生命运和规律的总结。

　　据古籍记载，最初的"八卦"是发布法律命令的工具，是古人的立法活动。至伏羲氏后"画八卦"。《易·系辞传》云："上古结绳而治，后世圣人易之以书契。"因其是从上古结绳记事衍变而来的，是一种思维方式的进步。至文字产生后被取缔，并逐渐与方位观念相联系。至今，被人们普遍接受的观点是：八卦之"象"一般指八个方位：东、东南、南、西南、西、西北、北、东北，这八个方位被称为"八极""八维"。由此派生出了很多带数字"八"的词语，如"八柱"（比喻国家的栋梁之材）、"八荒"（即八方，指最远的地方）、"八音"（古籍称谓，泛指音乐）、"八阵"（指古代的军事阵法）、"八灵"（指八方之神）等。因避讳佛祖释迦牟尼生日，清代律例规定，四月初八不理刑名。汉化佛教中也有"十八罗汉"之说。

　　随着时代的发展，空间意义的"八"也逐渐具有了心理空间的意义。比如，关于"八"的成语"七上八下"，意思是形容心里慌乱不安，无所适从的感觉，也可以指零落不齐或纷乱不齐的意思。该成语从空间上的位置凌乱转为人的心理慌张，是数字文化附加义的一种延伸。

第五节　教学与反思

　　根据吴海英的综述研究，在 2008 年以前，中外数词文化含义的研究视角和具体内容各有不同，国外学者较注重数词在多文化中的多样性、语言的类型学差异以及数字的认知研究，而国内学者则侧重考察数词在中国传统文化中的源与流。数词研究涉及语言、文化、心理、社会、认知等方面的因素，要求多学科的交叉研究。① 2008 年以后，随着国际"汉语热"的兴起，学界关于汉语数词的研究逐渐倾向于汉外对比、翻译理论与实践、对外汉语教学的理论与实践等内容。针对汉语作为第二外语的数字文化问题，现有研究成果主要关注如下几个方面。

一、汉语作为第二外语教学与数字文化习得

　　关注留学生的数字文化习得问题。根据陈凤琳的研究：留学生习得带数

---

① 吴海英. 中外数词文化含义研究综述［J］. 牡丹江大学学报，2008（9）：18-19，25.

字词语的困难在于带数字词语具有"理性意义"和"其他修辞义"。其文章从带数字词语本体理论出发，运用考察法和归纳分析法研究带数字词语的词性、概念意义和修辞意义等特点。在对比分析词汇大纲和精读教材《博雅汉语》过程中归纳二者的优缺点。优点是教材扩充了大纲内容上的不足，重视带数字词语的复现和考察多种词性。不足是编排分散。同时，其研究借助问卷调查法，考察不同层级留学生带数字词语习得情况。针对带数字词语的特点、重难点和留学生习得的偏误现象，从教材、教师和教学三个方面提出对策：在教材方面，要丰富教材相关知识点，强化课后专项训练，完善大纲中带数字词语编写内容；在教师方面，要夯实教师的数字词语知识，鼓励教师自我反思；在教学策略上，要使用多种教学手段掌握语流音变，要采用与文化教学、分层次教学和趣味性教学结合的方法。①

关注青少年的数字文化习得。余佩认为，数字作为计数符号，随着人类社会不断发展，是为了适应人类生产生活的需要而产生的一种特殊语言符号。数字与人类的日常生活息息相关，也不再仅仅代表数目，还承载着人类历史丰富多彩的文化内涵。因此，在对外汉语教学的初级阶段，数字教学虽然相对简单，却也占据着举足轻重的地位。在对外汉语教学中，如何让数字教学更加生动有趣，如何培养学生学习汉语的热情，让学生通过学习中文数字来了解中国文化，对于对外汉语教师来说是一项具有挑战性的任务。其论文从国家汉办的国际汉语教学案例库资源中心中选取了四篇案例，均为以英语为母语国家的志愿者和公派教师在对外汉语教学实践过程中记录下的教学活动。通过这些真实案例总结教学经验，探讨在对外汉语课堂教学中，如何针对汉语零起点的中小学生制定正确的数字教学原则和目标，并根据学生的特点设计适合的导入与教学方法。②

二、汉语作为第二外语教学与数字文化教学

（一）基于汉语"字+词"理念的个案研究

根据中国知网的统计，已有数字文化教学研究案例包括"字本位"和"词本位"两大类。

---

① 陈凤琳. 留学生带有数字的词语习得情况调查[D]. 哈尔滨：黑龙江大学，2018.
② 余佩. 对外汉语数字教学案例分析[D]. 武汉：湖北工业大学，2018.

在"字本位"教学理念下，常常会涉及数字"八""一"等教学内容。张宁以数字"八"为例，突出主流语境的文化语义，从"吉祥语""谐音""谐形""民族心理""社会因素"等分析其积极意义，同时指出"八"也被视为不吉利数字的消极影响。①

在"词本位"教学中，关注成语、缩略语、网络语中的数字词。卢克成从对外汉语数字成语教学的研究中，认为汉语成语言简意赅，表达形象生动，带有鲜明的民族特色和文化特色，因此成语教学兼具语言教学和文化教学的双重任务，是对外汉语教学的重要内容。数字成语从结构和内涵上比其他成语更加简单易懂。从数字成语教学入手，作为成语教学的突破口，使成语教学能够由易到难、循序渐进地进行。②周文婷认为，数字成语作为成语中特殊的一部分，无论是在结构上还是在内涵上，都比其他成语易于掌握。而数字词"一"在汉语中使用的频率极高，是最重要的常用词之一。含"一"的成语在数字成语中也占有很大的比例，所以研究含"一"的数字成语的规律特点，分析其语音、语义、语法、语用偏误，总结出相应的教学策略。这有利于准确应用含"一"的数字成语，突破成语教学的难点，促进留学生成语学习，进一步推动对外汉语教学的发展。③汤虹梅针对汉语教材中出现的数字缩略语进行了统计及分析，通过问卷调查了解留学生学习数字缩略语的难点，进而对教师对数字缩略语的教学提出了一些建议。在教学设计中，根据生活中一些常见的数字缩略语有针对性地展开，尝试提升留学生对数字缩略语这一特殊词汇的理解，加深留学生对中华文化以及国情的了解。④汉语网络数字词作为数字化时代汉语新词的重要组成部分已逐渐进入研究者的视野。冼慧怡通过对 21 世纪以来有关数字词以及网络数字词的研究成果的分析整理，呈现当前汉语网络数字词的研究情况，以期为后来的研究者提供思路与方向的参考。⑤肖艳、曾常红认为数字不仅结合了形音义，也可代表数语素、数词，并能生成数字短语和数字句。认为数字作为一种语言和文化，可以进一步挖掘其社会价值和商业价值。这里提到"数语交际"的概念，特别是在全球跨

---

① 张宁. 数字"八"的文化涵义及二语习得的取舍［J］. 今古文创，2020（10）：2.
② 卢克成. 对外汉语数字成语教学探究［D］. 呼和浩特：内蒙古师范大学，2015.
③ 周文婷. 对外汉语教学中的数字成语研究——以含数字"一"的成语为例［D］. 西安：陕西师范大学，2018.
④ 汤虹梅. 对外汉语教学中数字缩略语教学研究［D］. 乌鲁木齐：新疆大学，2019.
⑤ 冼慧怡. 汉语网络数字词研究现状综述［C］. 澳门科技大学国际学院. 第十一届中文教学现代化国际研讨会论文集中文教学现代化学会会议论文集. 澳门：第十一届中文教学现代化国际研讨会，2018：190-193.

文化数语交际的背景下，既需要跨文化交流人员学习掌握不同的数字流行语和数字文化，也需要我们研究本土数字流行语以及各国数字文化，为全球数语交际奠定基础。①

（二）基于教材分析的数字教学研究

不同的教材有不同的教学方法，侧重点也有所不同。现有研究针对国内外教材内容，梳理不同数字词语类型，为提高教学质量提供了新的思路。

关注海外教材。对此，刘倩针对数字和含数字的词汇，以巴西里约热内卢天主教大学孔子学院戈亚斯教学点的汉语学习者为研究对象，进行了关于这些词的教学方法的讨论。借助各类工具书以及《快乐汉语·第一册》《快乐汉语·第二册》《当代中文（葡萄牙语版）》《跟我学汉语（葡萄牙语版）》四本教材，汇总出含数字的汉语词汇表，将词汇表整理归纳为数量短语、成语、俗语、惯用语、网络流行语、其他词汇六个类别。并根据词汇本身含义及难易程度，将六类词汇进行归类，结合数字文化教学在中巴两国的异同和教学中的运用方法及效果，以及学生的接受程度，共归纳分析为五种。根据每种词汇的不同特点，制定出对应的教学方法，探索更加新颖灵活的教案设计思路，设定对应课型，以求为今后学者们的研究提供更加实用的教学建议与目的，努力实现将中华文化融入海外汉语课堂，提高第二语言学习者的汉语学习效率和兴趣的目标。②

关注国内教程。鲁文霞认为，对外汉语教学初级阶段的很多教学内容与数字相关，包括数字、钟点、日期、年龄、钱数、号码等，这些表达法属于生存交际必备的语言知识。在分析有关数词分类及特点的本体研究成果基础上，进一步总结《国际汉语教学通用课程大纲》中对数字及相关内容的教学要求，分析《博雅汉语初级起步篇》和《跟我学汉语》两部教材中对数字及相关内容的编排设计，探讨对外汉语初级阶段有关数字读法的教学方式。③ 刘子烜选取北京语言大学出版社出版的《汉语教程·第二册下》中的《吉利的数字》一课作为案例，在探讨初级汉语综合的教学原则、内容和方法的基础上，按照"生词—语法—课文"的顺序对《吉利的数字》一课进行了教学设

---

① 肖艳，曾常红. 从"本土数字流行语"到"全球数语交际"[J]. 文史博览（理论），2014（5）：32-34.
② 刘倩. 汉语课堂数字及含数字词汇教学研究——以巴西里约热内卢天主教大学孔子学院戈亚斯教学点为例[D]. 保定：河北大学，2019.
③ 鲁文霞. 与数字相关的对外汉语初级阶段教学研究[J]. 人文丛刊，2017（1）：154-167.

计。其论文以Krashen的"输入假说"、Michael Long的"互动假说"和Swain的"输出假说"三个理论作为依据来进行教学设计。在分析研究教材适用对象、编写理念、教材构成和编写特色的基础上,明确了《吉利的数字》这一课的教学对象、教学任务和教学目标,并确定了以学生为中心、培养学生自主学习能力、功能—结构—文化相结合、精讲多练、增强活动多样性、难易适度六个教学原则,由此为本设计方案提供了理论依据。[①] 这些研究为提高教学质量提供了重要参考和启示。

(三) 基于语言学理论的数字教学研究

张茜在框架语义学背景下探讨含有数字且数字承担联结成分作用的四字数字词语。框架语义学认为,学习者在掌握某一基础框架之后,就能够更有效地理解和掌握同一结构类型下的其他词语。框架结构下的数字词语数量众多,且处于同一框架结构下的数字词语根据嵌入成分的不同,其意义及在句子中所作的成分也各不相同。学习者在学习过程中极易混淆和误用。该研究从框架语义学角度出发,对同一框架结构下的数字词语从语义类型的角度进行划分和解释,尝试帮助学习者理解其不同语义及语用。如"一言一行"和"一心一意"在"一A一B"框架结构下分别表示不同的语义特征等。输入假说为该文的相关教学设计提供帮助。该研究尝试从字本位的角度出发,通过分析框架结构下数字词语中的嵌入条件,帮助学习者理解目标词语的框架义和区别条件。教师通过在词汇教学中有目的性地选择材料进行输入,既可以从结构和语义类型的角度扩展词汇,也可以从对比分析的角度扩展词汇。其创新之处在于,从框架语义学的角度出发对数字词语进行分析,将有助于学习者区别和掌握同一框架结构下不同语义类型的数字词语,是对外汉语词汇教学探索的一次有益尝试。[②] 王超凡通过问卷调查的方式,研究高级班留学生对数字成语的态度、认知以及习得情况,根据对留学生的母语背景的划分,提出相应的教学策略,使得汉语数字成语教学的研究更具有针对性。[③] 江路路从汉语水平考试HSK、欧洲语言框架和美国ACTFL外语学习等标准入手,选

[①] 刘子炟.《汉语教程》第二册(下)《吉利的数字》教学设计[D]. 哈尔滨:哈尔滨师范大学, 2019.

[②] 张茜. 框架结构下数字词语的教学设计——以《汉语口语速成·中级篇》为例[D]. 新乡:河南师范大学, 2019.

[③] 王超凡. 汉语国际教育高级班数字成语教学与对策研究[D]. 大连:辽宁师范大学, 2019.

取初级汉语中"数字"为研究内容，结合汉语教材和汉字形、音、义特点，从 ACTFL 的 5C 和 3P 模式角度进行初探，逐步把汉语教学推向更广阔的国际教育环境，丰富汉语教学理论，探讨国际汉语教学中的"数字"内容，提出一些初级汉语"数字"的教学方法和技巧。[①]

彭凡认为，数字教学是汉语语言教学的重点和难点，让学生顺利掌握中文数字的听说读写同样是对外汉语教学需要攻克的一个难题。其研究论文通过总结对外汉语教学中的数字教学经验，从联想记忆法、视频记忆法、游戏记忆法、实践记忆法等方面加以论述，总结一些有效的数字教学技巧，为相关工作者提供一些方法论上的帮助。[②]

三、汉外数字文化对比与翻译

（一）基于汉外互译理念的跨文化研究

王永友认为，在英汉互译过程中，数词是可以相互对应的部分，但由于中西方文化背景具有差异性，因此数字的隐含意义也存在不同之处。在对外汉语教学中，需要引导学生了解英汉数词的不同之处，从而掌握其中的要点。基于此，提倡以数词教学作为研究对象来分析英汉数字的不同内涵，探究对外汉语教学中数词的虚指与夸张用法，从而提高对外汉语教学效率。[③] 同时，基于"民族性"和"形象性"两大原则，对于数字模糊语义的翻译方法，国际汉语教学者更多倾向于"保留数字直译""变动数字改译""舍弃数字意译"[④] 等方法的应用。在汉英语言文化的对比翻译研究中，根据数字出现的频率，刘桂杰总结出数字习语的五种结构类型，即含有一个数字的数字习语（如：八面来风、一言以蔽之、目空一切、忠贞不二等）；含有两个字的数字习语（如：百依百顺、朝三暮四、横七竖八等）；含有三个数字的数字习语（如：九九归一等）；含有四个数字的数字习语（如：千千万万、三三两两）；含有五个数字的数字习语（如：九九八十一难、不管三七二十一等)[⑤]。同时，这种概括类型辅之以公式化表达，为进一步深入理解和研究汉语数字的

[①] 江路路. ACTFL 模式下的初级汉语"数字"教学［J］. 文教资料，2020（1）：13-16.
[②] 彭凡. 对外汉语教学中的数字教学方法探究［J］. 新课程研究，2019（23）：59-60.
[③] 王永友. 浅析对外汉语教学中的数词教学［J］. 校园英语，2020（21）：19.
[④] 包惠南. 汉语数字的模糊语义与翻译［J］. 辽宁师范大学学报，2001（4）：77-79.
[⑤] 刘桂杰. 英汉文化比较及翻译探究［M］. 北京：中国水利水电出版社，2016：232-233.

习语类型提供参考。

（二）基于国别对比的文化策略研究

汉越数字文化对比以黎阮武诗（Le Nguyen Vu Thi）为代表。其研究认为，留学生提高汉语水平的重要因素之一就是汉语词汇，尤其是"成语"。其中，数字成语数量较多，由于缺乏具体教学模式与难易度标准，它在教学中往往又成了汉语教学的难点。文章运用文化学、对比语言学、词汇学等相关的学科理论，针对语里、语表、语值等方面的特点进行对比分析并提出了教学策略。[1] 汉俄数字文化对比以李娟为代表。其研究认为，汉语和俄语中都含有大量的数字成语，这些数字成语不仅在日常生活中被频繁使用，而且在很大程度上反映了一个民族的思维方式、生活习惯、文化认同等。通过对比分析汉俄数字成语在数字选择和内部词语搭配方面的差异，可以探究其背后的民族文化，分析俄罗斯学生在汉语数字成语习得上的常见偏误及原因，提出具体的、有针对性的教学对策。论文的创新点在于从汉俄对比的角度研究数字成语，并提出专门针对俄罗斯学生的汉语数字成语教学对策。[2]

在跨文化教学中要注意数字词的选取策略。韩冰霜认为，在文化方面，我国在借鉴外来优秀文化的同时也在将中国悠久的历史文化传播给世界各国，因文化方面存在的差异，各个国家对数字的喜恶不同，因而在这方面形成了数字文化禁忌。由此产生数字文化教学中数字文化的选取原则及教学策略。[3] 中国数字文化特有的语用意义需要进行汉外对比后的理解与翻译。

四、基于文化差异的翻译研究

关注诗词中的数字翻译。古诗词是民族艺术的瑰宝，其中的数字意义含有多重，"中国古诗词中的数词可分为真实具体数词、模糊数词以及特殊数词。数词在诗歌中具有创造意境、展示意象、凸显情感、巧用修辞、增强韵律、叙述事件、抽象化具体和创造艺术效果等功能"[4]。这些都体现了汉语言

---

[1] 黎阮武诗. 汉越数字成语对比研究 [D]. 武汉：华中师范大学，2019.
[2] 李娟. 汉俄数字成语对比及教学对策研究 [D]. 大连：辽宁师范大学，2018.
[3] 韩冰霜. 留学生汉语教学中的数字文化及其教学策略 [J]. 科学中国人，2015（24）：199.
[4] 杜晶洁. 中国古诗词中数词的英译——以许渊冲的英译本为例 [J]. 湖北第二师范学院学报，2016，33（4）：114-119.

本身的含蓄内敛特质，但是也产生难以翻译的困扰，需要探寻更加丰富实用的翻译技巧。如：基于汉外文化的不同，实行"虚""实"结合的翻译方法，即所谓实译，是指词义或词组义从抽象引向具体，从一般引向特殊，从概括引向局部，从"虚"引向"实"的过程。所谓虚译，是指词义或词组义从具体引向抽象，从特殊引向一般，从局部引向概括，从"实"引向"虚"的过程（连淑能，2006）。杜晶洁以许渊冲的英译本为例，对古诗词中的数词翻译提出了"直译法""改译法"和"省略法"来实现有效的翻译。① 王艳梅提出"既有数意，译出数词""数词实指，如实译出""数词虚指、不必译出""虚实结合，变通传译"②。涂王贝针对唐诗中的模糊数词，在"读者接受""文化传输""兼顾形式"的原则下，提出直译、省略数词、改变数词、使用尾韵、词语叠用、解释说明等翻译方法。③张肖鹏通过对比汉英两种语言的特点及其所支撑的文化影响因素，研究了数词在两种语言中表现出的语义和语用模糊性以及汉英常用的模糊数字的异同，探讨了模糊性在两种语言中的共性与差异性以及其中蕴含的文化差异。④

综上可见，相对于其他语言文化现象而言，关于数字文化教学研究视角比较多元，个案十分丰富，跨文化对比意识比较强，翻译方法逐渐侧重文化翻译策略，为中国语言文化教学实践提供了重要的理论研究基础。

---

① 杜晶洁. 中国古诗词中数词的英译——以许渊冲的英译本为例 [J]. 湖北第二师范学院学报, 2016, 33（4）: 114-119.
② 王艳梅. 中国古诗词中数词的应用与英译策略浅析 [J]. 海外英语, 2015（12）: 126-128.
③ 涂王贝. 论唐诗中的模糊数词翻译 [J]. 安庆师范学院学报（社会科学版）, 2013, 32（5）: 14-18.
④ 张肖鹏. 汉英数词的模糊性对比分析 [J]. 社科纵横, 2009, 24（9）: 176-178.

第五章 汉语色彩词与中国文化

引 言

从自我认知的层面讲，汉语色彩词的文化内涵中情感色要大于物理色。中外语境下，同中有异，异中有同。比如：在外国学者的研究中，色彩是生活的颜色，是物理的颜色：

> 生活之处，皆为色彩。我们头顶的天空是蓝色（或灰或粉或紫或近乎黑色）的，脚下的草地是绿色（有时也呈棕黄色）的。我们的皮肤颜色各异，肤色的类型不尽相同。我们的发色不同，并随岁月渐染，还能在发型师的手中变幻出五颜六色。我们的衣着服饰色彩斑斓，住宅家具也各色各样。我们吃的食物色彩缤纷，喝的牛奶、咖啡和酒也颜色不一。颜色是构成我们对世界的体验不可或缺的一部分，尤其是它区别并系统化了我们生存的物理空间，让我们得以驾驭。
>
> ——［美］戴维·卡斯坦；［英］斯蒂芬·法辛[①]

在中国古人的世界里，色彩种类虽然繁多，却可以用可数的八个汉字将其囊括其中：

> 五光徘徊，十色陆离。
>
> ——（南朝梁）江淹《丽色赋》

[①] 卡斯坦，法辛. 谈言论色：耶鲁教授与牛津院士的十堂色彩文化课［M］. 徐嘉，译. 北京：北京大学出版社，2020：1.

此中的"五光"指的就是红、黄、蓝、白、黑，因其代表了东、南、西、北的天地方向，故在传统文化中也被称为"正色"；此中的"十色"指的就是赤、橙、黄、绿、青、蓝、紫、黑、白、金。这些具有高度概括性的色彩词语，不仅是概括万物色彩本相，而且是超出色彩本身，运用象征的意义还可以衍生出色彩词汇的文化内涵。

在中国语言文化的历史中，"五光十色"不限于基本义，而是被人们赋以多重价值内涵。诸如："近朱者赤，近墨者黑；声和则响清，形正则影直"（傅玄《太子少傅箴》）。这里，颜色可以指具体的物质存在，也可指环境的优劣。再如：作为世界记忆名录的甲骨文，会有朱砂涂痕，究其原因，古人认为红色可以避邪[1]，从而具有一种不可逾越的神圣性。

在中国神话传说中，女娲曾用五色石补天，抟黄土以造人，三皇五帝之轩辕以黄为号，缔造了中华民族的先祖气色，华夏儿女以炎黄子孙自称。在神话的世界里，女娲补天的"五彩石"就是色彩斑斓的奇石，神性的"九色鹿"通过白、黄、红、紫、深蓝、浅蓝、黑、绿、橙这九种颜色向人们展示了一只外表美丽，心地善良，富有正义的神鹿形象。中华文化充满关于色彩的故事与词语，每一种色彩都包含着除了基本颜色义之外的文化义，并随着时代发展不断发生变化，形成一种特定历史文化背景下的"国俗语义"[2]，诸如李素娟所概括的"富贵吉祥的红、先尊后贬的黑、尊贵腐化的黄、卑微纯洁的白"[3]。可以说，在不同的语境和习俗中，汉语色彩词的语义也不尽相同，尤其是在价值判断、心理认知、艺术赏析、情感取向等方面呈现出多棱镜的文化效应，组成内涵丰富的汉语色彩世界，折射出汉民族文化的物质文明和精神魅力。

第一节 色彩与价值

色彩是物质世界的一种存在方式，其本身多反映自然物理常态，无所谓贵贱善恶之分，但是，在特定民族文化背景下，不同民族会形成不同的颜色

---

[1] 阿什哲次. 图说汉字的历史 [M]. 高文汉, 译. 济南：山东画报出版社, 2005：17.
[2] 王丽玲, 付瑞国, 张苓. 简析色彩词的国俗语义 [J]. 延边教育学院学报, 2011, 25 (5)：9-12.
[3] 李素娟. 文化的镜像——汉语色彩词的汉民族文化折射 [J]. 西安社会科学, 2010, 28 (4)：96-97, 99.

喜好，可能是偏好，也可能是一种偏见，从而不断形成一种约定俗成的色彩认知模式，具有了善恶美丑的情感价值。"近朱者赤，近墨者黑"（傅玄《太子少傅箴》）是中国比较早的色彩文化语句，"赤"为"红"，本义为朱砂色，但文化义代表了好人，或好的环境。相反，"黑"本为墨色。根据《说文解字》记载，即"火所熏之色"①。作为一个会意字，"黑"字的甲骨文"🙾"就像一个戴着面具的人形，或者说"像人头上有饰物的样子"②。所以，从文化义的设置视角看，汉语的"黑"字代表了坏人，或不好的环境。在好坏优劣的比对中，色彩词暗含的是一种固有的价值取向。这就如同苏联作家瓦·卡泰耶夫所创作的童话故事《七色花》一样，美丽的色彩最终取决于主人公珍妮能够助人的道德价值。人类对色彩的认知经历一种"从低级走向高级并走向象征"③的过程，并在各种艺术加工展示中获得价值存在的恒久性。源于图腾崇拜或神话故事的影响，中国京剧艺术中的色彩世界蕴含着丰富的象征意义，并且在人们特定的审美思维模式框架下，让各种色彩词语被赋予特定的价值定位和意义。

在中国文化背景下，作为国粹的京剧，通过脸谱艺术表现人物性格，关于人物性格的定位大多同某一位或一类人物相关联，具有一定的人物崇拜倾向，以此来区分正面角色和反面角色，从流动变化的艺术色彩维度，表达人们关于美丑善恶的道德认知，充分展示了中华民族传统文化的色彩价值观。

一、京剧脸谱色彩的道德价值

（一）忠贞——"红"

颜色"红"是中国人比较喜欢的颜色。这种颜色具有"好运""顺利""喜庆"等寓意。发"红包"、走"红运"、牵"红线"、得"红利"等，都充满对生活、工作的美好祝福之意。而诸如"红色政权""红船精神""红军""红旗手""红歌"等则充满政治色彩和先锋榜样的寓意。"红"还有成功、成绩的意思。如："开门红"指工作学习一开始就取得好成绩；"满堂红"本是植物的学名，但是又可指各个方面都取得非常好的成绩。在时代的

---

① 许慎.说文解字[M].北京：中华书局，2013：210.
② 思履.画说汉字：画说1000个汉字的故事[M].北京：北京联合出版公司，2015：291.
③ 俞岚，俞峥.论包拯脸谱的"玄色"运用[J].天工，2018（2）：158-159.

发展变化过程中,"红"颜色的意义不断被拓展引申,从而产生出新的流行语。当代流行的"网红""走红"等词语则指某人事业成功,知名度提升,影响力扩大。

与此不同,京剧艺术领域中的脸谱色彩词与真实的历史人物关羽密切相关。依据史料,从真实的历史角度讲,关羽是三国时蜀国大将,是万人难以抵挡的历史名将,与张飞共同辅佐刘备,凭借桃园结义的情谊忠心报国,成为中国文化中忠义的典型代表人物。从神话的角度讲,关羽被后人逐渐神化,被尊为"武圣",清代被奉为"忠义神武灵佑仁勇威显关圣大帝",关羽既被佛教寺庙所供奉,又被道教尊为护法大帅,各地修建关帝庙以纪念。由此,关羽特有的红色脸庞成为其人格精神的色彩标记。在文学名著《三国演义》中,对关羽有如下描写:"身长九尺,髯长二尺;面如重枣,唇如涂脂;丹凤眼,卧蚕眉,相貌堂堂,威风凛凛。"其中,"面如重枣"突出的是面部的红颜色。在京剧表演中,关羽的脸谱做了艺术处理,在诸如《桃园三结义》《温酒斩华雄》《虎牢关》《过五关》等经典剧目的表演中,关羽的脸谱一般是面生七痣,眉心中间三粒,鼻子左右各两粒,七粒朱砂痣,突出红色的"忠"与"义"的性格特点。

(二) 无私——"黑"

色彩词"黑"大多与违法犯罪以及社会的黑暗面相关联。如公安部门的"扫黄打黑",江湖中的"黑社会",非法买卖的市场"黑市",替人受罪的"背黑锅",以及趁人不备的"下黑手"等。

与此不同,京剧脸谱中的色彩词"黑"与铁面无私的宋代名臣包拯密切相关。包拯为官,秉公断案,不畏权贵,主持公道,造福百姓,赢得民众称赞,素有"包公"和"包青天"的美誉。因包拯是公正的执法者和法律的代言人,其面部颜色特征就成为京剧艺术中脸谱的正义色。包拯脸谱谱式经历了民间传说、为人智慧、阴阳太极图等漫长的演变过程,最后定型于高度概括的月牙形,同时其色彩基调由黑发展到玄色,人物形象塑造从"清官"到"青天",最终上升到哲学高度,创造出人心向往的新的"神"。

(三) 阴险——"白"

色彩词"白"的文化义多指做徒劳无益的事情,如"白吃""白喝""白说""白干""白玩"等。同时也表达人们心理与情绪的变化,如表惊惧恐慌神情的"脸色煞白",再如表示疾病缠身的病态颜色"苍白",对人不屑有蔑视之意的"翻白眼",考试的时候交一份没有答案的空白卷,我们叫作"交白卷",因为"白"还有说的意思,所以也有指演出、文章等开头的部分,如"开场白"等。在跨文化交际中,中国人比较忌讳送白花,因送葬的纸钱为白色。

与此不同,脸谱色彩词"白"与中国东汉末年时期的曹操密切相关。曹操作为东汉末年的宰相,挟天子以令诸侯,阴险狡诈,权震朝野。故后人多以"白脸曹操"代指阴险的人物。京剧艺术中的白色脸谱多以曹操为典型代表,表达贬义色彩。在古今生活中,"白"往往和"黑"相对立而存在。一则报纸当中的题目《"知白守黑":道不同者何以共处》[1],讲的就是在没有价值共识或者说"道不同"的情况下,我们应该如何相处的问题。

(四) 稳重——"紫"

色彩词"紫"多代表神仙或神仙居住的地方,以及附会帝王的祥瑞气息等。如:"紫气"(祥瑞的预兆,常和计都、罗睺、月孛及五曜合称九曜)、"紫台"(神仙住所)、"紫妃"(天宫仙女)。在《韩非子》一书中,记载了齐桓公好紫服的故事,并产生了成语:上有所好,下必甚焉。可见紫色多为古代君主帝王所好。其贬义色彩也比较常用,表示程度意义的过分,如"红得发紫"。与此不同,京剧脸谱色彩词"紫"与历史人物徐延昭密切相关。紫色所具有的稳重、沉着和老练等意义由此而来。

(五) 骁勇——"黄"

色彩词"黄"凝结大地土色,象征农耕文明,因传统的帝王之家即为"率土之滨"所及的江山社稷,加之色彩词"黄"与"皇帝"之中的"皇"同音,所以"黄"的色彩文化大多与帝王、权贵和吉利的时间或事物有关,比如:帝王可以"黄袍加身",出门要看"黄历",红白喜事也要选择"黄道吉日"等。随着时代的发展,"黄"也有了不雅的含义,比如:"黄色书刊""黄色录像"等。与脸谱色彩词"黄"直接相关的历史人物以宇文成都为代表。

(六) 刚强——"蓝"

色彩词"蓝"比较特殊,常常与"青"相联系。如"青天"即为"蓝

---

[1] 沈湘平."知白守黑":道不同者何以共处[N].北京日报,2020-01-18(15).

天"。这是因为二者在中国传统染料制作过程中有着先后的序位关系。中国著名的俗语"青出于蓝而胜于蓝"将"青"与"蓝"的关系作了说明。该句的原文为:"青,取之于蓝而青于蓝"(《荀子·劝学》)。青,是指靛青,即靛蓝。蓝是指蓝草,可以用于制作靛蓝染料的数种植物的统称,如菘蓝、蓼蓝、木蓝等。其意思是指青虽然是从蓝草中提炼出来的,但其颜色却比蓝草深得多。后人多用来指晚辈超越前辈,后人超越前人。时下流行的"后浪"之说,出自宋代文珦的《过苕溪》诗:"祇看后浪催前浪,当悟新人换旧人。"从一定意义上讲,也是对"青出于蓝而胜于蓝"的当代表达。与此不同,脸谱色彩词"蓝"与历史人物窦尔敦密切相关,从中传递一种骁勇善战和刚强坚毅的人物性格特征。

可见,在京剧脸谱色彩中,正面角色的人物多用红色和黑色,而反面人物的脸谱多用白色。其黑白颜色的对比、善恶的区分非常明显,在展示艺术魅力的同时,也具有了约定俗成的色彩价值思维。

二、京剧脸谱色彩的美学价值

随着研究的深入,学者们结合绘画实践,从色彩学、艺术创作等角度也逐渐意识到脸谱色所具有的"新式符号"[1]意义,以期实现传统色彩艺术与现代情感相融合的美学价值。张桂红、王雪涛归纳出狂野、质朴、华丽这三种基本脸谱色彩设计风格,论述了当前戏曲脸谱色彩设计的基本手法,旨在帮助相关工作者更好地探索戏曲脸谱的美学魅力。[2]

(一)和谐的形式美

京剧脸谱大多讲究对称,或左右对称,或上下对称,比例协调,具有形式上的和谐美感。惠阳针对京剧脸谱在色彩、谱式及运动中的程式化特点,认为京剧脸谱是人物性格表征的视觉符号系统,虽与网络游戏人物表情的外在形式有差异,却有着相同的人物性格内在指向。[3] 可以说,在游戏者的参与下,这种视觉色彩不仅传达了人物的内在性格,而且使人能够获得一种由色

---

[1] 景晨曦. 脸与脸谱解读[D]. 上海:上海师范大学,2019.
[2] 张桂红,王雪涛. 中国戏曲脸谱色彩设计的风格与手法[J]. 大舞台,2014(6):89-90.
[3] 惠阳. 基于中国京剧脸谱的网络体感游戏人物表情设计研究[D]. 哈尔滨:哈尔滨工业大学,2014.

彩带来的形式美感。

（二）夸张的艺术美

除此之外，定量分析也开始成为一种关注脸谱及其色彩意义的研究方法，诸如，高俊颖结合五大人格模型提出了一种京剧脸谱人格特质定量分析的方法，建立脸谱五维人格因子空间，构建了脸谱五维人格因子识别模型和京剧脸谱人格化检索系统，实现京剧角色、脸谱与人格信息的三向检索，提供了一种京剧脸谱文化宣传教育的新方式，助益京剧文化的传承与弘扬。[1] 其间的色彩与价值意义也逐渐走出主观判断的单一视角，从量化统计和情感认知中获得了新的科学依据，更具有可信性和可接受性，从而也进一步提高了人们关于色彩脸谱与人格特质关系的价值认知度。

与此同时，京剧脸谱色彩具有重要的当代价值。如网络游戏的角色互动，体现了娱乐价值；作为文创产品的符号，具有重要的珍藏价值等。

在各种文创产品中，具有"中国风"特色的脸谱色彩作品能够立体呈现中国的文化样貌。在日常购物、旅游留念等方面京剧脸谱所具有的珍藏价值尤其明显。无论是纪念品，还是装饰品，京剧脸谱都以其缤纷色彩赢得中外友人的喜爱。温强在关于脸谱在旅游文创产品的应用研究中就指出，旅游业作为新兴朝阳产业，已经跃然位列世界第三大支柱产业。而旅游业自身的发展也必然会带动旅游文化产品的创造与生产。[2] 针对脸谱色彩文化，实现传统与当代理念的有机融合是非常重要的，这是延续其生命力和创造力的一个必不可少的条件。王开厅曾就如何对脸谱元素进行提取、如何将大众所想与脸谱文化合成等问题展开研究，聚焦文创产品设计方法的融合、准备、探索、制作四个阶段，探寻用户所处的文化领域，不断完善产品的用户体验[3]，从而不断满足受众的心理需求。实际上，人们购买的是京剧脸谱的人物形象和色彩文化符号，消费的是非物质文化遗产的精神价值。京剧色彩也因其独有的风韵具有了宝贵的珍藏价值。

中国脸谱，不仅是一种多彩的艺术形式，而且也是一种多彩的价值符号，以及中国人审美心理的色彩化表达。正如中国评论家、作家张柠所言："京剧"以及各地方剧种的脸谱，还有"川剧"的变脸技巧等，曾经令巴黎人、

---

[1] 高俊颖. 京剧脸谱的人格化研究 [D]. 杭州：浙江大学，2017.
[2] 温强. 京剧脸谱元素在旅游文创产品中的应用 [J]. 中国京剧，2020（11）：74-77.
[3] 王开厅. 基于形象语意的京剧脸谱文创设计研究 [D]. 北京：北京印刷学院，2019.

纽约人眼界大开。演员们脸上色彩鲜艳的、令人眼花缭乱的、扑朔迷离的图案,粗粗一看,有点像西方现代派绘画作品。这种艺术符号,几乎综合了中华文明的全部精神内核:丰富的想象、神秘主义、抽象与具象的合而为一。[1] 以京剧为代表的中国脸谱,以其独有的魅力成为中国当代色彩文化的一处精神背景。

第二节 色彩与两极

色彩词语的产生是人类科技文明进化的结果,是文化背景的多元反映。针对物理世界的客观存在和人类主体的内心感受,色彩词语会承载多方面的文化信息,从而具有语义的丰富性特征。其中,一个重要特点就是在比较中阐释自然物理,丰富人类的情感世界。颜色对比的呈现形式既可以是对立颜色的词,也可以是组词造句的对句形式,最终突出颜色词内与颜色词间的形式特点,反映中国人特有的遣词造句形式,有助于归纳色彩语义描述的具体范畴。王洋在关于汉语成语色彩语义场的类型与特点的研究中,将成语中的颜色存在形式分为"单一颜色"和"对举颜色"[2],其中的"对举"也往往呈现出对比的语义。潘峰认为汉语色彩词具有两极性的语义特点,即文化义,并且存在于人们认知的权势、价值、生命、情感、经济、时空和性别范畴里。[3] 可见,其存在形式的多样性。其中,"两极性的语义"恰恰涵盖了色彩词的对比范畴。韩秋菊直接就成语中的对比色彩词进行分类,从色彩理论的角度认为,若一个成语中出现了两个色彩词,色彩的搭配基本上符合"单色调和""类似调和""对比调和"的规律,尤其对三组对比色"黑白""黄紫""红绿"的搭配做了分析,由此说明,在成语中不仅注重色彩的视觉冲击,更注重色彩的文化隐喻。[4] 在这里,仅就色彩词语的对比范畴与构词形式特点做一个文化角度的探讨。

---

[1] 张柠. 中国"卡通一代"的精神背景 [J]. 花城, 2001 (4): 190-196.
[2] 王洋. 汉语成语色彩语义场的类型与特点 [J]. 辽宁教育行政学院学报. 2011, 28 (5): 50-52.
[3] 潘峰. 论汉语颜色词的两极性语义 [J]. 湖北社会科学, 2012 (8): 141-143.
[4] 韩秋菊. 成语中的色彩搭配 [J]. 潍坊学院学报, 2010, 10 (5): 82-84.

一、黑与白

色彩词"黑"与"白"经常作为对立词存在，是一个自然区分、人物描写与思想认识划界的标志性色彩词，往往在四字词语或成语中成对出现。

从自然区分的角度看，侧重自然山水的本色对比。比如，关于自然界的描述，有成语"白山黑水"（《金史·世纪》），这是关于山水的代称，即指长白山和黑龙江；关于白天与黑夜的时间描述有成语"黑家白日"或者"黑价白日"，只不过，这里的"家"或"价"实属方言，并无实际意义，真正的意思表达在于"黑"与"白"的颜色对比，突出的是没有日夜地做事情。

从人物的描绘角度看，对立色彩的"黑"与"白"并不限于从肤色划分的"白种人"和"黑种人"，或是江湖中的"黑道"和"白道"，或是标志特定技术时代的"黑白摄影""黑白电视""黑白片"，而是多用于古代女子的闺中梳妆，如描绘女子的样貌有成语"粉白黛黑"（屈原《大招》），指在脸上搽粉和画眉，泛指女子的妆饰。相关同义词还有"粉白墨黑"（《战国策·楚策三》），通过对立色彩在女子的梳妆打扮中获得统一的美感。这是汉语独有的一类古典韵味型成语，并且具有一定的历史文化意义。

从思想认识角度看，多体现在对立格局的设置，以区分不同判断力的人物特点。比如，划分竞技对手的"黑白棋"，常用"黑白混淆""黑白不分"来指不分好歹善恶的人，而常用"黑白分明"来指明辨是非的人，等等。所以，汉语"黑"和"白"组合的词语涵盖了对物、对人、对世界认识的对比意识，充满哲理意味，同时，一些关于黑白的认识也是一种人生境界的呈现，更是一种融于色彩描述的二元论世界观。

二、红与绿

"红"与"绿"的组合词汇大多同自然本色有关，突出鲜艳和美丽，同时也反映出一定的文化附加义。

从自然本色而言，"红"多为花朵颜色，"绿"多为树木颜色，所以比较多的词语搭配就是描摹春季的景色，如早春时节的"花红柳绿"，暮春时节的"绿肥红瘦"。因从自然加工而成的砖瓦多为"红"和"绿"，所以汉语会以"红砖绿瓦"描绘中国古代的建筑风格。

从文化附加义而言，色彩词"绿"与生命气息相关，常用来代指青春朝气、健康生活、允许通行等意思,所以有"绿色食品""绿灯""绿卡"等。由此可以引申出给人方便的意思,如"开绿灯"。当然也有指妻子不忠的"绿帽子"之说,这也是跨文化交际中会遇到的一个语言文化障碍。

三、蓝与粉

色彩词"蓝"与"粉"具有明显的性别意识。关于色彩性别的认知问题,世界各国普遍存在一种相似的观点,即蓝色系代表男性,象征冷静沉稳;粉色系代表女性,象征温柔美丽。从蓝与粉的对立中一般可区别性别差异,汉语文化也不例外。

中国色彩形形色色,五彩缤纷,虽然有自身的颜色喜好,但是仍会受到固有的文化刻板印象的影响。在性别二元分类框架下来看,汉语色彩词语仍具有约定俗成的性别色系。李梦从语义的角度归纳了两类与性别有关的颜色词,比如一类是用于描写男性的颜色词,另一类是用于描写女性的颜色词。[①]这在中国语言文化中都有充分的体现。比如:女性色系偏于红和粉,男性色系偏于蓝和黑。

对于致力于从事男子职业的女性,人们常会用"不爱红装爱武装"来表达;对于青春懵懂的爱情记忆,人们会常说这是"粉红色的回忆";女性职业群体被称为"粉领"。

根据现有研究,在色彩词的敏感度方面,男性明显要弱于女性,并且男性在颜色词的掌握及使用方面确实比女性弱[②];基于生理和心理的原因,不同性别表达者选用汉语颜色词是存在差异的[③]。男性的服装多以蓝色和黑色为主,男性职业群体被称为"蓝领",黑社会中的头目被称为"黑帮老大"。

第三节 色彩与情感

情感表达是认知语言学研究的重要内容之一。从颜色来看情感,"颜色标

---

① 李梦. 与性别有关的颜色词 [J]. 甘肃联合大学学报(自然科学版),2011,25(S1):11-114.
② 蒋艳春. 颜色形容词的性别差异研究 [J]. 校园英语,2015(17):206-207.
③ 金福年. 不同性别表达者选用汉语颜色词的差异 [J]. 修辞学习,2004(1):51-52.

记了我们的情感和社会存在"①。如英语世界里,红色代表愤怒、蓝色代表忧郁、粉色代表高兴、绿色代表嫉妒等。胡若诗的专著《中国诗歌的顶峰:李白和杜甫》曾将"色彩词""词的色彩"引入唐诗审美视角,通过对李、杜诗作的细读,从美学角度对两者遣词色彩进行有趣的比较研究,将唐诗艺术的探究推进到一个新的层面。她指出,在儒家、道家和五行学说的三重影响下,色彩历经数千年的发展,终于在中国诗歌中取得了应有的美学地位。至盛唐时期,诗人追求山水与情感更完美地融合,色彩的运用达到了前所未有的高度,美学价值成为其唯一的追求。② 这与西方对诗人指责的描述是同一的。"不管我们在上帝之域处于什么地位,我们必须求助于诗来提倡善和宗教,也许这就是诗人在过去时代的人生变故中所做的"③。提倡真善美的新时代文明,更离不开人性本真的情感表达,因为"文明即是各个民族对其外部的机构、风俗习惯和与此有关的内心信念的人性化过程"④。此处,诗歌可为之实践,诗学可为之提供理论支持。

本部分内容从人类的情感体验出发,基于已有的基本颜色词理论,以200首汉语唐宋诗句中的"红"色系词语作为研究对象,根据学术界的前期研究成果,梳理汉语色彩词在构词方式、词形变化、物象映射中所具有的情感构式特征,通过可视化数据图表,统计分析色彩字"红"的基本义、引申义、象征义、情感义常见的诗句表达形式,即从物质义、生理义、心理义、情感义的构式特点,描述汉语色彩词"红"所呈现的情感义生成模型,阐释情感义表达的四个语义认知范畴,进一步丰富对古典诗歌语言色彩词的情感认知视域。

一、汉语色彩词的情感义

根据《现代汉语词典》(第7版)的解释:情感是指对外界刺激肯定或否

---

① 卡斯坦,法辛.谈言论色:耶鲁教授与牛津院士的十堂色彩文化课[M].徐嘉,译.北京:北京大学出版社,2020:1.
② 钱林森.法国汉学家论中国文学——古典诗词[M].北京:外语教学与研究出版社,2007.引言第9页
③ 鲍姆嘉通.诗的哲学默想录[M].王旭晓,译,北京:中国社会科学出版社,2014:68-69.
④ 洪堡特.论人类语言结构的差异及其对人类精神发展的影响[M].钱敏汝,译,西安:陕西人民出版社,2006:34.

定的心理反应，如喜欢、愤怒、悲伤、恐惧、爱慕、厌恶等。① 汉语色彩词的情感义是指色彩词体现出的情感特征。具体来说，第一，要以物理化学的科学认知为基础；第二，要依据人的生理反应和主观感受；第三，要赋予不同汉语色彩词以不同的情感。这是因为人类的心情、情绪、情感往往会通过面部表情的变化表现出来，而面部表情的变化在许多情况下会直接导致面部色彩的变化；故而某些色彩词常用来描述人的面部色彩变化，包括准确性运用和夸张性运用，借以表达或强化人们的情感，使人物的刻画和描写更显得生动、鲜明②。所以，汉语色彩词的情感义是非颜色域的认知语言学的研究范畴。

根据西方现有研究成果可知，色彩源于物理化学的科学认知，并且从人类学、社会学、文化学等多个学科领域与人类情感建立了密切的联系。17世纪英国科学家牛顿（1666）开始了真正具有科学意义的色彩研究。他借助三棱镜发现光的折射，在物理光学实验中分离出七色"彩虹"光谱：红、橙、黄、绿、青、蓝、紫。1706年，他画出了第一个广为人知的色轮，即"牛顿色轮"。德国文学家歌德在其《色彩原理》一书中，从色彩美学角度入手，研究不同色调与情感变化之间的关系。他将全部色彩概括为三类：一是"属于眼睛"的色，称为生理学色；二是"属于各种物质"的色，称为化学色；三是介于两者之间的"通过镜片、棱镜等媒介手段所看到的色"，称为物理学色。1792年，他公开了自己的创作色轮，共有六色，即洋红色、橘色、黄色、绿色、蓝色、紫色，被称作歌德色轮。与牛顿色轮不同，这里增加了互补色的概念。同时强调颜色是生命的动态流动，应把颜色的体验当作生活的直观感受，看作明亮和阴暗的活跃的互动。在西方的17世纪上半叶，许多学者对色彩进行分类，并且显示它们之间的相互转化关系。其中思想比较前卫的耶稣会教士弗朗索瓦·达吉龙在《光学六书》（1613）中画出了色彩谱系图（Howard & Dorothy Sun, 2017）。从中可见：红色系次生颜色有红黄结合的橙色与红蓝结合的紫色。在物理化学层面掌握色彩基本义，这为情感与色彩的融合互释提供了前期的理论基础。

基于色彩的感知，如何表达就是一个值得研究的问题。国外学者对颜色词的语言表达做过研究，包括人类学、民族学、认知心理学、历史学、语言

---

① 中国社会科学院语言研究所词典编辑室. 现代汉语词典 [M]. 第7版纪念版. 北京：商务印书馆，2017：1068.
② 闫文培. 全球化语境下的中西文化及语言对比 [M]. 北京：科学出版社，2007：252.

学等多个角度。相关著述的研究内容涉及颜色词的习得顺序、特性、指称内容、语义结构、联想意义等（李红印，2007）。科学研究再次证明：进入眼球的各种颜色的光照可以通过下丘脑和脑垂体来间接地影响情绪中枢，人们都以自己的方式对颜色有所反应（Howard & Dorothy Sun，2011），由此也丰富了色彩心理学研究的理论范畴和实践证据。从心理学视角看，范畴内和范畴间颜色辨别难度相同时语言范畴也会影响颜色知觉。[1] 在最新的语言学成果《语言学的邀请》一书中，作者日裔美籍语言学家、心理学家、作家、政治学家塞缪尔·早川和艾伦·早川（2015）针对语言的"说明性含义"提出"感动性含义"[2]，这里的"情感性含义"中的情感比较温和，特指一种"在听众心里所唤起的各种感情气氛"，而且"事实上，所有表现情感的言辞都或多或少地利用了情感性含义"[3]。

国内学者对颜色词的研究侧重表色语义，以李红印（2007）为代表的研究致力于分析现代汉语颜色词的表色语义内容（包括已经结合到颜色词词义中的"非色彩信息"），并不分析其"文化义"（或象征义）、"引申义"（或转义），也不分析颜色词所反映的历史文化、社会心理和修辞特点等。但是，"对色彩的认知并不仅仅是一个生物学或神经学现象，也是一个文化现象，涉及知识、记忆、想象力、情感"[4] 等内容。在关于色彩的研究中，离不开词语的分类、分级、联系或对比[5]，也离不开诗人的语言智慧。由此，随着颜色词研究的发展，日益体现出在诗歌语言中的微观化取向，关注色彩与情感问题：以王维诗歌为例进行颜色词语义分析[6]，从宏观层面可将其概念意义分为造字本义、色彩义、普通名词义和抽象引申义四类，从微观层面上可分为象征义、通感义、借代义、情感义、动态义等五种附加意义；硕博论文集中研究颜色词个案问题，探讨"灰"族词语中"灰"的意义分析，研究其不断向法律

---

[1] 钟伟芳，郭永兴，汝涛涛，等. 沃尔夫假说的新证据：范畴内和范畴间颜色辨别难度相同时语言范畴也会影响注意前颜色知觉［J］. 心理发展与教育，2021，37（1）：19-25.
[2] 根据原书注释：我们不用"情感"，因为"情感"往往有与理智对立，代表极强烈的感情的意思。"感动性"却不但代表强烈的感情，而且代表微妙的、有时不知不觉的反对；此外又不用牵涉"物质"与"精神"间不同的分别。
[3] 早川 S，早川 A. 语言学的邀请［M］. 柳之元，译. 北京：北京大学出版社，2015：93.
[4] 帕斯图罗. 色彩列传·红色［M］. 张文敬，译，北京：生活·读书·新知三联书店，2020：14.
[5] 帕斯图罗. 色彩列传·红色［M］. 张文敬，译，北京：生活·读书·新知三联书店，2020：6.
[6] 赵晓驰. 王维诗歌颜色词语义研究［J］. 赣南师范学院学报，2007（5）：76-80.

域、心理域隐喻发展的过程，具有抽象的情感义①；探索"白"的文化义，在整体观的统领下，全面、系统地描述并考察了"白"由颜色域到非颜色域的历史、现实状态及其发展轨迹的形成机制，印证颜色词的主观性和依附性②；根据颜色词"黑""白""红"的组配特征，进行词频统计分析，提出信息处理对策等③。同时，学者们也关注理论框架的构建，主张结合传统训诂学、普通语言学中的语言学研究方法，构建更具说服力的框架理论，并注重对古代文献资料的挖掘④。仅就红色词场研究而言，被近代汉语承用的有21个：赤、红、朱、丹、绛、彤、赭、缇、赪、骍、赧、茜、绯、蝦、缙、缌、赫、绮、縓、纁、赩。新生的有文献用例的单音节红色词有檀、酡、粉（赵晓驰，2019）。⑤仅唐宋时期使用的复音红色词就有112个，其中承用前代的36个，该时期新产生的76个（赵晓驰，2019）。在色彩词群中，"红"不仅词语丰富，而且情感义也非常丰富。红色情感取向在于突出欢喜义、爱情义、愤怒义和激情义。其中，与其他颜色词相比，爱情义最高，占所有颜色的70%，其次是愤怒/生气义，占55%，再者是激情义，占比54%，仇恨义占47%。⑥"红"的象征义成为情感的符号，在诗歌语言创作中表现得尤为显著。

  一定程度上讲，语言是情感象征的符号。从语言符号学的角度讲，"象征化过程"（symbolic process）⑦贯穿于诗歌语言创作的全过程。象征义是诗歌语言的特质之一。这个观点已经被大多数人所接受。当代汉语诗歌中的色彩词研究也已经不限于象征义，而是区分出比较完备的下位类型，它们是象征义、情感义、解说义、替代义、虚转义等⑧。诗歌语体也不限于前人的超常搭

---

① 贺子晗. "灰"族词语中"灰"的意义分析［D］. 桂林：广西师范大学，2008.
② 王琪儿. 颜色词"白"的文化义研究［D］. 曲阜：曲阜师范大学，2012.
③ 祁欢欢. 颜色词"黑""白""红"的组配特征及其信息处理对策［D］. 上海：上海师范大学，2018.
④ 杨煜婷. 国内外颜色词认知研究综述［J］. 成都大学学报（社会科学版），2018（6）：95-103.
⑤ 绛（jiàng）指赤色，火红。赭（zhě）指红褐色，多指土石、染料。骍（xīng）指赤色的马和牛，亦泛指赤色。赪（chēng）指红色。赧（nǎn）指因羞惭而脸红。茜（qiàn）本义是指一种草名，即茜草，为多年生草本植物，可作红色染料，后引申为大红色、秀美、生动等。绯（fēi）本意是指红色，深红色。蝦（xiá），古同"霞"，彩霞。缙〔縉〕（jìn）指赤色帛。赫（hè）泛指赤色，赫，火赤貌。縓（quán）指浅红色。纁（xūn），浅降也。赩（xì）指大赤色。酡（tuó）指饮酒后脸色变红。檀的本义是木名，指浅绛色。
⑥ 海勒. 色彩的文化［M］. 北京：中央编译出版社，2004：33.
⑦ 早川S，早川A. 语言学的邀请［M］. 柳之元，译. 北京：北京大学出版社，2015：33.
⑧ 李直. 唐诗色彩词的附加意义说略［J］. 修辞学习，1994（1）：35-36.

配研究，而是关注其隐性语义变异问题，从而涉及作为"边缘义凸出"的情感义现象①。从语言传递情感的角度讲，"情感语义是语言语义的一个成分，是指说话人的个人感情或态度被反映在语言里所出现的意义"②。其中，因语言的形式意义、人类的生理感知、主观映射、审美知觉的融入，色彩词会被染上人的情绪而具有"情感义"，并且被广泛地运用到诗歌语言创作之中，从而形成汉语诗歌语言特有的情感义构式，为诗歌语言的解读和赏析提供了无限广阔的语义认知空间。本部分内容即以汉语诗歌语体的"红"字为例，研究汉语色彩词在诗歌语言中的情感义构式特征及其生成机制。

二、汉语色彩词"红"的多义性

在对外汉语教学中，一个外国留学生告诉老师说，他的朋友因为喜欢红脸，所以大家都不喜欢他。接着又问："中国人喜欢红色，为什么不喜欢爱红脸的人呢？"当然，这是一个跨文化的语言现象。但是，却引起我们关于汉语色彩词的再思考。"红"除了有大家都共同理解的自然界的基本色彩义之外，还有表达为人具有的热情性格，也有表示人愤怒发火和脾气暴躁，爱生气等情绪特征。因为人生气的时候，脸色会变成红色，所以"红脸"中的"红"就从生理现象的色彩变化提升到人情绪特征的情感义。这在汉语的故事中也有许多例子，比如：四大名著之一《三国演义》中的"红脸"关公被赋予忠义的情感特征，儿童杂志《红袋鼠》中的"火帽子"形象经常火冒三丈，"红"被定为脾气暴躁的文化符号等。在中国人的生活中，"红"是幸福的颜色，诸如"发红包""走红运"等词语都充满了对他人美好的祝福之情。

我们知道，色彩词是一个融合自然科学和人文社会科学研究成果的跨学科性汉语词汇族群，其意义的生成具有自然物质基础和人文精神基础。根据《说文解字》的解释："色"乃"颜气也。从人从卪（jié）。凡色之属皆从色。"③ "从人"，故字义有人之属性和情感。"从卪"，故字义有物质之源起。因"卪"乃"瑞信也。守国者用玉卪，守都鄙者用角卪，使山邦者用虎卪，土邦者用人卪，泽邦者用龙卪，门关者用符卪，货贿用玺卪，道路用旌卪"。"象相合之形"按照清代段玉裁所著《说文解字注》的说法，"颜气"可解

---

① 邹立志. 诗歌语体的隐性语义变异［J］. 首都师范大学学报（社会科学版），2000（4）：72-80.
② 李东萍. 语言的情感语义［J］. 文学教育，2019（19）：3.
③ 许慎. 说文解字［M］. 北京：中华书局，2013：185.

为:"颜者两眉之闲也心达于气。气达于眉间是之谓色。"

综合"人""卪"的内涵,"色"字包含物体发射和反射的光所引起的视觉印象。由"色"而万物具有"颜气",自然包括了物理的颜色和品质,如"音色""成色"等,同时,也涵盖了人类的生理情绪表现的气色,如中医讲究的"察言观色",注重人的气色与健康的关系。而诸如"没有红过脸""红得发紫"等词句,以及由此引申出来的女子形象词,如红颜、粉黛等,都被人类的情感赋予颜色以相关女性的联想义,比如好色、色相等。从汉字的发展历史来看,因为"色"兼有物理、化学、生理反应等多重渊源,所以汉语色彩词系的情感意义内涵非常丰富,并且其情感义的生成具有跨学科的认知模式和语义生成机制。

三、色彩词"红"的诗歌情感义构式

在诗歌语言中,色彩词的情感表达不限于直抒胸臆,而是注重色彩词"红"的形式构式,从物质义"血+火"出发,因为人类生活经验离不开火红的色彩,离不开鲜血的生命体验,由此逐渐生成与"红"相关的心理感受和情感体验,并生成有别于一般汉语语体的情感义表达模式。本研究精选中国唐诗宋词200首含有"红"的诗句,做了统计分析。结果显示:色彩词"红"在构词方式、词性变化、物象映射等方面具有自己的特点。

(1) 构词方式

1. ABB 式

根据现有研究,这种构词方式从唐宋开始,之后各个时期的能产性大致相同[1]。李红印(2007)曾就《全唐诗》的色彩词做过统计,发现64个与色彩描绘有关的ABB式词语组合。认为这种构词方式反映出汉民族在描绘、刻画事物方面的新要求,也就是将"观察到的色彩"与"相关的非色彩信息"相结合的一种认知心理需求。例如:

(1) 樱桃<u>红烁烁</u>,杨柳正毵毵。(寒山《诗三百三首》,物质义)
(2) 度霞<u>红漠漠</u>,压浪白溶溶。(元稹《表夏十首》,物质义)

2. BBA 式

根据现有研究,这种组合模式只见于唐宋诗词中,目的是为了行文中的

---

[1] 赵晓驰. 近代汉语颜色词研究 [M]. 北京:中国社会科学出版社,2019:50.

押韵需要，是一种 ABB 式的倒序使用方法①，从而突出颜色的浓重程度或渐变过程，以求更形象地表现物质色彩的变化和人的心情变化。例如：

（3）叶覆清溪滟滟红，路横秋色马嘶风。（赵嘏《寄卢中丞》，物质义）

（4）浴就微微白，烧成渐渐红。（唐·吕岩《五言》，物质义）

3. ABCD 式对句组合

组合一：互补色—近义反复

"红—紫"型。这是一种程度递进式近义组合模式。紫色是红色和蓝色组合在一起的合成色，从物理上讲，它是在可见光中波长最短的颜色。古代以青、赤、白、黑、黄为正色，红紫则是正色以外的"间色"。因为是在红色基础上生发出的颜色，所以"红—紫"两种颜色就具有了程度递进的关系。这在诗歌语言中就会体现出对事物颜色描述的递进性和情感的渐变性。例如：

（5）杜鹃花里杜鹃啼，浅紫深红更傍溪。（杨行敏《失题》，物质义）

（6）红葩缀紫蒂，萍实骤柢掷。（左思《娇女诗》，物质义）

其中，包含有一种特殊的 ABC 式模式，如：

（7）金钏镂银朵，罗衣绯红紫。（寒山《诗三百三首》，物质义）

此类诗句中，如《蜀葵》诗句，表面是蜀葵的颜色特征描写，实则是想说其香气不可阻挡，飘逸入门，带给人们的美感体验，这是一种色彩的物理变化引发人们的审美情感之变。色彩词涵盖了物理本色、人的嗅觉体验，在"入绣扃"的动态变化中触发人的向美情感。

"红—赭"型。这也是一种程度递进式近义组合模式。"赭"即红褐色。自然界的山石多为此色。根据《新华字典》的解释：赭红袍指血溅衣袍，使成红色，比喻战斗激烈。赭面是指以赤色涂脸，亦指以赤色涂红的脸。均源自红色基本义，但是却又引申出不同的引申义，成为战斗的特指意义，由此生发出将士戍边，保家卫国的爱国情感。例句（8）即指面红流汗的样子，由这个生理出汗现象，描绘出一个激烈的打球场面，展示出作者观赏马球竞技的喜悦之情。如下句：

（8）影就红尘没，光随赭汗流。（武平一《幸梨园观打球应制》，生理义）

"红—彤"型。这是一种近义组合模式。在近义组合中，突出环境特色，为情感义的生成做了客观的色彩描述。如：

---

① 赵晓驰. 近代汉语颜色词研究［M］. 北京：中国社会科学出版社，2019：50.

（9）彤庭彩凤虽添瑞，望府红莲已减花。（罗隐《送支使萧中丞赴阙》，物质义）

其中，无论是"彤庭"，还是"望府"，都是一个意思，都指富贵人家，但是在"红莲已减花"句中，却由物象到人象，流露出了对现实的讽喻之意。情感义的表达源于物质义到心理义的层层推进。

组合二：对比色—反义对照

双色对比："红—白"。在200首诗词中，共有"红—白"组合18组，占总数的9%。这主要表现为如下常用对句构词：红粉—白头、红莲—白云/白玉、烛红—头白、红尘—白日、红颜—白首/白发、红者—白者、红泉—白日、桂白—尘红、华红—彩白、红霞—白浪、红蓼—白鸥、红桃—白水、红笺—白苎。由"红"所组合的名词多为花草植物、动物、自然现象和年轻女子。例如：

（10）白毛浮绿水，红掌拨清波。（骆宾王《咏鹅》，物质义：指动物之色。）

（11）白樱桃熟每先赏，红芍药开长有诗。（吴融《赠李长史歌》，物质义：指植物之色。）

（12）迩来又见桃与梨，交开红白如争竞。（韩愈《寒食日出游》，物质义：指植物之色。）

（13）五营向水红尘起，一剑当风白日看。（杨巨源《赠史开封》，引申义：指人间战争。）

（14）门外红尘合，城中白日忙。（白居易《北窗闲坐》，引申义：指人间。）

（15）乐极伤头白，更长爱烛红。（杜甫《酬孟云卿》，引申义：指物体之红。）

这类"红—白"双色对比模式凸显不同物质的颜色特点，在上下句中形成对偶句或对仗句，在修辞中铺陈客观物质存在，形成反差效果，在强化色彩基本义的同时，强化两种颜色的多彩世界，在引申义域和象征义域基础上，加深某一种色彩的隐喻情感。

双色对比："红—绿"（含"绿"的次生色"碧""翠"等）

（16）黄鸟翻红树，青牛卧绿苔。（薛琼《赋荆门》，物质义：指树木之色。）

（17）舞旋红裙急，歌垂碧袖长。（元稹《晚宴湘亭》，物质义：指衣裙之色。）

（18）唯有绿樽红烛下，暂时不似在忠州。（白居易《东楼招客夜饮》，物质义：指蜡烛之色。）

（19）危栏压溪溪澹碧，翠袅红飘莺寂寂。（吴融《赠李长史歌》，物质义。）

（20）绿藤阴下铺歌席，红藕花中泊妓船。（白居易《西湖留别》，物质义：指莲藕之色。）

（21）琉璃地上绀宫前，发翠凝红已十年。（刘言史《山寺看海榴花》，物质义：指花之色。）

（22）危峰抹黛夹晴川，树簇红英草碧烟。（李昭象《招西洞道者》，物质义：指花之色。）

（23）绿搓杨柳绵初软，红晕樱桃粉未干。（韩偓《大庆堂赐宴元珰而有诗呈吴越王》，物质义：指樱桃之色。）

（24）红楼翠幕知多少，长向东风有是非。（罗隐《广陵开元寺阁上作》，象征义：指女性。）

（25）何处画桡寻绿水，几家鸣笛咽红楼。（杜荀鹤《题开元寺门阁》，象征义：指女性。）

（26）有兴欲沽红曲酒，无人同上翠旌楼。（褚载《句》，物质义指：米酒之色。）

（27）日出江花红胜火，春来江水绿如蓝。（白居易《忆江南》，物质义：指水之色。）

三色对比："红—白—绿"

（28）崆峒黯淡碧琉璃，白云吞吐红莲阁。（王建《题台州隐静寺》，物质义：指花之色。）

（29）临江一嶂白云间，红绿层层锦绣班。（白行简《在巴南望郡南山呈乐天》，物质义：指花草树木之色。）

"红—绿"对比是诗歌语言中的最常用的色彩词组合模式，这源于自然现象的视觉对比，更有助于形成人的情感反馈，在语言阅读中生成情感义项。

（二）词性变化

现有研究已经从色彩词的构成着手来分析色彩词的构成与语法功能的对应关系，根据其语法特点确定出汉语色彩词的四种词性：名词、形容词、动词、区别词①。这在唐诗语言中有非常明显的体现：

1. 作为物质的名词

"红+形容词"：

（30）孔雀钿寒窥沼见，石榴<u>红</u>重堕阶闻。（皮日休《病后春思》，生理义：指触觉。）

"名词+红"：

（31）一树繁英夺眼<u>红</u>，开时先合占东风。（李九龄《山舍南溪小桃花》，生理义：指视觉。）

"形容词+红"：

（32）圆鬟无鬓堆髻样，<u>斜红</u>不晕赭面状。（白居易《时世妆—儆戎也》，视觉情感义）

（33）何处杜鹃啼不歇，<u>艳红</u>开尽如血。（温庭筠《河渎神》，视觉情感义）

2. 作为情感形容词

"红+名词"型。这种组合符合形容词与名词的组合规律。

根据现有研究成果，情感形容词具有五个语义特征，即亲验性、自明性、变动性、有因性和倾向性，具有与体验者、属性域、呈现体、引发体、导致体、时空体、逻辑体7种名词的复杂语义关系类型。②作为情感形容词，诗词中的颜色词可以与名词共现。根据情感形容词与名词同现的原则，除了体验者外，导致体只与体验者同现原则以及毗邻义元非同现原则；同时，将情感义元按照语义关联度和同现规则分成四个层级，即核心义元、基本义元、条件义元和认知义元，揭示了语义关联度、同现原则、义元层级三者同构的义元序列③。无论是"怒词"还是"喜词"，都是一种生理反应。比如：愤怒至极的情感就是许多肌肉和生理现象的综合反应，肌肉收缩、血压升高、心跳加速、身体里的化学成分发生变化、用力抓住头发……可能还会咆哮作声④，等等。作为表达情感的颜色词，一个重要作用就是能够感动人们，打动人们，这也是西方语言学中所谓的"表情的语言"⑤。其核心义元是人的情感体验。

---

① 李尧. 汉语色彩词的词性分析[J]. 西南民族大学学报（人文社科版），2004（12）：456-458.
② 赵春利. 情感形容词与名词同现的原则[J]. 中国语文，2007（2）：125-132，191.
③ 赵春利. 情感形容词与名词同现的原则[J]. 中国语文，2007（2）：125-132，191.
④ 早川S，早川A. 语言学的邀请[M]. 柳之元，译. 北京：北京大学出版社，2015：52.
⑤ 早川S，早川A. 语言学的邀请[M]. 柳之元，译. 北京：北京大学出版社，2015：91.

所以，作为情感形容词的"红"，其基本义元是物理义、物质义和生理义。其条件义是特定语境的设置带给"红"字的不同象征义和引申义。

（34）鱼戏莲叶东，初霞射红尾。（陆龟蒙《相和歌辞·江南曲》，物质义：指红霞。）

（35）素壁联题分韵句，红炉巡饮暖寒杯。（白居易《花楼望雪命宴赋诗》，物质义：指烧得很旺的火炉。）

（36）谁家女儿临夜妆，红罗帐里有灯光。（李端《襄阳曲》，物质义：指红色的纱帐。）

（37）芙蓉泣恨红铅落，一朵别时烟似幕。（皮日休《奉和鲁望齐梁怨别次韵》，生理义：指女孩子第一次月经。）

（38）泛舟惭小妇，飘泊损红颜。（杜甫《草阁》，象征义：指女性。）

（39）相逢红尘内，高揖黄金鞭。（李白《相和歌辞·相逢行二首》，象征义：指人间。）

（40）红烛芳筵惜夜分，歌楼管咽思难闻。（武元衡《重送白将军》，象征义：指热闹喜庆。）

（41）中有兰膏渍红豆，每回拈著长相忆。（韩偓《玉合》，象征义：指相思。）

（42）红影飘来翠影微，一辞林表不知归。（吴融《叶落》，象征义：指落叶。）

3. 作为变化的动词

（43）惟有此花随越鸟，一声啼处满山红。（李绅《新楼诗二十首·杜鹃楼》，名词活用为动词，变红。）

此诗句，围绕杜鹃来写，杜鹃花，杜鹃鸟，杜宇，共同合成一个关于花、鸟、人的动情故事。因杜鹃啼血，花色变红，所以颜色的变化具有了动词的语法特点，读者的情感也随之深化为哀伤与凄凉。

（三）物象映射

1. 主观情感

色彩词"红"从"本义"到"转义"的转化需要借助人的主观情感来实现，并且人的主观情绪会左右对颜色词的观念和使用。古代圣人孔子不喜带有迷惑之感的红色，源于《论语》"君子不以绀緅饰，红紫不以为亵服"。绀緅，即为黑里带红的颜色。所以，色彩词语就转化为"色彩感觉"，"色彩词语涉及的不是色彩本身,而是它给人的感受或激发的情感"[1],即通过物象映射而体现在诗歌语言中的喜、怒、哀、乐、惧等主观情感。诗歌语体受这种"语义环境"(semantic environment)[2]的影响,主观情感时常融入色彩词语之中。比如:含有"残红""落红""衰红""寂寞红"等词语的诗句,通过自然物中投射人的主体情感或倾向,诠释的情感基调就会有所侧重。

2. 物象映射

色彩词"红"的主观情绪需要映射到合适的物象上。在古诗词中,能被主观情绪映射的物象以自然界的物质存在居多。若淡化物象的"拟人化"修辞手法,物象的映射过程就是人类主体情感的同一化过程。鉴于人类的情感分为消极情感和积极情感两大类,色彩词语也会在自己的语法体系内形成与物象相融合,生成作者传递给读者的多种情感。诸如:"红绿"相间的迎春喜悦,"红豆"生发的相思,"红颜"易逝的哀伤,"落红"无数的无奈,等等。

3. 审美义元

色彩词"红"的情感义需要融合审美知觉的义元关联域。因为"审美知觉不是知识的判断,不是科学的归类,而是透过事物的形式到对它们的情感表现性的把握",这里有"观察者的全部生活经验,包括他的信仰、偏见、记忆、爱好,从而不可避免地有着想象、情感和理解的参与"(滕守尧,1998),以及文化模式的影响,包括相关的民族叙事和大众叙事,也就是要受到来自文化约定俗成的"语义影响"(semantic influences)[3]。从物理之红到心理之红,最后融合物象实现审美意象的情感直觉,实现从物理域到情感域的语义空间。

四、色彩词"红"与诗歌情感义生成模型

以"红"为例的诗歌量化研究中,"红"系汉语色彩词在诗歌语义中的认知范畴包括了四个语义范畴,即:

情感义范畴一:描述物色的物质义,包含一切自然存在(自然现象、动物植物);

---

[1] 帕斯图罗. 色彩列传·绿色 [M]. 张文敬, 译. 北京: 生活·读书·新知三联书店, 2016: 4.

[2] 早川 S, 早川 A. 语言学的邀请 [M]. 柳之元, 译. 北京: 北京大学出版社, 2015: 30.

[3] 早川 S, 早川 A. 语言学的邀请 [M]. 柳之元, 译. 北京: 北京大学出版社, 2015: 40.

情感义范畴二：描述人色的生理义，包含生理特征（脸色、体色等）；

情感义范畴三：描述心色的心理义，包括人的心理反应（视觉、触觉、嗅觉等）；

情感义范畴四：描述情色的情感义，包括各种情感代码（喜怒哀乐等）。

其中，"红"的指物性特征非常明显，占比高达90%，这包括自然现象的"红云""红霞""红叶""红桃""落红"等，生活物件的"红烛""红床""红炉""红栏"等，植物类的"红杏""红莲""红英"等。

另外，"红"的性别情感倾向明显，诗句中借助女性物件生理特征来代指女性描述的"红颜""红妆""红装""红楼""红铅"等词，占比达10%。

在情感义表达中，既有"红—绿"比较中的春意盎然，喜春乐世的积极情感，也有感叹失落和寂寞孤独的消极情感，且以消极情感居多，体现在诗歌语言中侧重"红"前的情景设置，如"残红""落红"等，在季节变化中渲染诗人表达的悲观情绪。无论是积极情感，还是消极情感，其情感义的产生都依托物质义，从红色物质出发来感悟生活的变化，由物象到人象，自然感慨不已，于是在诗歌"红"系词语中衍生出喜怒哀乐的情绪。例如："万紫千红总是春"的喜悦，"泛舟惭小妇，飘泊损红颜"（杜甫《草阁》）的哀伤，"芙蓉泣恨红铅落（皮日休《奉和鲁望齐梁怨别次韵》）"的怨恨，等等。

研究结论：

结论一：古典诗歌语言中的"红"构式词群有强弱之分。强势搭配域包括植物类、织物类、人体类，弱势搭配域包括其他人造物和其他自然物，空位者为动物类。其中，植物包括华、粟、葩、枣、杏、花、草、莲、荣、蕊、粒、枝、桃、芳等；织物类包括罗、裳、袖、袍、锦、衫、裙、纶巾、衣、旗、帘等；人体类包括颜、面、脸、妆、颊等；其他人造物包括纸、笺、酒、粉、桥、楼等；其他自然物包括阳、霞、云、光、尘等[①]。这与先前研究成果相一致。

结论二：古典诗歌语言中的"红"系词语情感义以物质义为基础。即大多数是从基本义出发，尤其是按照物质义——生理义——心理义——情感义的生成路径，最终实现情感的语义认知。具体来说，就是在物质义"血+火"进行色彩构词的基础上，一方面，通过"红+"模式组合成包含自然万物的物理词群和心理感受词群，在生理义与心理义的结合中反映出情感义，间接表

[①] 赵晓驰. 上古—中古汉语颜色词研究[M]. 北京：中国社会科学出版社，2016：58-60.

达出岁月变迁、女性情怀、人生变化、审美联想和家国情怀。另一方面，通过"+红"模式为情感词语的融入提供多种组合形式，由物及人，由人关情，能够在言辞中直接表露出情感基调（如表5-1所示）。

表5-1 诗歌色彩词"红"的情感义生成模式统计表

物质词	"血"+"火"					
构成模式	"红+生理词"	"红+物品词"	"红+自然词"	"红+植物词"	"红+战事词"	"情绪词+红"
构词样例	红颜 红铅 红泪	红裙 红妆 红粉 红楼 红帘 红纱	红雨 红霞 红光 红云 红泉 红焰	红莲 红杏 红藕 红英	红军 红旗 红纶巾	落红 残红 衰红 幽红 薄红 寂寞红
情感义	岁月变迁	女性情感	人生变化	审美联想	家国情怀	物象映射

结论三：古典诗歌语言中的"红"系词语情感义以物象铺陈为主要表现形式。这体现了汉语古典诗歌语言的意合特点，以及汉民族内敛的精神气质。语言中含有物我同一、天人合一的思维模式，在情感义的表达中"有我之境"也是"无我之境"。

从语言与文学的关系而言，"文学是一种语言的艺术，它以语言为工具形象化地反映客观现实以及作家的情感等。读者在文学鉴赏中首先接触的就是作品中的语言。其中颜色词进行的表达、象征、暗示等起到的作用不可忽视。只有充分了解现代汉语颜色词的意义、其运用规律和修辞手法等，才能理解文学作品中颜色词的真实意义和作家的意图"[①]。可以说，如上这四个认知范畴的认知过程呈渐进式发展模式，且周而复始，循环往复，如同旋转的扇形图，不断地激发出新的汉语色彩词语，日益丰富着汉语的构词色系，在多彩的情感表达中，中国古典诗歌为世人书写了美不胜收的诗情画意。

汉语色彩词的情感义，是人类物质基础和精神基础的高级发展所必然生成的。自然科学基础（物理、化学）——人类认知基础（感觉、知觉、直觉

---

① 金福年. 现代汉语颜色词运用研究[D]. 上海：复旦大学, 2003.

等）——人类精神基础（情绪、情感）。"在诗歌里，我们也可以看得出，人类怎样喜欢用从科学立场上来说是荒诞不经，而就情感而论却是非常有力的语言来观察世界"① 和认识世界的。"红"在诗歌中的情感离不开华夏民族物质文明的发展，大多数情感都依托于自然万物的色彩，并由此引起心理感触和情感波动，最终形成喜形于色的色彩词族。虽然在此简单梳理了唐诗宋词中的典型例词，但是尚需进一步研发量化数据，在情感的广度上做更深入细致的探索。

第四节　教学与反思

一、色彩词教学研究现状

据不完全统计，在 171 篇研究色彩词的研究论文中，汉语研究 74 篇，占比为 43%；汉英对比研究 35 篇，占比为 21%；汉日对比研究 30 篇，占比为 18%；汉俄对比研究 16 篇，占比为 9%；汉韩对比研究 9 篇，占比为 5%；汉德、汉维、汉蒙少数民族语言对比研究 5 篇，占比为 3%；其他占比为 1%。

在色彩词的本体研究中，一线教师更关注色彩词的词性、语法结构和词语搭配。同时，紧密结合汉语水平考试大纲的相关要求和标准组织教学，考级应试的思维模式占主导。从教学效果而言，比较侧重让汉语作为第二语言的学习者记住字词，学会搭配，能够应用。这与最初汉语作为第二语言的教学目标也是相符合的。

基于语言本体的教学模式，文化内涵以及文化附加义常常作为辅助性的教学内容。为增强教学的可测性，色彩词教学研究一般会以特定教学对象为参照来进行，问卷分析是常见的研究方法。教学对象多以汉语水平等级程度作为参考。

在实际教学中，因语言和文化的紧密联系不可分割性，所以汉语教学离不开文化的融入。针对色彩词教学，有越来越多的研究者将色彩词的本体特性与文化内涵兼顾起来，尤其是进行汉外对比分析，从而不断丰富汉语色彩词的文化教学内容。比如：韦敏捷侧重从词汇教学的角度探讨色彩词的教学

---

① 早川 S，早川 A. 语言学的邀请 [M]. 柳之元，译. 北京：北京大学出版社，2015：124.

方法，比较可贵的是其硕士论文既体现了现代汉语和对外汉语教学的双重立场，又能够从中西方文化对比的视角出发，兼顾色彩词的基本范畴和词性的本体研究，拓展中西方视角中色彩词的文化含义，同时注重个案研究，针对广西大学汉语水平为中高级的留学生进行汉语色彩词的问卷分析，提出教学建议。① 王珺琪、李博分析对外汉语教学中色彩词的基本范畴、词性以及不同文化背景下中色彩词的文化含义，并针对静宜大学汉语水平为中高级的留学生进行汉语色彩词的情况分析，将汉语词汇习得的一般原则和规律运用到对外汉语教学中的色彩词教学之中。② 刘柱直接从文化视角入手，剖析了当前对外汉语色彩词的教学现状、存在的问题，探讨其中有可能对汉语作为第二语言的学习者产生偏误或文化冲突的文化因素，提出如何在对外汉语色彩词文化教学中运用词汇习得规律进行对外汉语教学的策略，从而为对外汉语中色彩词教学提供借鉴，并帮助汉语作为第二语言的学习者更好地学习汉语色彩词。③

可见，目前在汉语作为第二语言的教学中，关于色彩词汇教学的研究大多从所教授的学生对象出发，以语言本体研究为主，侧重词性、语法分析，辅助文化含义的解读与对比研究。对此，可以概括为：以语言本体研究为主，以汉外文化对比和文化含义拓展为辅，以个案教学研究居多。整体而言，汉外对比意识不断增强，对语言文化兼顾的教学理念基本达成共识。

二、色彩词的文化教学模式

基于兼顾语言与文化的教学理念，汉语色彩词的文化教学模式需要遵循字词本义和基本的交际运用规律，同时在此基础上，根据汉语作为第二语言的学习者的学习水平，设计文化拓展活动，通过具体的交际案例不断拓展色彩词的文化附加义，包括要理解的情感偏好，要注意的禁忌场合等。

（一）字词结合理念：字词本位

色彩词多以单个汉字为主，由单音节汉字可以进行词语组合，形成"色彩字+色"的双音节组合形式。在实际的语言文化教学中，可以创造由"字"

---

① 韦敏捷. 对外汉语教学中的色彩词教学研究［D］. 南宁：广西大学，2012.
② 王珺琪，李博. 浅析对外汉语教学中色彩词教学［J］. 文学教育（中），2014（7）：132.
③ 刘柱. 文化视角下对外汉语色彩词的教学探究［J］. 汉字文化，2020（17）：193-195.

到"词"的词汇链,在组词造句的练习中习得汉语,并了解和理解与该汉字相关的文化内容。

1. 汉字习得

色彩词教学离不开"字本位"理念。单音节色彩汉字需要进行语音、字形、语义和语法规则的前期教学。并根据其含义形成汉语色彩图表,辅助可以搭配的常见事物,字图并茂。同时,根据汉语学习者的实际水平,适度扩充色彩汉字的容量,了解汉字的形音义,在同类记忆中补充词汇量,为进一步理解其文化附加义奠定良好的基础。

2. 词汇教学

汉语词汇教学在汉语作为第二语言教学的实践中具有重要的地位。韦敏捷认为:汉语色彩词作为现代汉语语言词汇系统中的重要组成部分,具有"常用性""复杂性""丰富性"。其间,可以从现代汉语的语言本体和汉语教学实践的"双重立场"来具体分析研究色彩词的"基本范畴""词性""文化含义",分析色彩词的偏误类型和原因,将汉语词汇习得的一般原则和规律运用到教学中。①

(二)交际情境设计:红白文化

中国语言文化中,对于结婚一类的喜事和丧事一直有"红白事"的说法。其中的颜色问题是要注意的。参加婚礼的新郎新娘都主打红色系服饰,参加葬礼都以黑色或者白色服饰为主。为此,在实际的国际中文教学中,情景设置是重要的教学环节,其设置的优劣直接影响到色彩词是否得以合理运用。

(三)特殊词语教学

在20世纪90年代,张占一就提出了交际文化问题,曾发文指出"颜色,也是一个交际误区"②。在汉语中,因为有一部分色彩词的文化附加义比较多,所以会对应英语中不同的色彩。这样一类汉语色彩词可以作为特殊的词语进行讲解,以解决汉语在跨文化交际中的文化误读问题。这也是认知心理学所

---

① 韦敏婕. 对外汉语教学中的色彩词教学研究 [D]. 南宁:广西大学,2012.
② 詹怡:《当心,颜色也是一个交际误区》载《现代交际》,1992年第3期,第30-32页。
注:发表时的署名"詹怡",系张占一的笔名。

强调的"图式的错位"① 现象。比如:"给你点颜色看看"的警示警告义,比如具体色彩"红""黄""绿"等特指的意义。

"红眼病"——"with jealous eyes/green-eyed"②

(从嫉妒的意义看,汉语的"红"→英语的"绿")

"红茶"——"black tea"

(从茶文化的意义看,汉语的"红"→英语的"黑")

"黄色书籍"——"filthy books"

(从色情的意义看,汉语的"黄"→英语的"蓝"/法语的"粉红")

"青一块紫一块"——"black and blue"

(从伤势的意义看,汉语的"青"→英语的"黑",汉语的"紫"→英语的"蓝"),

例:I'd be willing to be black and blue all over and stay in bed for a week.——Jean Webster. *Daddy Long Legs*)

(我宁愿全身青一块紫一块,然后卧床一周。——琴·韦伯斯特《长腿叔叔》)

"戴绿帽子"——"cuckold"

(从特殊的意义看,汉语的"绿帽子"在英语中无对应色彩词)

(四)跨文化的理解:色彩偏好与禁忌

在国际中文的课堂上,注重培养国际视野,由点及面,积极开展任务型教学,鼓励汉语学习者搜集相关语料,全面了解不同国度的不同色彩文化。比如:在美国,不同的大学都会为自己选择一种校园代表色,普林斯顿大学的代表色是橘色与黑色,纽约大学的代表色是紫罗兰,哥伦比亚大学的代表色是蔚蓝色,康奈尔大学的代表色是大红色等。其中,跨文化教学中尤其需要关注色彩禁忌问题(如表5-2),丰富课堂内容,在对比中加深印象,在差异中总结规律,提高色彩文化的理解力。最重要的一点是,在汉语学习中不仅了解中国,还能够用汉语了解世界。

---

① 徐子亮. 汉语作为第二语言教学认知心理学[M]. 北京:北京语言大学出版社,2017:268.

② 尹邦彦. 汉语熟语英译词典[M]. 上海:上海外语教育出版社,2005:269.

表 5-2　世界部分国家色彩偏好与禁忌统计表

序号	国家	偏好色	禁忌色
1	中国香港	红色、黄色	白色、黑色、灰色
2	日本	红色、白色、蓝色、橙色、黄色	黑色、黑白相间、绿色、深灰
3	蒙古	红色	黑色
4	泰国	红色、黄色	褐色
5	马来西亚	绿色、红色、橙色	黄色
6	巴西		棕色
7	叙利亚	绿色	黄色
8	贝宁		红黑
9	乍得	白色、粉红、黄色	红黑
10	印度	红色、黄色、蓝色、绿色、橙色	黑色、白色、灰色
11	新加坡	红色、绿色、蓝色	黑色、白色、黄色
12	埃及	绿色、白色、红色、橙色	黑色、蓝色、紫色
13	摩洛哥	绿色、红色、黑色、鲜艳色	白色
14	埃塞俄比亚		黑色、淡黄色
15	巴基斯坦	绿色、银色、金色	黄色、黑色
16	阿富汗	红色、绿色	
17	伊拉克	绿色	黑色
18	沙特阿拉伯	白色、绿色	黄色、粉红色、紫色
19	苏丹	黄色	
20	突尼斯	绿色、白色、绯红色	
21	阿尔及利亚	白色、蓝色、黄色	
22	摩洛哥	绿色、红色、黑色	白色
23	毛里坦尼亚	绿色	
24	多哥	白色、绿色和紫色	红色、黄色、黑色
25	加纳		黑色
26	尼日利亚		红色、黑色
27	塞拉利昂	红色	黑色
28	马达加斯加		黑色

综上，可以说，在东方视域下，比较受人们欢迎的多数是比较明快的暖色调的饱和色彩，例如红色、黄色、橙色等，而不太受欢迎的则是白色、黑色、褐色等相对冷色调的色彩。[①]

[①] 林莺. 中西语言文化对比研究 [M]. 武汉：华中科技大学出版社，2018（2）：34.

第六章 汉语动物词与中国文化

引 言

中国是一个具有动物崇拜情结的国度。从传统文化的层面上讲，中国宇宙时空的天象变化是动物意象的周期性轮回。这是因为在十二生肖中，每个人都可以找到自己对应的属相，动物具有了与人相呼应的生命性，具有生命符号的特指意义。而对自我的主体称谓，每个人都可以自豪地称为"龙的传人"。由动物衍生的汉语词汇文化涵盖了原始神话的图腾崇拜，黄土大地的农耕文明，以及当代的网络流行语，兼有神圣性、工具性和娱乐性。

第一节 动物与图腾崇拜

在中国文化中，有一些动物是想象的神物，并非真实可见，但是，它们在先人的心中却可以庇佑生灵，改变命运，具有祥瑞的象征意义，成为固定时间地点进行祭拜的神像。这种动物因具有非人间凡人的力量而成为图腾崇拜的对象。这类动物以传统的"四象"为代表，即青龙、白虎、朱雀、玄武，也就是龙、虎、凤、龟。从图腾崇拜开始，中国文化中的动物大都走过了从神化、物化到人化的发展历程。在此，仅以龙及其相关的动物词汇为例做一个简要的分析。

中国先祖敬奉神龙。龙，作为民族图腾，是一种民族文化。关于龙的特征可以概括为：悠久性、延续性、多元性、政治性、多样性、地区性、民族性、综合性。从层次上来看，中国龙可分为生物龙、文化龙、政治龙、艺术龙、宫廷龙、民间龙、儒教龙、道教龙和佛教龙等①。如果从二元论的角度分类的话，一般认为有"帝王龙"和"民间龙"②两大类。何民捷认为："龙文化对中国人和中国社会影响深远，可以说它已经成为中华民族文化认同的纽带、情感联系的桥梁。"③ 现有研究认为：龙文化是中华儿女"中华文化认同的符号"④；龙文化是中华民族的精神图腾和根文化，在中华大地上到处都有龙文化的遗存，龙文化内涵的精神特质是中华民族独特的精神标识。传承龙文化的精神特质对实现中华民族伟大复兴具有重大的现实意义。⑤ 中国语言中的动物词汇涵盖了神化、人化、精神三个方面的文化信息。

一、神化的"龙"

在中国，神化的龙多能降魔捉怪，为民降雨，护卫生灵，祈福众生。这些神化的神龙角色常常被写在中国文学作品中，如中国神话故事、童话故事。中国神话故事中的"龙"大多都是神仙角色，并与凤、蛇、虎、马等合在一起，形成独特的神性动物相组合的词汇现象，从中传递人们对美好生活的向往之情。

（一）龙神

中国的神话故事离不开神龙传说。故事中的"龙"角色都是作为远离人间的神仙而存在，属于天体神物，所以常常会遵循方位观念来划分其属地。如：四海之中有"龙王"，即东海龙王敖广、南海龙王敖钦、北海龙王敖顺、西海龙王敖闰。他们是奉玉帝之命管理海洋的四个神仙，在不同的海域各司其职，负责管辖海中生灵，统领手下的虾兵蟹将，为人间司风降雨，成为平常百姓崇拜的神化动物。由"龙"拓展开来，神龙居住的地方为"龙宫"，在中国四大名著之一《西游记》中，主角孙悟空就是从东海龙王那里获得了自己的武器。还有"画龙点睛""叶公好龙""乘龙快婿"等成语，突出龙作

---

① 何星亮. 中国龙文化的特征［J］. 思想战线，1999（1）：76-82.
② 袁丽丽，徐伟，司秋霜. 中国龙的起源与象征浅探［J］. 神州，2013（33）：39-40.
③ 何民捷. 中国龙文化中的人文精神［N］. 人民日报，2012-02-23（7）.
④ 曲晓敏. 龙年话"龙"：中国龙文化的语言学研究［J］. 产业与科技论坛，2012，11（8）：212-214.
⑤ 王洪斌，胡晓琦，顾丹，等. 龙文化地图与中国龙的精神特质［A］//中国环球文化出版社，华教创新（北京）文化传媒有限公司，2019年南国博览学术研讨会论文集（一）. 北京：2019年南国博览学术研究会，2019：49-52.

为神物的特性。在当代,"龙"也时常出现在孩子的童话故事中,且大多是超人的形象,比如经典的"小龙人"形象等。

(二) 龙蛇

"龙"和"蛇"因有相近的鳞状细长身体而具有形似性,也因其图腾意义而具有神似性。在中国文化中,除了神龙的自然观外,还有一种学说认为龙蛇同源。蛇具有图腾意义,是神物。明朝李时珍在《本草纲目》中指出"龙蛇是灵物"①,属于麟部。从十二生肖的排序来看,辰巳相连,龙蛇相接,所以动物蛇也常被称为"小龙",甚至是像蛇一样的蚯蚓也会被称为"地龙"。关于动物图腾"蛇"有很多美丽的传说,用故事的形式把蛇的神性意义具体化。比如,据《楚辞·天问》王逸注:"传言女娲人头蛇身。"这位"人头蛇身"的女娲可以抟土造人,带给人类生命气息;《白蛇传》的传说将仙女白娘子和白蛇联系在一起,将小青和青蛇联系在一起,通过艺术创作手法神化了蛇的仙性,也升华了仙蛇的人性。这显然与西方古希腊神话传说的价值观不同。

西方世界的神性动物"蛇"多为复仇者、欺骗者、邪恶者的化身。人们在语义的概括中更加突出的是蛇妖魔性的一面,蛇的负面价值取向更为明显。在《圣经》故事中,引诱亚当和夏娃吃下禁果犯下原罪的罪魁祸首就是蛇。古希腊神话中的魔鬼化的女妖多由毒蛇生成发丝,毒害凡人。由此生成的词汇俗语等语言现象多表达负面的语义。可见,特定的语言环境下,人们赋予"蛇"的文化意义并不完全相同。

在汉语中,与"龙蛇"同现的成语组合比较多,并且涉及书法艺术等多个领域,意义比较多元。如:汉语中有成语"笔走龙蛇""龙蛇飞舞""龙蛇飞动"等,都是用来形容书法的气势和力量,并可在宋代诗文中查到出处。宋代高登在《送太元》诗中云:"胸中翻锦绣,笔下走龙蛇。"宋代苏轼在《西江月·平山堂》词中云:"十年不见老仙翁,壁上龙蛇飞动。"宋代陆游在《剑南诗稿》卷一《次韵无咎别后见寄》中云:"龙蛇飞动无由见,坐愧文园属思迟。"这些"龙蛇"之义突出力量和气势,符合他们作为图腾崇拜意义的价值取向。

与此同时,失去神性寓意的西方"蛇"多为贬义词组合对象,并与"鼠""蝎"等毒物并存相连,旨在突出恶人坏事等。如"蛇蝎心肠""蛇鼠

---

① 李时珍. 本草纲目 [M]. 倪泰一,李智谋,编译. 重庆:重庆出版社,2006:626.

一窝"等。即使与龙相组合,也成为"小人"或者恶势力的代表,如"龙屈蛇伸"等。在英语中,与"蛇"相关的俗语几乎都为贬义。如:潜伏的危险或敌人(snake in the grass);做贼心虚(A bad conscience is a snake in one's heart);忘恩负义之人(cherish a snake in one's bosom)等。

(三)龙凤

凤凰是中国传说中的"百鸟之王",虽然是一种"鸟",但却不同于寻常的鸟,其意义中蕴含着吉祥、太平、富贵。实际上,"凤凰"自分雌雄,"凤"为雄,"凰"为雌,中国汉代司马相如一曲《凤求凰》表达的就是对卓文君的爱慕之情。"凤凰"亦有"凤皇""丹鸟"等同义语。但在与"龙"字同现的词语中,"凤"或"凤凰"常特指"女性"。与动物"龙"的权威感相类似,凤凰被赋予尊贵的身份和至高无上的社会地位,如汉语词语有"凤冠""凤辇"等,这些饰物等只有仙人和凡间的皇室可以使用,尤其是女性权贵者。

在汉语词汇中,"龙"与"凤"的组合表达出一种性别意识,成为男女权贵者的特指性动物词语。因"凤"特指女性,"凤凰"会称为女性强者的代言或者隐喻,比如,在电影《花木兰》中,从家中的"凤凰"雕像到战场上的庇护神"凤凰",都是女主人公——代父从军的英雄花木兰的一种隐喻符号,同时也用中国元素展现了中国形象。

从中国传统文化方面看,"龙"与"凤"既是民间的传统图案纹饰,也是富贵吉祥的象征。龙凤之所以被人民广泛应用和喜爱,其重要的原因就在于龙凤寓意着祥瑞和喜庆。所以汉语中有类似"龙凤呈祥""凤麒呈祥"等成语,其恰到好处的使用能够表达出吉祥如意的美好祝福。除此之外,也会专指书法刚劲有力。如果能写一手好字常会被称赞为"龙飞凤舞"。这里的"龙""凤"显然是笔力雄健的雅誉。

在文化意义上看,不如"凤"者即为"鸡"。"凤"与"鸡"的差异是"天"与"地"的差异,是地位"高"与"低"的差异。传说中的凤凰,其外在形象不仅美丽,而且高贵。如同高贵的龙一样,凤凰也是集中了各种动物的优长而生,比如,头顶美丽羽冠,似公鸡,身披五彩翎毛,似孔雀。为了区分"凤凰"与"鸡",为了强调"凤凰"的高贵与"鸡"的寻常,汉语中有一句熟语是"鸡窝里飞出金凤凰",以此特指那些在恶劣环境中取得成功的人。针对不同的人生境遇,也会有"得志猫儿雄过虎,落毛凤凰不如鸡"的说法。因凤凰是传说中的神鸟,具有祥瑞之义,所以中国的地域山川常以凤凰冠名，比如，山西省的太原古城因造型像一只飞鸟被誉为"凤凰城"；湖南省张家界的凤凰古城是国家历史文化名城；北京凤凰岭被称为北京城的"绿肺"等。

与此不同，西方的凤凰主要来自古希腊和古埃及的传说。其神话渊源可以追溯到太阳神阿波罗。这些传说中的凤凰都是高级音乐家，可以唱歌，众神可以成为她的听众。最为与众不同的一点是：凤凰的神性在于能够火中燃烧而后重生，即"凤凰涅槃"，于是，凤凰又可称作"不死鸟"。作为诗意化的动物意象，凤凰也常为诗人所歌颂吟咏。

长生不老是人类亘古的追求，并且也只有神仙才可以实现。由此，不死而长生，这是动物具有神性的一个重要体现。人类都会在自己的文化基因中塑造出一个可以长生的动物。以鸟类为例，不同文化背景的国家都在自己的语言中有属于自己的"不死鸟"，通过相关资料可知：俄罗斯有"火鸟"，埃及有"太阳鸟"，美洲有"叶尔"，阿拉伯有"安卡"等。

世界各个国家语言文化背景中的"不死鸟"都有着相同的象征意义，那就是能够"永生"和"死而复生"。凤凰恰恰在人类的想象中具有了这样的隐喻特性，故被中西语言文化赋予了神鸟的美誉和神谕。

（四）龙虎

传统文化中的"白虎"被称为四方守护之神。东汉许慎《说文解字》中将老虎称作"山君"，即山神之意。中国虎的一个突出特色是头上有"王"字，富有兽中之王的美誉。这具有生理特征的相符性，因为真实存在的老虎，其额头的花纹的确会构成一个类似于"王"字的图案。在此基础上，老虎具有王者的力量与权力的象征，与"龙"组合常指强势力量的聚居地或者危险之地。如成语"龙盘虎踞""龙潭虎穴"。强者之间的争斗与竞争也会被称为"龙虎斗"。

从语言组合方面，一般情况下，龙的神性与虎的威猛相结合，组成具有权威性和强权性的词语或成语，比如"龙骧虎步""龙骧虎视""龙吟虎啸""虎头虎脑""虎贲之士""虎背熊腰""虎豹之子，食牛之气"等。这方面用语在军事上得以广泛运用，如古代有用于调兵遣将的"虎符"，在《三国演义》中，有以关羽、张飞、赵云、马超、黄忠组成的"五虎上将"。"龙"与"虎"字组合的成语大多突出威风与勇猛，生机勃勃的生气，如："生龙活虎""龙腾虎跃""龙争虎斗"。

带有"龙"和"虎"的汉语熟语常常代表强者或强权。如"龙怕揭鳞，虎怕伤筋"意在强调指出：强者也怕揭短；"龙生龙儿，虎生虎儿"意在指有什么样的父母，就会有什么样的子女。与此相对应，较为弱势的群体会用"虾""鱼"之类代称。如"龙游浅水遭虾戏，虎落平阳遭犬欺"，指落魄境遇下的至尊至强之人。

民间也有在孩子出生后的"满月""百天"送"虎头帽"与"虎头鞋"的习俗，以此祝福孩子平安健康。

（五）龙马

在中国的神话传说中，龙头马身的龙马是传说中的骏马，是一种神兽。也有另外一种说法认为，龙就是古代的骏马。[①] 比如，《易经·系辞上》说："河出图，洛出书，圣人则之。"西汉经学家孔安国解释："河图者，伏羲氏王天下，龙马出河，遂则其文，以画八卦。"根据《周礼·夏官·廋人》的记载："马八尺以上为龙。"从中可知：在中国文化的语言领域中，超出寻常之马的"马"即为"龙"，龙马也是辅佐君王治理天下的神兽。根据动物的形似特征可以看出，中国的龙头形象与马类似。这是中国语言文化中特有的现象，是通过两种动物的合体来组建一个想象的神物，融合所有的能量和精神。中国人也喜欢用"龙马精神"来形容健旺非凡的精神。[②]

另一种"龙""马"组合形式的词语是"龙驹"。汉语中的"驹"就是"小马"的意思。成语"龙驹凤雏"就是比喻"聪明有为的少年"。所以古汉语常会用此来指代非凡之人，如《三国演义》中的"卧龙先生"指诸葛亮，而"凤雏先生"指庞统。"龙驹"与上述意义相似，同指少年英才。

所以，"龙马"的结合充满了神性寓意。当代中文诗歌语言中的"以梦为马"使"马"负载了理想的意义，动物的"马"在具有"神性"内涵之外，还拥有了无限的诗意。与此不同，当代网络流行语中，"神马都是浮云"就颠覆了"神马"的神性，更多的是无奈情绪的表达和宣泄。

二、人化的"龙"

语言文化的发展会推进人类对动物词汇的深入理解。人类对动物的习性理解和主观想象会使得各种动物负载上人的情感色彩，从而具有了不同的文

[①] 王涛，等. 中国成语大辞典 [M]. 新一版. 上海：上海辞书出版社，2007：676.
[②] 王涛，等. 中国成语大辞典 [M]. 新一版. 上海：上海辞书出版社，2007：675.

化附加义。如孔雀的美丽、天鹅的忠贞、猪的懒惰、狐狸的狡猾等。汉语中的"龙"寄予了中国人最高的审美理想，即超凡脱俗的"人中龙凤"。在文献考证的过程中，关于"龙"的认知留下了不同的文化记忆，在显示先民智慧的同时，也展示出"人化"的力量，逐渐将其转化发展为当代丰富多彩的民俗文化和每个人都会享有的生命代码。

（一）文献考据的"龙"："龙记"

不同时代，不同的文字记录，中国人对龙的印象描述并不相同。根据研究，有文献记载的中国"龙"集各种动物于一身，并不完全相同，且能力超凡。据《说文解字》记载："鳞虫之长。能幽，能明，能细，能巨，能短，能长；春分而登天，秋分而潜渊。从肉，飞之形，童省声。凡龙之属皆从龙。"[1]可见其无所不能，具有神化的一面。《荀子·劝学》中称其为"没有脚而能飞"的蛇，《论衡》则言"马首蛇尾"为龙，另有《离骚》洪补引《广雅》言及的龙形：蛟龙有鳞，虬龙有角，螭龙无角。另外，从生物构成角度来说，龙的身体组成部分融合了多种动物意象，这同样是人间万物能力的复合体。如，龙具有骆头、蛇脖、鹿角、龟眼、鱼鳞、虎掌、鹰爪、牛耳等，其最终的理想诉求就是可以飞天、入地、潜水，尤其是可以飞天入地的超人能力，恰恰是人对自我能力的超级想象。其中，龙有"五爪"与人的"五指"相似，神仙的龙，实际上是人对自身的想象，是人对自身不足的想象性弥补，也是一种理想化的真实，最终，"龙"本身离不开人的主观愿景，仍是人化的结果。所以，在唐代白居易所写的《黑潭龙》诗句中曾言："黑潭水深黑如墨，传有神龙人不识。潭上架屋官立祠，龙不能神人神之。"从中，今人可以感悟古人早就已经存在的"神龙"和"人神之"的观念。

（二）民俗文化的"龙"："龙节"

龙文化体现在中国的民俗文化当中，与当代人的生活紧密地联系在一起。以民俗体育活动为例：中国湖南有"汝城香火龙"体育文化，现在由地方政府、文化学者、乡村精英、村落民众四个参与主体共同完成，在非物质文化遗产申报、地方文化品牌打造和官民互动平台搭建过程中各参与主体呈现出

---

[1] 许慎. 说文解字［M］. 北京：中华书局，2013：245.

"合作与共谋"的良性互动。①再比如：毛南族的"分龙节"，在新时代积极打造特色文化旅游品牌②；广西罗城仫佬族的"舞草龙"项目在于推动广西传统龙狮文化的传承和发展③。与此同时，中国语言中有大量含有"龙"字的词语、成语、俗语等。如：汉文化中的"二月二，龙抬头"，少数民族地区的"三月三，祭龙王"，"赛龙舟""龙灯""舞龙"等，这些为国际中文教育提供了具有中国特色的龙文化体验活动和语言学习的双重资源。

（三）生命符号的"龙"："龙人"

作为生命的文化符号，中国的十二生肖最具有特色。在鼠、牛、虎、兔、龙、蛇、马、羊、猴、鸡、狗、猪中，龙是最具有神性的生肖。按照中国农历的历法，从20世纪开始算的话，生肖属龙的出生年集中在1904年、1916年、1928年、1940年、1952年、1964年、1976年、1988年、2000年、2012年。中国人还会把庚辰年出生的生肖龙人称为"金龙"。截至2020年，庚辰年有：1580年、1640年、1700年、1760年、1820年、1880年、1940年、2000年。当代中国人常常会把龙年出生的孩子称为"龙宝宝"。这种将动物生肖与人的生命相联系的语言文化现象使得中文具有了有待深入研究的符号学意义。

（四）祥瑞祝福的"龙"："成龙"

从社会生活角度看，龙文化无处不在。如李龙所言："在中国，龙的产生、演变及由此产生的龙文化涉及中国社会的方方面面。中国龙形象的发展变化以及龙在中国文化中全方位存在，说明了中国龙在传统的中华古老文明中的特殊地位——它是深入到炎黄子孙每个生命细胞核中的遗传基因。龙的子孙创造了中华民族古老的文化，还在创造今天和未来的中华文明。"④古代中国，"龙"是帝王的专用词，被赋予高贵权力等特殊含义，并由此衍生出"真龙天子"的特有称呼。服饰类的词有"龙冕""龙袍""龙靴"，生活日用

---

① 邱海洪. 多元主体参与村落民俗体育文化再生产——基于湖南"汝城香火龙"的田野个案 [J]. 体育与科学, 2020, 41（6）: 39-45.
② 武勇亮, 王萍. 节日变迁背景下毛南族分龙节民俗体育文化研究 [J]. 湖北体育科技, 2020, 39（4）: 301-304.
③ 张智, 谭璞璟. 稻作文化与民俗体育——广西罗城仫佬族舞草龙项目传承与发展 [J]. 体育科技, 2018, 39（3）: 71-72, 74.
④ 李龙. 中国龙文化研究提纲 [J]. 理论观察, 2000（4）: 46-51.

品的词有"龙床""龙椅",建筑类的词有"龙宫""龙殿",交通类的词有"龙驾""龙辇",以及皇族亲属称谓的词有"龙子龙孙""龙女"等。今天,中国人会把这种美好的祝福传递给下一代,如:对一男一女的双胞胎会称为"龙凤胎",为男孩子起名字会用到"龙"字,父母对自己孩子的期待都是"望子成龙"或"望女成凤"。欢度重大的节日会有"舞龙"节目等。

三、跨文化比较的"龙"

(一) 共性:精神虚拟性

中国龙是非真实的存在,故具有精神象征意义,并且是一种精神性的存在。关于龙的精神可以概括为:海纳百川、多元包容、刚柔相济、天地一统的博大气派;自强不息、英勇顽强、奋发向上、无所畏惧的英雄气概;勤劳勇敢、和谐中道(王洪斌、胡晓琦、顾丹、王利军,2019)。唐代李郢《上裴晋公》的诗句有"四朝忧国鬓如丝,龙马精神海鹤姿"。其中,"龙马"即传说中像龙的骏马,后世用"龙马精神"来指健旺的精神。[①]

虽然中西方都有龙蛇崇拜的传统,但是,西方文化中的"龙"更多层面上具有邪恶的象征意义。对此,通过比较研究显示:在群体影响力方面,海内外同胞认可这一集体身份——"龙"的传人,"龙"成了中华儿女的精神纽带,是中华民族的"图腾"。而西方的"龙"形象因其消极意义的一面,并没有上升到集体层面。[②] 据张东燕研究:

在原始文化中,龙蛇都是介于自然生物和神灵之间的临界性动物,多被视为雌雄同体,形态多变,具有多重含混的文化内涵。基督教文化将两者定格为邪恶的化身,抹杀了龙蛇的临界属性,致使它们在西方传统文化中长期背负罪恶的文化形象。英国当代小说家拜厄特在创作中将龙蛇作为重要的文学意象,充分展现前基督教文化中龙蛇身体和文化属性的临界特质,并将龙蛇与生命、艺术的复杂本质互为关联,隐喻临界性的文学叙事空间、智性身体、生死循环以及艺术想象力。通过多重隐喻,拜厄特改写了西方龙蛇传统

---

① 中国社会科学院语言研究所词典编辑室. 现代汉语词典 [M]. 第7版纪念版. 北京:商务印书馆,2017:841.
② 周思霞. 文化差异背景下的对外汉语文化教学研究——以中西方"龙"文化差异为例 [D]. 临汾:山西师范大学,2019.

形象，使之从总体上体现了后现代语境下中心、跨边界的社会文化意识。①

虽然中外文化对"龙"的认知不尽相同，但是，不同国家都有自己的动物崇拜，并享有与中国"龙"相似的权威地位。比如：俄罗斯的熊崇拜。李玮以"龙"和"熊"作为民族符号，基于中国文化软实力调查数据的分析探讨俄国"熊"眼中的中国"龙"问题②；这些研究都综合运用了动物文化意象，为国际中文教育提供了跨文化比较的动物文化资源。再比如：西方世界的鹰（eagle）和猎鹰（falcon）也是动物崇拜的典型。在英文小说中，经常会出现与猎鹰有关的人物画面，进行猎鹰训练活动等。

古老的动物崇拜神化了神兽的形象，丰富了文学描述的内容，体现了中国文化的神秘性，在中外交流中往往也是跨文化交际中要注意的语言文化障碍。对此，蔡英杰的研究认为：动物词的文化内涵从古老的动物图腾崇拜到今天，尽管人们的认识发生了巨大的变化，但其中的文化内涵早已经渗透到民族文化的各个角落，这种文化内涵通常以隐喻的方式存在于汉语之中。通过对汉语中现存的动物词语按照文化等级不同进行分类研究，可以管窥到中国传统文化发展的脉络及中国语言文字的内在特质，有助于外国人认识汉文化，并正确理解动物词语在汉语中的隐喻意义。③

从文化翻译角度看，"dragon"既可指"传说中的龙"，也可以指"凶恶的女人""悍妇""母夜叉"。中国龙与英语世界的"dragon"并不完全相同。祝丽丽从语料库语言学视角对比分析中国龙和西方"dragon"的异同，并进一步探讨中国"龙"的翻译，以建立对外传播中的中国文化自信。其研究发现："龙"的词频远远多于"dragon"的词频；"龙"的共现词多具积极意义，而"dragon"的共现词多含负面意义；将"龙"译为"dragon"对中华文化的传播仍具极大的不利影响。应为"龙"之类的文化负载词确定恰当的翻译，以建立中国文化自信，更好地传播中国文化。④

从文化输出的角度看，龙文化是民族精神的象征，应针对不同受众做出

---

① 张东燕：临界性的多重隐喻：拜厄特对西方龙蛇传统形象的改写［J］.外国文学，2020（1）：60-68.
② 李玮.俄国"熊"眼中的中国"龙"——基于中国文化软实力调查数据的分析［J］.国外社会科学，2012（5）：81-89.
③ 蔡英杰.汉语国际教育视域中的动物文化等级教学［J］.云南师范大学学报（对外汉语教学与研究版），2016，14（3）：22-27.
④ 祝丽丽.从语料库语言学视角看提高文化自信——以中国"龙"与西方"dragon"的对比为例［J］.牡丹江大学学报，2020，29（11）：55-59.

不同的传播共享策略。在中学生的对外汉语课堂，需要注意形象性和跨文化的比较融合。例如，陈建超针对美国课堂的中国龙文化教学实践做实例研究，提倡双语课堂，力求贴近生活，侧重设计选材、实施过程和收获反思。①

从文化传承角度看，语言文字运用是龙文化传承的重要载体。高明醒认为，龙文化和艺术以图形和语言文字两种方式继承和发展②。可见，语言文字是不可缺少的传承方式，国际中文教育是龙文化传播不可或缺的一个重要途径。

（二）差异：价值观

龙，虽然是一种虚拟的动物，但是在中西方文化中的价值观差距比较大。这种价值观会以不同的方式体现在不同的语言文化之中。

在传统文化层面，中国龙代表了中华民族的精神。这种民族性的符号使其成为积极价值观和主流价值观的代表。一方面，中国龙是先民对于世界的一种非科学认知。其源于神话，并被广泛应用于生活的各个领域。在医药中，据《本草纲目》记载，"龙有九似"，集虾眼、鹿角、牛嘴、狗鼻、鲶须、狮鬃、蛇尾、鱼鳞、鹰爪九种动物于一身，也汇集了各种动物的优点，因而逐渐被神化。另一方面，中国龙是当代中国人的民族文化与中华精神传承的载体。无论是自我称谓的"龙的传人"，还是节俗文化的重视，都体现了中国人对龙文化的传承意识和行动意识。

西方龙是负面价值取向的代表。它虽源于神话，但有邪恶性、攻击性、妖魔性。一方面，对人而言，其形象有恶感。西方神话中的龙，外形丑陋，既像巨大的蜥蜴，又如带翅的蝙蝠，综合了各种恶性动物的邪性。这与中国龙不同，中国龙有腾云驾雾神性，有降雨滋润万物的人性，是百姓祈福的神物，倍受人们的爱戴敬奉。另一方面，西方龙功能怪异，喷火敛财，恶行恶为，并不被世人所认可和喜爱。同时，其名又与西方的魔鬼人物撒旦相同，无疑具有了恶魔妖怪的象征意义，在认知形象层面就成为与人类对立的动物意象。

---

① 陈建超. 浅谈对外龙文化教学——走进美国课堂的中国龙文化实例探究 [J]. 新课程（中学），2019（10）：66-67.
② 高明醒. 中国龙文化的传承方向和方式 [J]. 社科纵横，2009，24（2）：133-134.

第二节 动物与农耕文明

最初,人们比较熟悉的动物大多是家畜、家禽,服务于中国古代的农耕作业。中国是农业大国,广袤的土地养育了世界上最多的人口,创造了大量关乎农耕文明的动物词汇。

一、动物词汇与农时节气

中国文化中有二十四节气,各个节气的气候并不相同。大自然中的不同气象和同时出现的动物会建立语言关联性,形成彼此对应的语言文化现象。

如:立春—锦鲤;雨水—水獭;惊蛰—黄鹂;春分—燕子;清明—珠颈斑鸠;谷雨—戴胜;立夏—黑斑侧褶蛙;小满—蚕蛾;芒种—螳螂;夏至—知了;小暑—蟋蟀;大暑—萤火虫;立秋—寒蝉;处暑—老鹰;白露—鸿雁;秋分—螃蟹;寒露—白鹭;霜降—豺;立冬—白孔雀;小雪—丹顶鹤;大雪—东北虎;冬至—麋鹿;小寒—喜鹊;大寒—白头海雕。①

再如,人们认为十二生肖与二十四节气也具有一定的对应关系:正月寅虎—立春和雨水;二月卯兔—惊蛰和春分;三月辰龙—清明和谷雨;四月巳蛇—立夏和小满,五月午马—芒种和夏至;六月未羊—小暑和大暑;七月申猴—立秋和处暑;八月酉鸡—白露和秋分;九月戌狗—寒露和霜降;十月亥猪—立冬和小雪;十一月子鼠—大雪和冬至;十二月丑牛—小寒和大寒。②

根据气候、时候和物候的协同性关系,中国古人编写了《十二月七十二候歌》,融合了多种动物意象。

"立春"为气象伊始,在春风拂柳的温暖中,陆地上的动物以昆虫为主,许多无名小虫常常在隐藏的土地里苏醒过来。河水中的动物以鱼类为主,冰水混合物中常见的就是游鱼浮水。树梢上,常见黄莺等小鸟飞舞。在可以耕田种地的雨水节气里,水獭可以捕鱼食用,候鸟会从南方飞到北方,黄鹂鸟的啼鸣带来真正的春天。其后,老鹰返回北方,斑鸠归来,燕子筑巢,田鼠避暑,戴胜栖田,农人忙于耕种。"立夏"时节,听到蝼蛄鸣叫,看到蚯蚓出

---

① 二十四节气对应的动物是什么[EB/OL]. 天气万年历网,2020-05-09.
② 二十四节气对应的动物是什么[EB/OL]. 天气万年历网,2020-05-09.

土。"芒种"时节，螳螂破壳，伯牢鸟叫。"夏至"时节，鹿角脱落，知了鸣叫。"小暑"时节，蟋蟀移动，幼鹰出巢。"大暑"时节，萤火虫飞。"立秋"时节，寒蝉声弱。"处暑"时节，猎鹰陈列。"白露"时节，鸿雁南飞，燕子北回，众鸟换羽，虫藏穴居。"寒露"时节，鸟雀无踪，蛤类繁衍。"霜降"时节，如"獭祭鱼""鹰祭鸟"，豺开始祭祀野兽，小虫藏身冬眠。当然，进入冬季的"大雪"时节也会有动物出现，那就是寒号鸟。"冬至"时节，蚯蚓土中过冬。"大寒"时节，母鸡育雏。一切自然动物都期待着又一个春天的到来。从《十二月七十二候歌》中可看出：来自陆地、河流的虫鸟鱼兽等动物随时节变化相继生发、生长、冬眠，生命不息，周而复始。由此也不断产生与各个时节和农业耕种相关的动物类词语。

二、动物词汇与农耕劳作

在中国语言文化中，动物类词汇多以家禽牲畜为主。以牛、马、羊、猪为代表的汉语动物词汇包含了多重语义。在此以"牛"字为例，其基本义离不开用于农业发展的工具性，由此延伸出诸如勇敢、勤恳、憨厚等人化的性格象征和隐喻，具有汉民族语言丰富的文化内涵。

（一）家畜动物的工具性

在各类汉语词典和工具书中，最初关于牛、马、羊等家禽牲畜类动物的基本义大多为"家畜名"，具有被动的被使用、被食用、被加工、被改造的工具性特点。根据商务印书馆出版的《古代汉语词典》释义，"牛"为"家畜名"，"牵牛者"也常指农人，如在《孟子·梁惠王上》中的记载："王坐于堂上，有牵牛而过堂下者。""羊"为"一种家畜"，如《孟子·梁惠王上》中记载："何可废也，以羊易之。"从生物学角度讲，俗称"牛羊一家"，原因在于"羊"是"牛科"动物的成员。在最新版的《现代汉语大词典》中，"牛"的基本义逐步转向科学视角的解读，释义为"哺乳动物"，并做了形象化的描述，如"身体大，肢端有蹄，头上长有一对角，尾巴尖端有长毛"，但是类似"力气大，供役使、乳用或乳肉两用"[1] 等描述仍是保留了家畜类动物被动化的工具性特点。

---

[1] 中国社会科学院语言研究所词典编辑室. 现代汉语词典 [M]. 第7版纪念版. 北京：商务印书馆，2017：959.

据研究者史料概括：

牛在中国古代被列为"六畜"之一，它在耕田、运输中发挥重要作用，牛耕出现于商代晚期，到了春秋战国时代，人们名字里将"牛"和"耕"联系起来的现象已经很普遍了，例如：孔子有个弟子司马耕字子午，另一个弟子冉耕字伯牛，《韩非子·外储说左下》里还记载了一个人叫牛子耕。此外，牛还是祭祀仪式上的重要畜类。一些与祭祀相关的词语，如"太牢""牺牲"，都与牛字有关。①

汉语中，由"牛"的工具性特点，人们创造出了农耕用具"犁"，发明了"木牛流马"，还生发出具有民俗特色的语言，如"吹牛皮"。其来历就是源自中国西北地区的生活实践，即给牛羊皮吹气，以制作可以渡河的筏子。诸如"好马是骑出来的，才干是练出来的""好马不停蹄，好牛不停犁""好狗护三邻"等谚语俗语，动物角色都从其工具性角度体现了农耕生活的特色。

（二）动物隐喻的人格化

跨文化视域的"牛"具有地域性。仅从牛的地域性考量的话，可以分为鲁西黄牛、荷斯坦奶牛、印度瘤牛、美洲野牛、非洲野牛、西藏牦牛、苏格兰高地牛、安科拉长角牛等，并且形状样貌不尽相同。汉语视域的"牛"具有人格化特征，从人化性格的维度可以说执拗的人为倔强如牛，汉字"犟"本身就是强壮之牛的上下结构组合。

基于动物"牛"的生理特点，汉语有许多对应的词语。例如，因为牛的力气大，所以可以把力气无比巨大的人称作拥有"九牛二虎之力"；也会从对比的角度强调力气之大，如"割鸡焉用牛刀"；因为牛的角比较坚硬，可以说那些不知变通的人为"钻牛角尖"；因为牛的气力足，可以成为祝福语"牛气冲天"；因为牛皮坚韧，可以发展出"吹牛皮"；因为牛的速度慢，有"老牛拉破车"的俗语来形容人慢慢腾腾，没有效率；因为牛的相貌丑陋，也会有"牛鬼蛇神""牛头马面"等负面意义的词语。

如果从动物隐喻的角度来研究"牛"，汉语世界的"牛"更是被赋予不同类型的人格精神。比如："老黄牛"精神、"孺子牛"精神、"拓荒牛"精神。

---

① 参见中国科技馆 2021 年"史海寻牛"主题宣传墙内容。

"黄牛"与"老黄牛"精神。"黄牛"是中国最普通的牛种，因皮毛多为黄色而得名。同时，也因其勤恳耕作，任劳任怨而被人们用来歌颂默默奉献的普通人。"黄牛"发挥的是耕地、拉车等重要的农耕作用，启迪人们的是一种平凡而伟大的奉献精神。

"孺子"与"孺子牛"精神。关于"孺子牛"的最早出处是《左传·哀公六年》中记载的一个典故，在这里，"孺子"指的是齐景公的小儿子，现在指孩子。故事中的原意是指父母对子女的过分疼爱。"孺子牛"精神源自鲁迅的名句："横眉冷对千夫指，俯首甘为孺子牛。"这里与最初的含义不同，旨在赞美那些无私奉献的人。

"拓荒"与"拓荒牛"精神。"拓荒"就是"开垦荒地"，简称"开荒"。在原来没有地的地方开出一片地，就是开荒，就是探索，所以"拓荒"意指探索新的领域。这是一个从无到有的劳作过程，需要人的努力与坚持。其间，"拓荒者"是勇于探索的人，"拓荒牛"是指开荒的牛。由"开荒"至"拓荒"，由行为到精神。在中国的语言文化中，"拓荒牛"就是开拓精神的象征，常常用来赞誉富有进取精神的人或集体。这种精神也会通过一种静态的非语言符号（如雕像）形式来传递。比如：中国政法大学昌平校区的"拓荒牛雕像"是大学一景，传递法大学子执着的开拓进取精神；华南农业大学的"铜牛像"，传递一种力耕不惜的百年校魂。

因"牛"具有不同的人格化精神内涵，所以在英语世界中，汉语的一些含有"牛"的习语、成语等并不和英语的"牛"相对应，在跨文化交流沟通中就需要采取非直接对应的翻译形式予以理解。如通过"半对应性"和"非对应性"[①] 方式加以翻译：杀鸡焉用宰牛刀（Take not a musket to kill a butterfly.）、多如牛毛（plentiful as blackberries）、牛市（bull market），等等。而类似"再穷不卖看家狗，再饿不宰耕地牛"的俗语，则从底线思维的层面提升了动物词汇的精神价值。

另外，汉语中，对于农民善良质朴的性格，通常会借助一些耳熟能详的《农夫和蛇》《农夫和狼》的故事来表达，在讲述农夫的善良品行的同时，通过"蛇""狼"等本质即恶的动物意象，衬托农人的质朴善良，提倡惩恶扬善的思想。

---

① 郑野.英汉文化对比与互释[M].北京：中国水利水电出版社，2016：118-119.

三、动物词汇与乡村叙事

中国文化中的乡村生活多以农院、村舍、炊烟为代表，其中离不开牛马羊、鸡鸭鹅的映衬。凡涉及乡村描述的语境多突出"鸡声茅店月"的余晖，"枯藤老树昏鸦"的秋意，"春江水暖鸭先知"的春色，"牧童归去横牛背"的乡趣……动物词汇通过歇后语形式体现中国语言文化特色，通过意象的典型化成为乡村叙事的一处风景。

（一）乡村歇后语

不同的语言中都有关于动物的歇后语，能够从一个侧面体现人们对动物的情感态度，因而都蕴涵着丰富的文化内涵。汉语中，家畜类歇后语数不胜数，丰富着汉语的语义空间，体现了农业文明时期的先人智慧。

如带"牛"的歇后语："老牛追兔子——有劲使不上""牛吃卷心菜——各人心中爱""把牛角安在驴头上——四不像""好花插在牛屎上——真可惜""红头苍蝇叮牛屎——臭味相投""胡萝卜拴牛——跟着跑""黄牛打架——死顶""黄牛犁地——有劲慢慢使""九牛爬坡——个个出力""九牛一毛——微不足道""老牛拉车——埋头苦干""老牛走路——不慌不忙""老鼠钻进了牛角——越往后越紧""兔子当牛使——乱套了""牛背上放马鞍——乱套了""牛鼻子上的跳蚤——自高自大""牛身上拔根毛——无伤大体""杀鸡用牛刀——小题大做""一根牛毛破八瓣——分得真细""硬牛皮——看你咋吹"（刘志生，2015）。其间，关于牛可以"犁地""拉车""打架""爬坡"等功能的描述，自然具有鲜明的农耕色彩。

（二）乡村意象群

中国乡村的动物群涵盖了牲畜家禽，在特殊的文化背景下，农家动物会成为中国故事的典型意象。这在一些文学作品中会得以体现：如对张贤亮和石舒清小说中"牛"和"狗"意象的研究发现：其中一方面蕴含了二元对立的矛盾性，彰显"苦难中的精神慰藉""献祭中的生命哲学""生死矛盾的主体对象"，另一方面具有特殊地域背景下的动物符号性，含有"政治寓意的深层隐喻""民俗文化寓意的人性化写照""不同寓意下的隐喻偏向"①,这使得普通的农家动物意象染上了时代的烙印,反映中国文化特有的乡村叙事风格。姜戎的小说《狼图腾》与此不同,通过草原狼与牛羊的共存共生来建构一种生态平衡圈,通过动物的不同生活方式带给当代人深刻的思索。改编自姜戎同名小说的电影《狼图腾》自 2015 年在中国上映以来,探讨动物在现代社会中的生活方式、人与动物的关系、不同动物对人生活影响的电影在华语影坛逐年增多,如《忠爱无言》(2017)、《导盲犬小 Q》(2019) 等;而同一时间以来,世界影坛上关于动物的电影数量也在不断攀升,出现了《荒野猎人》(2015)、《多哥》(2019)、《野性的呼唤》(2020) 等。② 从中可以看出"动物形象建构的叙事伦理""社会镜像的认同与'言说'"(朱慧,2020) 等文化隐喻,描述的是动物,思考的是人生。贾平凹的长篇小说也运用了许多动物形象的叙事模式,实现对人的精神世界的深度观照(张祖立,2020)。可以说,动物叙事从语言文化层面为文学"积累和建构了有特色的叙事经验和精神意蕴"③。乡村意象群在当代人的叙事中获得了新的艺术生命力。

第三节　动物与汉外文化

在人类语言文化发展历程中,不同的动物都被赋予与人类相适应的语义,体现出不同语言的文化信息。汉语动物词汇从历史文化、民俗传统、审美心理等多个方面凝练出具有汉语特色的语言文化现象。

一、狮子

(一) 舞动的中国狮

追溯佛教文化渊源,狮子是文殊菩萨的坐骑,具有一定的宗教文化色彩。

---

① 马加骏,吕颖. 新时期宁夏文学中动物叙事的政治与民俗文化寓意——以张贤亮和石舒清小说"狗""牛"意象为例 [J]. 宁夏大学学报(人文社会科学版),2020,42 (2):101-105.
② 朱慧. 叙事伦理、社会镜像与生态摹拟:电影中动物形象的多元文化意蕴 [J]. 电影评介,2020 (11):94-97.
③ 张祖立. 论贾平凹小说的"动物叙事"——以新世纪以来的几部长篇小说为例 [J]. 当代文坛,2020 (2):117-122.

而立于豪宅门前的"石狮子"则代表了权贵和地位，并成双成对，体现了传统文化中蕴含的等级意识。当下，中国语言文化中，狮子是被高举的舞者。在各大节日中舞狮是最为隆重的庆祝方式，既渲染了节日气氛，又突出了中国文化。其中，与狮子组合的汉语词汇大多为文化语句。

"狮子"也具有类指性，即同类事物或者一类特质相同之人的指代作用。如果代指一类人，则指"悍妇"，如"河东狮吼"专指发怒的悍妇，或者指那些惧怕老婆的男子，俗称"惧内"。电影《河东狮吼》就是对此类悍妇的戏仿式解读，体现了中国语言中独有的动物类比性。如果代指事情，"狮子"组合的词语则多为民族性节俗的庆祝仪式，例如，一些以"狮子滚绣球"为代表的庆祝项目，具有鲜明的中国元素和华夏民族特色。

（二）勇敢的狮子王

西方文化中的"狮子"文化则相对突出其作为动物猛兽的勇猛特点，专指人的力气之大和名气之大。

一方面以指勇敢、力气大的语义为主，如"as bold as a lion"；英国国王查理一世由于勇敢过人，被誉为"狮心王"（The Lion Heart）。风靡世界的电影《狮子王》（The Lion King）是迪士尼历史上的登峰之作，也是以讲狮子故事的成功艺术实践。

另一方面，也可以结合人或者事，借指人的名气影响之大，如"great lion"（指有名气的人，大受欢迎的人）。在彰显权势地位层面与汉语的狮子具有相似性。如：古代波斯王有"金狮座"，凸显王者地位。只不过，在翻译实践中，西方狮子更多时候会与中国的老虎实现意义的对译。如：根据《汉英大词典》，汉语的"狐假虎威"就可以翻译成英语"like a donkey in a lion's hide"（就像狮子皮里的驴）。

二、兔子

"兔子"因外形娇小可爱，常常成为教育孩子的童话意象。所以，汉语动物词"兔子"主要是启蒙教育阶段的常用词，也是儿童文学作品中常常出现的主人公形象。这在中外语言文化中具有同一性。同时，因跨文化的差异，"兔子"也会存在性别取向的差异，比如中国语言文化偏于女性取向，而西方语言文化则偏于男性取向。

（一）启蒙教育的中国兔

"兔子"因其娇小可爱常常是孩子十分喜欢的动物。中国兔除了生肖中的"卯兔"外，大多的词汇组合归于启蒙教育阶段的童话儿歌，是一种寓教于乐的动物意象。比如：孩子诵唱的儿歌"小兔子白又白，两只耳朵竖起来，蹦蹦跳跳真可爱"，"小兔子乖乖，把门儿开开"，等等；再比如一些富有教育意义的成语故事，如"龟兔赛跑""守株待兔"等，借助兔子自身的生理优势和人们的固有认知来阐发人生的道理。

另外，"兔子"在构词造句中具有性别取向，常常与美女相联系。如《西游记》中的"兔子精"，月宫中与嫦娥为伴的玉兔等。正是因为可以登月的仙气，古诗词常常借用兔子代指天宫，成为中国语言文化中富有特色的语言表达方式。如："箭逐云鸿落，鹰随月兔飞"（李白《观猎》）；"环非环，玦非玦，中有迷离玉兔儿"（苏轼《月兔茶》）；"着意登楼瞻玉兔，何人张幕遮银阙"（辛弃疾《满江红》）。因其生理的特点，也有些贬义色彩的成语和歇后语，如"狡兔三窟"（形容狡猾的人隐藏的处所多）、"兔子的尾巴——长不了"（形容坏人坏事不会长久存在），等等。

（二）复活节的西方兔

与中国兔相似，西方兔源于童话。世界文学名著《爱丽丝梦游仙境》里面的那只穿着马甲的大兔子，同样是孩子们喜爱的动物形象。其实，西方语言文化中的"兔"有"fertility"（土壤肥沃）和"rebirth"（重生）的含义，其超乎想象的繁殖能力和"复活节"紧密联系在一起。

在复活节的时候，西方兔是分发礼物的使者，正如圣诞节人们会想到圣诞老人一样。美国人称它为复活节的"邦尼兔"。西方神话中，兔子更是爱神阿芙洛狄忒的宠物。兔子的生理部位也具有文化的特定内涵，比如，在月圆之夜将兔子腿绑在腿上可以躲避邪灵，由此"兔子"具有辟邪的文化意义。

最为不同的一点是：中国兔代表温柔的女性，西方兔则被用作男性形象，而且是勇猛好斗的形象或者是绅士形象。比如，"花花公子"的兔子商标即融合了女性特点的绅士形象，同时融入了西方传统文化与现代文化的代表性元素——兔子+领结+PLAYBOY，成为体现当代美国文化的一个重要象征。

根据兔子的生理特点，在英语文化中会有突出其生殖和居所特点的词组。如："bread like rabbits"（指像兔子一样繁殖）；"rabbit warren"（兔窝式居民区）等。在俄语中，兔子被赋予胆小的意义，所以在俄语中有这样的俗语

"Блудлив как кот（кошка），（А）труслив как заяц"（嘴馋如猫，胆小如兔）①。

可见，语言文化层面的"兔"，含义比较丰富，但都是以可爱著称。在当代语言文化中，从风靡一时的"兔斯基"表情包，卡通《兔八哥》，其形象不限于语言文字一隅，已经通过非语言的符号化模式在世界范围内广泛流行。

三、蝴蝶

蝴蝶的特点是翩翩起舞，能够自由飞翔是其特质。由此引出的文化意义多以自由为主。但是在中西方不同的文化语境下，其语义侧重也会有所不同。

（一）物我相忘：中国的爱情蝴蝶

由于受老庄思想的影响，中国蝴蝶是庄子哲学思想的重要意象。人们最熟悉的是"庄周梦蝶""梁祝化蝶"等故事。

在"庄周梦蝶"的典故中，"不知周之梦为蝴蝶与，蝴蝶之梦为周与？周与蝴蝶，则必有分矣"。这种物我相忘的境界正是人与自然万物相融合的最高境界。中国文人大多追求此种境界并付诸诗文，其间，蝴蝶也成为表达物我存在的理想意象。例如：辛弃疾的"蝴蝶花间自在飞"，苏轼的"梦里栩然蝴蝶、一身轻"。这些诗词佳句均指人在世态炎凉后留意花间蝶舞，从而向往自在与自然，常常表达的是人和自然的关系，富有哲思意味，所以，中国蝴蝶是文人墨客所喜好的意象。

中国蝴蝶还可以象征爱情。这主要源自梁山伯与祝英台的传说故事。两人因相爱而不能在一起最终殉情，化作蝴蝶双飞双栖，让失恋之人可以获得心灵的寄托。一曲以梁祝为主题的《化蝶》词曲也就成了千古绝唱，并成为中国语言中独有的"蝴蝶"文化。

《化蝶》一：碧草青青花盛开/彩蝶双双久徘徊/千古传颂深深爱/山伯永恋祝英台/同窗共读整三载/促膝并肩两无猜/十八相送情切切/谁知一别在楼台/楼台一别恨如海/泪染双翅身化蝶/翩翩花丛来/历尽磨难真情在/天长地久不分开（词：阎肃；曲：陈钢、何占豪）。

《化蝶》二：万里花开遍/蝶舞飞翩翩/蝶儿啊结伴成对/蝶儿共舞最缠绵/梁祝化蝶飞上天/云上已经变神仙/天仙伴同在彩云上/醉人歌舞千遍/凡尘世

---

① 叶芳来. 俄汉谚语俗语词典. [M]. 修订版. 北京：商务印书馆，2016：18.

俗缘/未似梁祝心坚/话梁祝故事传后世/流传到目前（词：卢国沾；曲：顾嘉辉）

因其感人至深，情侣佳偶多以此寄托心绪。由此，蝴蝶也常常成为女子寄情闺怨的抒情意象。例如：晏几道有"可怜蝴蝶易分飞，只有杏梁双燕、每来归"，周邦彦有"最苦是、蝴蝶满园飞，无心扑"。在传统的婚礼习俗中，绣有成双成对蝴蝶的新被是新娘最好的嫁妆，寄托幸福美满的未来生活。

（二）圣洁灵魂：西方的自由蝴蝶

根据蝴蝶的生理变化，可以经历多重变化，从而成为西方语言文化中的灵魂衍生词。蝴蝶的生命变化看似由死而生，化翅飞翔。这与人类的自由向往相吻合，也与基督教文化的教义相符合。在基督教文化中，一些蝴蝶状的浮雕代表了基督徒自由与圣洁的灵魂。

同时，蝴蝶化蛹成蝶的过程也容易与负面寓意联系在一起，成为影视艺术塑造的反面角色形象。如：《神曲》与《失乐园》中的堕落天使之四——昔拉，外形像蝴蝶，拥有强大攻击力，甚至令上帝感到忌惮，基于此，也有西方小说家会用蝴蝶这一意象暗示"杀手"。文学艺术中的女性主人公多以蝴蝶命名，如意大利歌剧作家普契尼创作了经典歌剧《蝴蝶夫人》、电影《沉默的羔羊》中的蝴蝶画报等，都是对蝴蝶化蛹成蝶的暗示，以期实现女性角色的巨大转变。在电影《蝴蝶效应》中，男主人公同样是在偶然的变化中来挑战既有命运的安排。

总之，蝴蝶形状颜色各异，因其外形、生长特点等，在遵循自由诉求的同时，又被赋予了很多特殊的意义，在亲近自然和关注人物的蜕变新生之外，"蝴蝶"还会关联女性，比如可以指"交际花"（social butterfly）；也可以关联体育运动，比如可以指"蝶泳"（butterfly stroke）等，其文化内涵大多是与人的灵魂和成长有关，在绝大多数的语义表述中，中西方语言中的"蝴蝶"都具有较为正面的文化寓意。

四、猫

（一）吉祥的中国黑猫

在中国，自古就有爱猫和养猫的传统。其原因大概有两个。

其一，猫有实用价值，在农业文明时期，通过捕捉老鼠而发挥了守护庄稼粮食的积极作用。鼠为人间害虫，中国有句俗语就是"老鼠上街人人喊打"。如《埤雅》中的描述："鼠善害苗，而猫能捕之，去苗之害，故猫字从苗。"而猫恰恰是老鼠的天敌，在除鼠患方面为人类做出了积极的贡献。

其二，猫具有吉祥意，属于吉祥物。例如，在中国的传统文化中，大多认为黑猫寓意吉祥，避邪驱鬼。为此，古代的富贵人家都可以通过养黑猫或者摆放黑猫饰品等方式，来趋避鬼怪，祈福平安吉祥。

正是因为"猫"和"鼠"的敌我关系，汉语中的成语多以二者同现居多，如："猫哭老鼠"（比喻假慈悲；假装同情）、"猫鼠同乳"、"阿猫阿狗"/"阿狗阿猫"（方言，泛指某类人或随便什么人，含轻蔑意）、"捉鼠拿猫"（比喻能够制服敌人）、"猫鼠同处"/"猫鼠同眠"（比喻包庇下属，狼狈为奸）等。

在当代中国，实际的语言应用中，猫多为宠物，是人们喜爱的小动物，由此也生成了许多与猫有关的网络新词，内容涉及爱猫的言行情感，及其肢体语言的表达形式。比如："撸猫"（爱抚猫的行为方式）、"铲屎官"（养猫养狗的人）、"吸猫"（养猫者用嗅、亲、抱等动作来表达爱猫的情感）、"云吸猫"（不能养猫者在网上看他人拍摄的关于猫的视频来表达喜爱之情）等。

除此之外，中国猫的独特之处是：汉语中只有一字之差的"熊猫"是中国的"国宝"，在历年的体育盛会中都被奉为吉祥物，比如：1990年北京亚运会吉祥物"熊猫盼盼"，2008年北京奥运会吉祥物"福娃"，2022年北京冬奥会吉祥物"冰墩墩"等，中国熊猫用其憨厚、可爱的形象传递着中国的新精神。

（二）邪恶的西方黑猫

在英语文化中，猫是"宠物文化"的重要成员之一，更是家庭中的一员。与中国文化不同的是，英语文化对黑猫颇为禁忌，黑猫往往与邪恶联系在一起，因为猫总是昼伏夜出，被认为是具有超能力的女巫仆人，甚至是女巫的化身。这最初可以追溯到中世纪的迷信——撒旦，他最喜欢化作一只黑猫，巫婆则常常带着这只黑猫与自己相伴。所以英国人常把黑猫与巫婆联系起来。这也是许多西方电影中巫婆和黑猫会同现的一个重要原因。

中西方对猫的感情色彩并不相同，与猫有关的习语和谚语显示出不同的文化内涵。例如，"cat's paw"不是"猫爪"，而是"被别人利用的人"。又如，习语"Let the cat out of the bag"直译为"放出袋子里的猫"，实则比喻"泄密"，类似中文习语中的"露马脚"，比喻显出破绽、暴露真相。

五、蝙蝠

在世界面临新冠肺炎重大疫情时期，"蝙蝠"成为病毒的传播者，相关负面认知比较多。但是从中西语言文化的角度看，作为动物的蝙蝠既有邪恶之义，也有祥瑞之义。其语义的侧重根据不同的语言文化传统而各有不同。

（一）谐音福瑞的中国蝙蝠

"蝙蝠"与汉语谐音文化。汉语谐音文化表达中国人特有的情感取向和精神寄托，如："鱼"谐音"余"（寓意年年有余），"瓶"谐音"平"（寓意平平安安）。蝙蝠借助谐音同"福"，借助图形组合可为祥瑞。对中国人来说，蝙蝠是吉祥、健康、幸福的象征。这些联想源自谐音文化。有些图画或图案把蝙蝠和鹿画在一起，同"福禄"义。[①] 蝙蝠同样可以理解为"遍福"，一群蝙蝠则代表了福气满满、福气绵延，也包含了家族中子子孙孙代代相传，幸福吉祥的含义。蝙蝠的飞临常被视为"进福"，表达了人们希望幸福可以从天而降的心愿。蝙蝠在门上，也可以象征"五福临门"，带来好运。由此，从中国传统文化的视角来看，蝙蝠是中国语言文化中一个充满吉祥寓意的文化符号。

"蝙蝠"与汉语祝福寓意。中国东北地区的红山文化中，从人面蝙蝠形的玛瑙配件中可以看出，古人曾视蝙蝠为神鸟，蝙蝠是古人的动物图腾。远古时期的蝙蝠承载了神性被人敬奉。在文人创作中，曾留下这样的诗句："悬崖多蝙蝠，往往寿千年"（倪梦龙《蝙蝠洞》）。诗句中，蝙蝠被古人赋之以长寿富足之意，直接介绍了"蝙蝠"与"寿千年"的紧密联系。诸如"五福临门""五福捧寿"都与蝙蝠有关，也与福寿的祝福有关。与人的寿命、健康和财富相关联，蝙蝠也就含有财富平安等祝福语义。比如，蝙蝠常常作为服装、器物、女子婚嫁、文房四宝等物品上的图案。如画在瓶上，寓意"平安福气"；与灵芝组合，寓意"福至心灵"；吞食铜钱，寓意"福到财到"。

"蝙蝠"与中国文人隐喻。基于蝙蝠身居黑洞鲜有人问津的生活习性，中国文人将蝙蝠又赋以隐身隐居的隐含意义。比如，"千年鼠化白蝙蝠，黑洞深藏避网罗。远害全身诚得计，一生幽暗又如何"（白居易《洞中蝙蝠》）。再

[①] 邓炎昌，刘润清. 语言与文化——英汉语言文化对比[M]. 北京：外语教学与研究出版社，2018：190.

如"伏翼昏飞急,营营定苦饥。聚蚊充口腹,生汝亦奚为"(范成大《蝙蝠》)。这两首诗都在用蝙蝠清苦的生活比喻自身,引申义多于动物词汇本身的基本义,给人带来无限的遐想和思考。

(二) 负面意义的西方蝙蝠

西方人在看待蝙蝠方面与中国人有很大的差异。中国人重精神,而西方人重科学。基于科学研究,蝙蝠喜群居,好阴冷,一般以潮湿的洞穴作为自己的居住地。先天具有吸血本领,并携带各类病毒,传播多种疾病,包括埃博拉、狂犬病、SARS等。每一种病毒对人类来说都是致命的,但是蝙蝠却可以独善其身。正因为如此,西方人对蝙蝠的态度多为贬义,认为蝙蝠是死亡与邪恶的化身,还通常将蝙蝠作为鬼怪文化中的代表。这在众多电影的名字中就可见一斑,如电影《杀人蝙蝠》《蝙蝠血魔》等。

在英文的各类表达中,有关蝙蝠(bat)的表述总是让人联想到痴呆疯狂、异常举止等负面意义。如:"go off at a rare bat"(飞快地跑掉)、"go on a bat"(酗酒胡闹)、"bat around"(在……到处游荡)、"as blind as a bat"(瞎得跟蝙蝠一样,眼力不行,有眼无珠)、"crazy as a bat"(疯得像蝙蝠)、"he's a bit batty"(他有点反常)、"have bats in the belfry"(发痴、异想天开)。所以,西方人对蝙蝠的感情很像中国人对猫头鹰的感情,又怕它,又讨厌它。[1]

六、鱼

(一) 寄托祝福的中国鱼

中国鱼的思想价值。鱼,擅于游水,颜色各异,是古代各种土窑、残垣、盆钵上可见的镌刻图案。如原始半坡人面鱼纹体现了原始人类的图腾崇拜和巫术礼仪[2],从文化层面体现出古人对生殖的崇拜和敬重之情。在《周易·系辞》中也对此有所体现:"易有太极,是生两仪。"阴阳对立统一的观念是通过太极图表示的,太极图又称双鱼图。其就是因为鱼的生殖力很强。太极图

---

[1] 邓炎昌,刘润清. 语言与文化——英汉语言文化对比 [M]. 北京:外语教学与研究出版社,2018:190.

[2] 雷保杰. 试析原始半坡人面鱼纹的象征意义及审美 [J]. 美与时代,2005 (8):13-15.

中双鱼追尾生动地体现了阴阳结合、生生不息和对立统一的朴素哲学思想。

中国鱼的象征意义。在民间传说和《现代成语词典》中也有很多与鱼有关的典故和成语。这些带鱼的词汇具有多重象征意义。其一，象征积极进取而才能出众的人。如"鲤鱼跃龙门""姜太公钓鱼"等是宣扬求学上进的中国传统美德。其二，象征中华美德。如"卧冰求鲤"的故事就是对行善尽孝的生动表达。其三，象征学习的知识和学习的方法。如《老子》中有"授人以鱼不如授人以渔"之说，意在告诫人们，传授给人知识，不如传授给人学习知识的方法，从中辩证地思考学习的方法问题和教学问题。《庄子》中的"子非鱼，焉知鱼之乐也？"也选用了鱼这个意象，表明不要总是用自己的眼光去看待别人。在《庄子·北冥有鱼》中，鱼的象征意义有了新的提升，即"扶摇——摆脱束缚，追求身心自由""求美——审视图腾，找到美的真谛""思变——瞬间万里，探索生命本质""通感——身化鲲鹏，发现象征永恒"[1]。

中国汉代石画中的鱼图像形式各异，但是基本功能是"现实功能"和"意识功能"，前者集中于"食用、娱乐、经济和祭祀"，后者集中于"求雨、繁衍生息、升仙和象征自由"[2]。从哲学主体观来考量，中国鱼具有同人一样的主体地位，庄子个人的动物情结，把鱼看成是与人一样的主体，具有与人同等的价值。庄子的这一观点不仅改变了动物和人的命运，而且赋予其哲学独特的表达方式和话语结构，使《庄子》成为先秦哲学中唯一的寓言体经典。[3] 鱼形纹负载了民族的审美心理和民族思维方式，在当代仍具有思想价值。据吴小琳的研究，传统鱼形纹饰的象征性流变已"从最初的象征意义到现代的装饰意义"，体现了"传统设计思维方式和造型艺术形式在不同历史及社会环境阶段发展的渐进过程"，具有"心理""观赏""传播"三大功能。[4] 带有鱼的艺术品不断丰富着当代中国人的精神生活。

中国鱼的谐音文化。从谐音的角度来看，在中国文化中，"鱼"和"余""裕"同音，所以具有富足和吉祥之意，因此衍生出"富贵有余""年年有余""金玉满堂""连年有余"等祝福语。中国人自古就对"鱼"厚爱有加，常作为入仕进取的吉祥符号。比如：汉代就有"鲤鱼跳龙门"的故事，通过

---

[1] 徐豆. 象征意义在《庄子·北冥有鱼》中的新解 [J]. 语文建设, 2018 (27): 53-54, 65.
[2] 石越. 汉画像石鱼图像的象征意义 [J]. 衡水学院学报, 2015, 17 (6): 110-115.
[3] 魏义霞. 鱼在《庄子》中的象征意义——"北冥有鱼"与庄子的动物情结 [J]. 黑龙江社会科学, 2006 (3): 40-44.
[4] 吴小琳. 论陶瓷艺术中的鱼形纹饰的象征意义 [J]. 山东工业技术, 2013 (14): 204, 178.

七十二条鲤鱼变成龙的故事激励人们进取；唐代时期，级别至五品的官员会在腰间佩戴"鱼符"，以祈祷仕途顺利，如鱼得水；明清时期，盛行的《八宝图》，八宝之一的"玉鱼"因谐音的缘故被人们宣扬为"吉庆有余"。综上这些谐音文化经民间大众的广泛传播，现已经影响到当代中国人的生活。至今，中国人依然保留着对于鱼的喜爱之情，逢年过节，不吃光饭桌上的主菜"鱼"即是"留有剩余"之意，以期"连年有余"。

（二）宗教文化的西方鱼

在西方语言文化中，鱼是早期基督的一种象征和精神食粮，常常在聚会的地方、罗马城郊地下基督徒的墓窟中标记出鱼的符号，用来作为彼此沟通以及确认身份的暗号，通过这个符号，信徒可以对上帝和基督进行祈祷。所以，从历史和文化的角度来看，在初期基督徒之间，鱼具有传播和象征的符号意义，并且具有指向基督徒的"生死观""博爱观"和"世界观"的作用。[①] 在英语口语中，"fish"还常常用来指"人"，类似汉语中的"家伙，东西"等，如"a poor fish"译为"可怜虫、倒霉的人"；"a cool fish"译为"无耻之徒"；"a strong fish"译为"奇人，怪人"；"a cold fish"译为"冷漠的人"；"a loose fish"译为"放荡鬼"等。虽然鱼用来指人的时候形象鲜明，但是往往含有贬义色彩。西方文化中也有很多由"fish"构成的习语，如"fish in the air"译为"空中钓鱼"；"like a fish out of water"译为"感到生疏"；"feel the fishes"译为"葬身鱼腹，晕船"。而"fishwife"则是"泼妇"之意。整体而言，在西方语言文化语境中，鱼大多是含有贬义色彩或悲观情绪的动物词语。当然，文学创作中的鱼形象也具有"宏伟的目标""人类美好前途""一种非凡的光荣"等象征，如海明威小说《老人与海》中的大马林鱼。[②]

[①] 王保华. 浅析西方历史中关于基督——鱼的象征意义［J］. 大众文艺，2017（13）：268，33.

[②] 侯晓燕. 论海明威《老人与海》中大马林鱼形象的象征意义［J］. 四川师范大学学报（社会科学版），1999（S2）：214-217.

七、龟

(一) 作为神兽的中国龟

据《本草纲目》记载："甲虫三百六十，而神龟为之长龟。"乌龟是一种水陆两栖动物，不仅能生活在陆地上，还能生活在海洋里，甚至是沙漠地带。在漫长的文化发展过程中，中国人的乌龟文化内涵非常丰富，并誉为神兽，有着长时期"龟崇拜"[①]的文化传统。

乌龟是吉祥的象征。《礼记·礼运》云："何谓四灵，麟凤龟龙谓之四灵。"在中国古代，人们一直将龟、龙、麟、凤看成四大灵兽，有成语"龟龙麟凤"，通过象征高寿、尊贵、吉祥的四种动物来比喻身处高位德盖四海的人。古人以龟为灵物，秦汉以前，乌龟一直被视为"灵物"或"吉祥之物"。同时，从风水的角度来研究，龟壳的凸起呈一定的弧度，如同铜镜，故龟壳可以用来化煞。所以汉代象征皇权的九鼎饰有龟纹，汉天子的高庙中凿有龟室，汉代年俸二千石以上的高官所用印章也是不同材质的龟形印。当代入选世界记忆名录的甲骨文，也是因其刻在龟骨兽甲之上而得名。

乌龟是长寿的象征。汉语中有"龟龄鹤寿"之说，乌龟和松鹤等动物是长寿的象征。《论衡》记载："龟三百岁大如钱，游华叶上，三千岁则青边有距。"意思是说：三百岁的乌龟仅如铜钱大小，三千岁才算是成年。"千年王八万年龟"，龟的长寿之意也由此而来。古今祝寿词往往与龟字相联系，如："龟鹤遐寿"（祝人长寿的颂辞）、"龟年鹤寿"（祝寿词）等。

乌龟是厚德的象征。无论是考古挖掘，还是当代人的创作，"龟载"系列图像呈现了中国龟的厚德文化。中国人常将龟当作理想的载德对象，崇拜之余赋予其"厚德"的含义，"厚德"方可"载物"。现有常见的"龟载"图像不仅可载天地、载山、载鸟、载人、载文，甚至还可以载国运，其内涵非常丰富。[②] 成语"鼎玉龟符"将"玉"和"龟"相联系，用来指传国之宝及受命之符箓，体现出龟可以承载江山国运的象征意义。

(二) 坚强隐忍的西方龟

童话故事《龟兔赛跑》显示出人们赋予乌龟的一种人格精神，即坚持不

[①] 程自信. 论中国龟崇拜的历史演变 [J]. 安徽大学学报（社会科学版），1995 (1)：43-46.
[②] 刘瑾怡. 中国"龟载"图像研究 [J]. 艺术教育，2021 (2)：173-176.

懈，勇往直前。这种精神意义源于乌龟的生理特性和自然进化的过程。

从时间上来讲，乌龟最早出现在 2.5 亿年前，存在时间之长成为区别于其他动物的重要特征。其间，尤其在中侏罗纪时期最为繁盛，乌龟种类多样，即使面临多种环境变化，乌龟依然凭借其顽强的生命力而生存下来。这种特质被人们赋以人化的意义，乌龟就成为人间坚强隐忍的化身，被人们赋予坚持、隐忍的人格精神。其精神价值在当代的文化中都有所体现，比如，无论是日本的"忍者神龟"，还是"龟仙人"，它们都深刻体现了人们对乌龟的喜爱之情。

八、孔雀

（一）美好寓意的中国孔雀

孔雀象征女子的美丽。孔雀因其形美，常被喻为美景与美人，且带有孤芳自赏的意味。词句"岸远沙平，日斜归路晚霞明。孔雀自怜金翠尾，临水，认得行人惊不起"（欧阳炯《南乡子·岸远沙平》），展现出一只自怜自爱的孔雀形象。中国当代舞台上，舞者杨丽萍因在央视表演美丽的《雀之灵》舞蹈而被誉为"孔雀公主"。

孔雀象征爱情的忠贞。"孔雀东南飞，五里一徘徊。"《孔雀东南飞》是一首在中国广为流传的汉乐府诗，与北朝的《木兰诗》被称为"乐府双璧"。其中，孔雀指的是文中的刘兰芝，她与丈夫焦仲卿至死不渝的爱情赋予了孔雀圣洁、忠贞不屈的形象。以《孔雀东南飞》为首，赞美孔雀之形美以及所代表之意象积极向上的诗词，在中国不胜枚举。

孔雀象征民族的特色。在中国，孔雀仅见于云南的西部和南部，野生数量稀少，是中国国家一级保护动物，也是少数民族地区的宝贵财富。在云南，雕有孔雀的屏风、牌匾比较常见，其寓意为富丽、典雅、生意兴隆。很多中国诗句也突出了孔雀的地域性和民族性。如：诗句"海滨龙市趁春畲，江曲鱼村弄晚霞。孔雀行穿鹦鹉树，锦莺飞啄杜鹃花"（杨慎《滇海曲》），呈现了中国少数民族地区的美丽景色和风土人情。其中的"畲"字，专指中国的少数民族，分布于福建省、浙江省等中国南方各省。诗名中的"滇"字突出了少数民族聚居地区云南。所以，孔雀也作为少数民族的特色性代表。

（二）乐于炫耀的西方孔雀

宗教神话的孔雀。孔雀的意象在中西文化中起源都是宗教神话传说。在东方，佛教故事《孔雀大明王菩萨》就记载孔雀是与百鸟之长凤凰交配后所生，与大鹏为同母所生，被如来佛祖封为大明王菩萨。而在西方，孔雀是天后赫拉（Hera）的圣鸟，在基督徒眼中也是救世主耶稣复活的象征。

性别分明的孔雀。在韦氏词典收录的"peacock"（雄孔雀）词条中，除去指孔雀本身的释义，另外一个释义则是"one making a proud display of oneself: show-off"（自吹自擂的人：炫耀）。在英语中，孔雀统称为"peafowl"，我们常说的"peacock"其实是雄孔雀的意思，而雌孔雀则是"peahen"。

骄傲自大的孔雀。根据英文词典，雌孔雀的词条下没有"自大"之类的释义，只有雄孔雀的词条下才有类似骄傲的释义。原因在于：只有雄孔雀会展开尾屏舞蹈，以此吸引异性孔雀。与此相对应，英语中有"play the peacock"（炫耀自己）、"a peacock in his pride"（开屏的孔雀）、"as proud as a peacock"（像孔雀一样骄傲）等。由此可见，英语中的孔雀开屏与傲慢的情感态度相联系，让孔雀带有人类赋予的傲慢情感。对此负面意义的延伸，孔雀也就有了不道德一类的转义，如在莎士比亚的四大悲剧之一《哈姆雷特》中，哈姆雷特曾把篡位者称为"peacock"，以指称那些喜欢招摇的、不道德的女人。

相较于西方"peacock"，东方绿孔雀的羽毛其实更加辉煌绚丽。这可能是造成东西方对孔雀这一意象理解偏差的原因之一。基于文化的比较，在孔雀这一意象上，西方更多强调了孔雀自大、虚荣等消极的一面，而东方则多取美好、吉祥之意。

九、狼

狼本是邪恶的代表，因其残忍和贪婪并不被人们喜爱。但是随着时代的发展，作为一种文化符号，关于动物"狼"的语言文化也在发生着变化。

（一）中国的狼图腾

狼是一种文化象征。在中国北方少数民族地区，人们会把狼看作是图腾文化，即狼图腾文化。这以中国的蒙古族为代表，"对北方古代少数民族而言，图腾崇拜是从古起存在的一种原始信仰范畴的文化现象"①。人们认定某物种是本氏族最古老的祖先，是能庇佑本氏族的神物，从而把它们当作本氏族的象征，成为本氏族的图腾。这是古代北方草原游牧地区众多部落或联盟共有的观念，草原民族由于其漂游不定的生活方式，对威胁他们生存的狼群感到深深的恐惧，同时也钦佩狼的勇猛无畏和团队合作精神，于是便产生了对狼的崇拜和尊敬，创造出狼图腾崇拜的神话。

（二）西方的狼城徽

相似的是，西方的狼文化也源远流长，对狼的特殊情感可以追溯到古罗马神话中。双胞胎兄弟慕路斯和雷姆斯在婴儿时期就被篡位者扔进台伯河，最终被一只母狼救助。两人长大成人后推翻了篡位者的统治，在母狼喂养他们的地方建立了罗马城，并将狼作为罗马城的城徽。人们对狼的崇敬之情可以从意大利皮托利山丘神庙里的母狼雕像中窥见一斑。

在当代，"狼"又被赋予了新的内涵。"狼性文化"被企业文化所吸收。人们通常用三种动物来比喻中国的制造业：狮子代表跨国公司，豹子代表跨国公司在中国的合资企业，土狼代表地道的中国本土企业。本土狼文化的代表为华为公司，主要原因在于其具有鲜明的狼性运作特征。华为公司的任正非认为，企业要扩张，必须要具有狼的三大特性：敏锐的嗅觉、奋不顾身的进攻精神、群体奋斗。正是通过这种"狼文化"的渗透，华为的内部机制才永远处于激活状态，才能从激烈的市场竞争环境中脱颖而出。

动物性和人性总会找到相似点。动物在人类生活中扮演着重要的角色，人们在生活中赋予了动物一些文化内涵，不同的动物也被人们用来比喻与动物品性相似的人。"狼"因为具有狼性，所以一般会作为阴险狡诈之人的代称。文学故事中，东郭先生救的狼是改不了本性的，并因此险遭厄运。又如《中山狼传》中的狼是恩将仇报、丑恶贪婪之人的写照。所以，中文有"狼狈为奸""披着羊皮的狼""狼心狗肺"等贬义的词语。相应地，在英文中也有"wolf in sheep's clothing""as cruel as a wolf"。中文通常爱用"色狼"来代指

---

① 那仁毕力格. 蒙古族狼图腾文化考究［J］. 西北民族大学学报（哲学社会科学版），2015（5）：65-70.

好色的男人,英语中也会用"wolf"表示好色之徒。

十、猫头鹰

猫头鹰在中西方的文化内涵截然相反,在中国,猫头鹰因外貌丑陋而被嫌弃,在西方,猫头鹰却是智慧的化身。

(一) 丑恶的中国猫头鹰

顾名思义,"猫头"是猫头鹰的重要特征,这也是其名字的由来。汉语中,猫头鹰别名"鸮",也是《诗经》中说到的"天命玄鸟",是商代先祖的化身,具有褒义色彩。其后,才有了"夜猫子进宅,无事不来"等负面意义。《诗经·豳风·鸱鸮》云:"鸱鸮鸱鸮,既取我子,无毁我室。"这即是揭示猫头鹰作为猛禽类的破坏性影响。《说文解字》中记载:枭食母,不孝鸟也。枭食母,破獍食父。这里的枭指的是猫头鹰,獍是类似虎、豹的一种猛兽。猫头鹰与虎、豹并提,体现出猫头鹰在古代具有不孝的含义。诸如"鸱鸮弄舌""化鸱为凤""化枭为鸠"等词语,都从不同角度反映猫头鹰的贬义色彩。

(二) 智慧的西方猫头鹰

在西方文化中,猫头鹰是智慧女神雅典娜的一只爱鸟,这使猫头鹰具有了智慧化身的美誉。雅典城的守护神是雅典娜,作为爱鸟的猫头鹰经常在夜间为雅典娜打探消息。在公元5世纪左右,雅典城的货币的正面刻有雅典娜,背面刻有猫头鹰的形象,足以看出猫头鹰在当时雅典具有崇高的地位。在西方儿童文学作品中,一些猫头鹰的形象多为比较聪明的角色,比如会有猫头鹰博士的卡通形象。所以,"As wise as an owl"即"像猫头鹰一样聪明"是西方人对聪明者常用的赞语。

可见,猫头鹰在中西方文化中具有的不同内涵,商代之前的中国对猫头鹰具有崇拜之情,而从周代以来,猫头鹰在中国多具有贬义的含义。而在西方,受希腊罗马神话的影响,猫头鹰多表示智慧的化身。

十一、猪

（一）富足

愚笨与可爱的猪形象。动物"猪"向来是被食用的对象，因其丑陋的外貌和贪吃贪睡的生活习性，而被视为懒惰、愚笨的代名词。在四大名著之一的《西游记》中，猪八戒的角色就具有了动物"猪"的双面特性，既可爱又可笑。《春光灿烂猪八戒》更是在此基础上对动物"猪"形象的当代戏仿。

关于猪的谐音文化："足"与"珠"。在当代，出于汉语谐音的影响，"掌上明珠"常常会被戏称为"掌上明猪"，取"掌上明珠"的谐音之义。中国的汉字"家"即猪住的房子，有了动物猪就意味着有吃有喝，衣食无忧，家庭富足。因为"家"离不开"猪"，日常生活中的存钱罐常用金猪作为造型，以示富足。这里的猪具有了聚财的积极意义。

另外，从形貌样态上看，猪的耳朵大，形如元宝，象征着财富和福气，俗话云"大耳朵有福"。四大名著之一的《三国演义》中，蜀国君主刘备就是因"大耳垂肩"的福相而著称。

（二）肮脏

这与英语中的"猪"有所不同。根据英语词典可知：英语中的"real pig"有"粗野"的意思。同时，也会把"猪"与"醉酒"联系在一起。如："He comes home drunk as a pig."（回到家时他醉得像个死猪。——《泰坦尼克号》）

在西方国家，因为猪常常生活在肮脏的地方，所以会被嫌弃。在一些国家或者民族，人们会禁食猪肉。因其肮脏，相关形象就会被附上邪恶、野蛮的情感义。比如：在乔治·奥威尔的《动物农场》一书中，动物邪恶的首领就是一只叫"拿破仑"的猪。他带领大家推翻邪恶的农场主，但反抗成功后自己开始压榨其他动物。在《蝇王》一书中，那些天使一般的唱诗班男孩在学会猎杀岛上的野猪后就成了真正的野蛮人。

动物文化的差异直接影响人们的文化观念，也使得各个国家对动物理解有差异。在语言和文化的考量中，只有充分照顾到文化内涵，才能做到更精确地沟通，防止误解和歧义的发生，构建好中西方文化交流的桥梁。

十二、狗

狗是人类的常见宠物，素有"人类最忠实的朋友"的美誉。作为人类的好朋友（man's best friend）和动物文化的研究对象，其文化附加义的内涵比较多元，承载了忠诚、忠实、友好、聪明等象征意义。在每个饲养宠物狗的家庭里，都会为它取个好听的名字，并视作家庭成员，融合成人类生活的一个并存的符号和文化元素。

（一）贬义

在汉语文化中，"狗"除了表示朋友般的友好和忠诚之外，大多附有贬义色彩。比如，"狗"常被比喻为供人役使的牲畜或助人作恶的帮凶，如："走狗""看门狗""癞皮狗""狗东西""狗腿子""狗头军师"等；凡以狗为喻体的成语也几乎多带贬义，如："狗胆包天""狗血喷头""狗仗人势""狗屁不通""狗眼看人低""狗嘴吐不出象牙""狗咬吕洞宾——不识好人心"，等等。

（二）风趣

西方文化中的"狗"主要集中在含有"dog"的英语习语之中。在西方，"狗"常常被拿来当赞扬别人的话，比如："You are a lucky dog."之类的话，常常被西方人用于夸奖或鼓励他人，意思是说"你是幸运儿"。在英语中，当"dog"用以指人时，其意思相当于"fellow"，非但没有任何贬义，相反还略带褒义，使语气诙谐风趣。

（三）现代狗

1. 自嘲式流行语

当代生活中，人们创造了自嘲式的表达模式。比如，以"狗"自嘲的有"累成狗""热成狗""加班狗""单身狗"，以及互联网公司的产品人员也会自嘲是"产品狗"，这种称呼类似于"程序猿"。这些源自动物狗的特殊称谓，使得狗具有超出基本词义的文化意义。

2. 类型化的男星

在当代网络用语中出现了用"小奶狗"与"狼狗"称呼男明星的用法，娱乐圈头条中也出现了"犬系男星"的标题。"犬系男星"的意思并不是属相是狗的男明星，而是指男明星与狗"貌合且神似"。"奶狗"本意是指未中断喂奶的小狗。后来，又指日本女生给男生进行的分类，多用来形容长相帅气，像狗一样忠诚且黏人，相对年轻且温柔的男生。随着当代粉丝文化井喷式的发展，"奶狗"成为很多女生喜爱的年龄较小的男明星的代称。而"奶狗"的对称"狼狗"则是指长相帅气，又酷又霸气，给女生很大安全感的男生。

随着日剧《贤者之爱》的热播，日本男星龙星凉以"小狼狗"的形象进入大众视线，"狼狗"一词迅速流行起来。如今，"奶狗""狼狗"已经逐渐从女生喜爱的男星标准转变为男友标准，由此也衍生出"犬系男友"一词，甚至在知乎出现了"如何当一只真正的狼狗""狼狗的标准"等热门话题。可见，用"奶狗""狼狗"等称呼男明星也寄托了粉丝对其的喜爱以及赞美之情。

第四节 教学与反思

不同的国家大都有属于自己的动物意象群。在进行国际中文教学的时候，很重要的一个文化引入环节就是进行跨文化的对比分析。其中，文化教学引介的内容多以中国的祥瑞动物为主，尤其是十二生肖类动物，同时进行同类问题的跨文化比较，以期提高汉语非母语者的可接受度，引起情感共鸣，提高教学效果。

一、动物文化的专题性讲解与教学

中国的十二生肖由十二个动物组成，每个动物都有自己特殊的文化含义，是中国传统文化的重要内容。其间，关于中国文化的信息十分丰富，涉及时间、空间和中国人独有的认识自我的思想观念，十二生肖关乎每个中国人，又可以在固定的周期内无限循环，涵盖了普通人的主体价值。另外，关于十二生肖的神话传说也传递了人们对于真、善、美的理想诉求。所以，在国际中文教学中对其进行专题性介绍和讲解是十分必要的。

截至 2021 年 3 月，据中国知网数据统计，针对"十二生肖教学"的论文共有 35 篇。从中，可以概括出其文化内容介绍的具体角度如下。

（一）文化词语

中国文化词语是一种特殊的词语，因凝聚大量文化信息而不易被汉语学习者掌握。在中泰教学实践中，薛丽娜比较侧重前期调查活动，在了解泰国汉语学习者文化背景、汉语水平、学习习惯的基础上，针对中泰关于十二生肖认知的异同点、感情色彩异同点来综合设计教学方案和教学方法，文化内容的讲解包括十二生肖的名称、顺序、动物的感情色彩、常见的词语以及和属相相关的交际对话。[①] 这种基于调研的文化词语教学方法，有助于帮助汉语学习者形成文化印象，积累文化词汇，实现国际中文教师的文化与语言并举教学，取得汉语学习者双向习得的学习效果。

另外，带有动物的惯用语、成语等也是进行动物文化教学中需要关注的文化词语教学内容。比如，崔雅琼在对外汉语教学视野下关注动物类惯用语研究，既从语言学视角分析动物类惯用语，指出其蕴含的隐喻转喻机制、形象意义、语义特征、语法特征，又从文化的视角分析了其间反映的文化特点和民族文化特征，对教学提出构想。[②] 严寇菁则是从汉韩角度比较分析动物惯用语的概念定义，形成统计图表，体现出两国语言中的数量和种类差异。同时，结合教学实践探讨如何运用认知心理模式的原理，抓住非原型惯用语之间的相似性、惯用语词语的搭配关系和汉韩惯用语中体现的文化因素，对汉韩惯用语进行比照教学。[③]

[①] 薛丽娜. 对泰中学汉语十二生肖语言文化教学设计［D］. 天津：天津师范大学，2020.
[②] 崔雅琼. 对外汉语教学视野下的动物类惯用语研究［D］. 太原：山西大学，2016.
[③] 严寇菁. 从韩汉惯用语谈到韩汉动物类惯用语的研究及对外汉语中动物类惯用语的教学策略［D］. 上海：上海交通大学，2008.

（二）文化隐喻

隐喻是一种修辞，在文化传播中富有特定的文化符号意义。动物隐喻多将动物和人的某些文化特质联系在一起，负载民族的记忆和当代性的阐释。蔡淑华和赵鑫禧认为，"动物隐喻是隐喻类型的一种，当人类为动物赋予某种文化符号的时候人类同时将自己对世界的感知和文化审美经验进行了对外投射，余秋雨先生认为文化最终成果落在人的身上"，所以，在国际中文教学中，文化内容离不开"人与动物"的隐喻模型，从中可以"了解中国文化，了解中华民族特有的文化心理构造"[①]。在国际中文教学中，十二生肖动物是中华民族的心理记忆，可从多个层面展现华夏文明，是进行从语言教学到文化延伸的契合点，而其间的隐喻内涵则需要设计更为多样化的教学形式和教学内容。

（三）文化差异

中国十二生肖与西方的十二星座并不完全相同，其文化差异性是文化教学中需要关注的重点和难点。

第一，侧重理论分析和语言互释。根据汉语作为第二语言的教学理论，对于十二生肖的文化教学一般会从汉英语言差异的角度进行互释互译。比如，张璇在借鉴十二生肖词语汉英对比研究成果的基础上，分析《发展汉语》教材，对十二生肖进行了"分类分析"，划分出三大类，即由人类驯化的"六畜"——牛、马、羊、猪、狗、鸡；与人们生活相关的野生动物——虎、兔、猴、鼠、蛇；中国传统的吉祥物——龙。并经过"汉英对比"翻译，总结概括"汉语教材中的十二生肖词"，提出"十二生肖词教学策略"——"科学性、系统性""充分发挥学生主动性、创造性""结构、功能、文化相结合""对比分析""循序渐进，加强重视""充分运用现代化手段"等。[②] 曹德智针对文化教学中出现的"理解偏误""应用偏误""柔和偏误"三大偏误现象，分析其产生的原因在于"文化因素负迁移""母语负迁移""教师解释不清

[①] 蔡淑华，赵鑫禧．汉俄十二生肖隐喻对比及对俄汉语文化教学［J］．中国多媒体与网络教学学报（中旬刊），2020（9）：181-184.

[②] 张璇．十二生肖词汉英对比研究及对外汉语教学［D］．太原：山西大学，2015.

楚",并提出解决的方法,如"理解文化差异""排除母语干扰""教师解释需精确"等。① 这种侧重文化差异和文化偏误分析的教学倾向于反思性,有助于在汉语实践教学中进行预见性教学、针对性教学,提高汉语学习者对中国文化的理解能力。

第二,侧重教学方法的更新与创新。一般来说,传统的教学方法不一定适用各个国家的语言学习情况。这需要结合不同国别做更新调整和创新式探索。比如,针对有语言和文化困难的跨文化教学,国际中文教师也可以进行体态语教学。刘妍秀认为,在实际教学中,可以将体态语与十二生肖教学结合在一起,追求一种趣味性教学,从而达到"丰富课堂内容,开阔学生视野,传播中华文化的目的"②。在创新教学方式方法中,借鉴本土教师的教学经验,多做经验交流和分享,取长补短,发挥合作的合力作用。比如,朱琳通过来自中国的中文教师与泰国本土的中文教师关于十二生肖文化做出的教学设计进行对比分析,在优势互补的教学实践方面总结教学方法,为国际中文教育的文化教学提供了参考。③

(四) 文化体验

中国的各种文化体验活动都蕴含了丰富的文化内容。比如:剪纸、中国画等文化体验活动都可以融入十二生肖的元素。这种体验活动可以到指定的民俗活动处所和教育机构进行,也可以在课堂上设计相应的活动形式。一方面,积极探索文化教学的相关理论依据,比如"基于5C标准的剪纸教学活动设计"④ 等;另一方面,积极挖掘动物生肖文化负载的文化载体,如借助歌曲教学、诗歌教学、成语教学等来拓展动物文化体验的课堂活动。其中,李博轩的《马达加斯加学生汉语成语教学初探——以十二生肖成语教学为例》⑤,

---

① 曹德智. 十二生肖文化内涵及对外汉语教学 [J]. 山西青年, 2019 (18): 7-9.
② 刘妍秀. 体态语在对外汉语教学中的应用——以对泰十二生肖教学为例 [D]. 烟台: 鲁东大学, 2019.
③ 朱琳. 汉语国际教育十二生肖文化教学设计——以泰国曼谷瓦拉康女子学校为例 [D]. 昆明: 云南大学, 2015.
④ 李啊慧. 基于5C标准的剪纸教学活动设计——以十二生肖中牛、羊、马、猪、狗、鸡为例 [J]. 北方文学, 2019 (3): 183.
⑤ 李博轩. 马达加斯加学生汉语成语教学初探——以十二生肖成语教学为例 [D]. 南昌: 江西师范大学, 2016.

曾召进、孙传竹的《以当代流行歌曲对接古代流行歌词的经典——从〈十二生肖〉到〈诗经·静女〉等古诗的教学》① 都进行了相应的实践教学和理论探讨，为中国动物文化体验课教学提供了参考和启发。

二、跨文化的祥瑞动物比较与教学

（一）中国龙和西方龙

1. 课前调研

针对不同的汉语学习对象，国际中文教师需要做好前期调研工作，明确自己要面对的汉语学习者是怎样的汉语水平，汉语学习中有哪些学习需求和期待等。只有充分的调研，才能使教学更具有针对性，也可以提前了解自己要注意的跨文化禁忌，规避文化冲突，更好地展现中国龙文化的魅力，达到良好的教学效果，实现文化的共通与共享。同时，能够根据课前信息调研和课后的教学效果做对比分析，总结经验，反思不足，为后续文化教学提供可资参考借鉴的研究资料。

2. 词汇归类

基于中西龙文化在"起源""形象""代表意义""中西方语言"② 方面的差异，国际中文教育中需要就其内涵做学理上的界定，精选龙文化词汇，从权力象征、民俗活动、理想祝福等方面进行分类汇总，利用思维导图或图表形式予以展示，进一步加强对汉语学习者的感官刺激，增强词汇学习的针对性、可记性和趣味性，在实践教学中，尤其是在文化教学中，侧重"龙文化词汇教法的创新"和"对留学生语言和文化意识的培养"，强调"文化差异的比较"③，真正增强跨文化教学的实效性。

3. 素材新颖

关于龙文化的教学不限于纸质版资源，应该从影视、网络等平台搜集最新

---

① 曾召进，孙传竹. 以当代流行歌曲对接古代沆行歌词的经典——从《十二生肖》到《诗经·静女》等古诗的教学 [J]. 语文学刊，2016（4）：110-111.
② 李妍妍. 对外汉语中中国龙文化的教学研究 [J]. 牡丹，2016（22）：95-96.
③ 李妍妍. 对外汉语中中国龙文化的教学研究 [J]. 牡丹，2016（22）：95-96.

的可视化资源，最大化地丰富教学内容，避免内容的枯燥无趣和形式的单一。关于中国龙的文化教学中，诸如"对受众群的认识比较片面""选取的影视素材比较少"[1] 一类的问题，都是要进行反思和改进的方面。

（二）中国龙和泰国象

在国别化教学中，不同的国家尊奉的动物吉祥物并不是一样的。比如，泰国的祥瑞动物是大象，有着和中国龙一样的权威地位。

1. 明确异同点

世界上，不同的国家有不同的祥瑞动物。中国的龙和泰国的象具有相似的文化符号意义，都象征了权力和尊贵。而不同点在于：中国的"龙"代表一种民族文化，泰国的"象"代表力量大。出现不同的原因主要是地理环境和宗教信仰不同[2]。这种差异是进行文化教学的导入内容，也是深入开展文化教学的拓展点，需要进一步去积累材料，形成有国别化特色的教学设计方案。

2. 设计教学法

在国际中文教学中，这种国别化的动物符号对比也是适应不同国家文化国情的必然选择。对此，需做针对性的教学设计。李姗鸿侧重于此种设计模式，以泰国的大象对于泰国人的重大影响力，来引出中国的龙文化，通过两个国家的两种祥瑞动物的对比开展文化教学，体现了跨文化中比较教学的实践性，同时，又能根据《体验汉语》教材第一册第四课"我喜欢大象"的相关内容，引入龙象文化的学习任务，分析两种动物在不同文化背景下的异同。[3]

当然，在国际中文的文化教学中，涉及动物禁忌的内容需做课前准备，掌握准确的禁忌信息，避免失败的教学和交际活动。

---

[1] 陈建超. 浅谈对外龙文化教学——走进美国课堂的中国龙文化实例探究［J］. 新课程（中学），2019（10）.
[2] 陶美丽. 中国龙和泰国象的象征意义比较［J］. 科技经济导刊，2016（28）.
[3] 李姗鸿. 中泰祥瑞动物"龙和象"的文化教学实践［D］. 昆明：云南大学，2017.

第三部分：
中国语言文化国际传播与中文教师发展研究

第七章 中国语言文化在"一带一路"沿线国家的传播

引 言

中国文化在"一带一路"沿线国家的传播体现在文学翻译、影视作品、网络文化等多个方面,从文字阅读、影音视听、大众娱乐等多个角度加大中国文化的传播力和影响力。其传播的外交性、广泛性、学术性、时代性等特点,对提升中国软实力具有重要作用,一方面有助于增强域外国家文化认同的"他信力",另一方面有助于增强中国文化传承的"自信力"。在克服语言、人才、技术困难的基础上,中国文化传播必将进一步发挥其对软实力的提升作用。

随着"一带一路"倡议的推进,中国与世界的交流对话直接体现在文化和思想的碰撞与融合。在学者的研究视界中,作为物质和精神凝结体的中国文化"源远流长、博大精深,其中饱含了优秀的民族精神,因此中国文化对于民族的发展有着至关重要的意义。现如今中国文化已经走向世界,特别是在中国加入世界贸易组织以后,中国文化已经潜移默化地对其他国家的发展产生了影响"[1]。仅根据《国家哲学社会科学学术期刊数据库》的搜索结果,关于中国文化传播的研究论文共有323篇。在国际化传播过程中,涵盖哲学思想、文学经典、影视作品、网络文化和非物质文化遗产等元素的中国文化,通过与世界的交流与对话,不断增强中国文化自信力,并日益构建起国际认同的文化"他信力",积极发挥着提升中国软实力的重要作用。

---

[1] 吕文娇. 中国文化国际教学的传播途径——评《中国思想文化传播简明教程》[J]. 中国教育学刊, 2017 (11): 131.

第一节 中国语言文化传播与文化自信力

一、自我审视：中国文化传播与中国软实力"自信力"提升

2017年1月，文化和旅游部出台《"一带一路"文化发展行动计划（2016年—2020年）》，提出了五项重要任务，即健全"一带一路"文化交流合作机制，完善"一带一路"文化交流合作平台，打造"一带一路"文化交流品牌，推动"一带一路"文化产业繁荣发展，促进"一带一路"行动文化贸易合作。2017年10月，党的十九大报告指出：推进国际传播能力建设，讲好中国故事，展现真实、立体、全面的中国，提高国家文化软实力。可见，为加强中国文化在"一带一路"沿线国家的传播力度，在推动中国文化"走出去"的过程中，我国从国家改革到文化政策，从国家基金到地方加大各级课题项目支持力度，国际学术研讨会层出不穷，如何有效提升文化软实力，如何增强中国文化的传播力及相关策略等论题成为学者们热衷的论题，这些政策和研究活动既丰富了研究视角，推出了一批研究成果，也为中国文化域外传播研究和文化软实力的提升提供了政策支持和智力保障。同时，我国传媒机构出版的大量中国文化读物（中英对照）和音像制品也极大地丰富了来华留学生的学习内容，各大高校汉语教学以及民间汉语培训机构开展的汉语教师培训和对外中国文化教学活动，也为中国文化推广和中国文化软实力的提升做出了重要贡献。

（一）中国影视剧

中国影视剧是传递中国梦想的重要载体之一，是直接体现中国文化软实力的文化产品，也是广大国外观众喜闻乐见的娱乐形式，其间蕴含的中华民族精神和中国人文特质比较容易为国际大众所接受。

从现有研究看，中国电视剧以亚太地区居多，约占出口总量的2/3，主要输出地集中在菲律宾、越南等东南亚国家。但2013年以来，两个消息被剧迷们称为"国剧大逆袭"：一是《甄嬛传》要被翻译成英文配音，在美国主流电视台播放；二是美国当红脱口秀主持人柯南·奥布莱恩在其节目《今夜秀》宣布，中国最受欢迎的电视剧《还珠格格》即将在美国播出，他还亲自给

《还珠格格》配了几段搞笑配音。① 诸如"国产剧逆袭,《琅琊榜》《甄嬛传》老外追风了"等标题文章吸引了大众的眼球。21世纪,《英雄》全球上映,中国故事的影视叙事模式及其效应凸显。可见,近些年来,一批优秀的影视剧产品打入国际市场,成为向世界展示中国精神的重要文化载体。随着"一带一路"倡议的推进,中国影视剧对外传播突破以往仅是"动因探析"②类以及在"从高度意识形态化到90年代市场化、娱乐化、商品化的争议"这一"转型社会"③背景下的呼声,开始致力于在传播范围、题材、模式等传播路径方面做出如下新的探索。

1. 传播范围

就传播范围而言,从欧美转向"一带一路"沿线国家。以往,中国影视剧对外传播注重北美地区,不利于拓宽中国文化软实力的影响范围,针对"一带一路"沿线国家的传播力度不够。据当代学者的研究显示:"中国影视作品在海外的传播,一直都非常重视北美地区。因此,业界也比较注重这方面的相关研究。从美国主动引进的中国古装电视剧《甄嬛传》的传播情况以及中美合拍电影《长城》的北美票房来看,两部作品的海外传播效果似乎都算不上理想。"④ 由于受到美国文化意识形态的影响,中国影视剧长期不能得到有效发展。随着"一带一路"建设的推进,沿线国家都不同程度受到中国文化的辐射影响,中国文化热潮不断,弘扬中国民族精神的"春晚"、民俗节庆、优秀影视剧作品不断走出国门,并且赢得了广泛的赞誉。

2. 传播题材

就传播题材而言,从单一走向多元。由此,有效避免影视剧题材重复和单一,拓宽影视剧题材对外传播的研发空间。以往,中国影视剧对外传播注重功夫类和古装电视剧题材,《英雄》《十面埋伏》《无极》占据海外市场,宫廷剧是常用的创作主题。其中的弊病是明显的,即"这些作品未能对中国当今的发展风貌作出全面的描绘,对外传播的只是不断积聚的单一肤浅的中国影像,传播效果甚微。这并不能让外国观众形成对中国的确切印象,也无法理解画面背后的文化底蕴。这类重形式而轻内容的现象在我国影视作品中

---

① 国产电视剧出口,《甄嬛传》高价赴美 [J]. 西部广播电视, 2013 (3): 96.
② 张炜. 中国影视产品海外传播的动因探析 [J]. 现代传播(中国传媒大学学报), 2011 (5): 163-164.
③ 左芳. 转型社会与中国影视传播 [J]. 新疆职业教育研究, 2008 (3): 43-47.
④ 高欢. 中国影视作品北美传播研究 [J]. 当代电视, 2017 (8): 92-93.

占较大比重，即过分追求古典元素的堆积和画面的壮观，缺失了对文化与历史的深度挖掘与精心提炼"[1]。功夫类电影一定程度上体现出中国精神既有的刚性气质。中国传统文化是中国民族精神的底蕴。"电影《长城》中体现了很多中国传统文化的内容，这些内容对于中国观众来说富有亲和力，对于广大的外国观众来说，是了解中国博大精深文化的窗口，也给这部影片增加了深厚的文化和历史积淀。"[2] 自然增强了本土文化在国外的吸引力。就历史题材剧而言，《甄嬛传》《琅琊榜》是近年来走出国门的典范。"2013年初，《甄嬛传》被韩国 CH-IN-GTV 引进播出，同时段超过国家台 KBS 的收视。2013年6月18日，日本 BS 富士台将剧名改为《后宫争权女》后在日本首播，仅开播一周就迅速成为热门话题，打破了韩剧独霸日本海外剧市场的局面。《琅琊榜》不仅在国内创下了高收视率，而且内地首播还未结束，海外便开始争相购买播出权。自2015年9月21日起，《琅琊榜》已在北美、韩国等地播出，并陆续登陆中国台湾、中国香港、新加坡、马来西亚等地。"[3] 整体上讲，中国影视剧传播中，城市生活剧、情感剧等当代主题影视剧对外传播相对较少，不利于凸显中国文化软实力的精神气质，影响"一带一路"沿线国家对当代中国新形象的认识和理解。随着"一带一路"倡议的进一步推进，现当代题材的电视剧陆续在一些亚洲国家播出，如《激情燃烧的岁月》《永不瞑目》《红蜘蛛》《红罂粟》等，而《媳妇》《金太狼的幸福生活》也走出国门，成为缅甸第一部译制的中国剧。[4] 中国影视剧走进非洲的代表作斯瓦希里语版《媳妇的美好时代》曾得到习近平总书记的亲口称赞。2014年柏林电影节上喜获成功的《白日焰火》成为继《卧虎藏龙》《英雄》《一代宗师》等饱受国际好评的武侠片之后，凝聚艺术价值的典范之作。如《小武》《苏州河》《心迷宫》《一个勺子》等关于中国农村或小人物的电影题材也引起国际的青睐。可见，中国影视剧开始走向多元题材的传播路径，内容更加丰富，形式更加多样，传统历史题材与当代民生题材影视剧正日益走进"一带一路"沿线国家人们的生活之中。

---

[1] 刘娜，刘山山. "一带一路"背景下我国影视作品对外传播研究 [J]. 党建，2017 (3): 59-61.
[2] 刘媛. 《长城》的中国传统文化对外传播研究 [J]. 电影文学，2017 (15): 114-116.
[3] 刘娜，刘山山. "一带一路"背景下我国影视作品对外传播研究 [J]. 党建，2017 (3): 59-61.
[4] 国产电视剧出口，《甄嬛传》高价赴美 [J]. 西部广播电视，2013 (3): 96.

3. 传播模式

就传播模式而言，从模仿走向创新。以往，中国影视剧对外传播注重单向度模仿，创新意识不够，"好莱坞"模式影响较大，真正意义的"华莱坞"模式还未建构起来，影响"一带一路"沿线国家对中国风格的建构和认同。有学者积极总结《从"美国梦"的好莱坞战略思考"中国梦"影视传播的华莱坞战略》，力图剖析承载"美国梦"的好莱坞电影成功之道，探寻"中国梦"的"华莱坞"策略。① 基于现状，有学者建议根据中国影视节目的特殊性，提出了以儒家文化圈、华人文化圈、经济合作圈三条路径为主开拓国际市场的战略选择。② 与此同时，从中央到地方的影视频道中的文化娱乐益智节目开始积极邀请外国人参加，体现出文化节目的国际化趋势，而文化与经济学者也积极探索商业化与产业化相结合的新型对外文化传播路径，力求打造彰显民族特色和当代风格的中国影视剧品牌。

（二）中国文学作品

1. 文学作品翻译

有学者认为："作为中国文学传播的重要手段，翻译在很长一段时间内没有受到应有的重视。在中国文化"走出去"战略得到更广泛实施的新时期，有必要对中国文学"走出去"过程的翻译进行再认识，包括对翻译的作用的再认识，以及对译介内容、译者选择和翻译策略等方面的再认识，从而更好地促进承载着中国文化的中国文学在国外的传播。"③ "翻译是实现文化交流的重要手段，而中国文学对外翻译出版则是促进中国文化对外传播，提高国家文化软实力的重要组成部分，如何切实有效地将中国文学译介至国外是当前亟须解决的问题。"④ 随着国际化进程的推进，大量中国文学名著被译成英文，中国四大古典文学名著早在20世纪60年代就有俄文版。"苏联对中国文学的翻译和研究工作，向来受各国汉学界的重视，这是有其历史原因的。早在18世纪，一批俄国传教士来华进行传教活动，他们中间不少人同时还对中国的历史、文化及人民生活等各个方面进行过研究。他们回国后出版了一百

---

① 袁靖华. 从"美国梦"的好莱坞战略思考"中国梦"影视传播的华莱坞战略[J]. 江苏师范大学学报（哲学社会科学版），2016, 42 (4): 42-47.
② 王文娟，崔潇. 中国影视节目国际传播的特殊性和路径选择[J]. 华夏教师，2015 (4): 88-89.
③ 彭萍. 中国文学与翻译[J]. 重庆大学学报（社会科学版），2014, 20 (1): 157-160.
④ 黄梨. 中国文学翻译出版"走出去"：问题与对策[J]. 出版广角，2016 (2): 44-46.

二十多种专门论述中国的书籍,为俄国的汉学研究工作奠定了基础。"① 中国诗歌翻译以许渊冲教授的译作《许渊冲经典英译古代诗歌1000首》为代表,涵盖了《诗经》以及唐诗、宋词、元曲、元明清的大量诗歌作品。中国当代文学的翻译以莫言的小说为最,其作品《红高粱》《天堂蒜薹之歌》《酒国》《丰乳肥臀》等被译成多种外国文字。同时,姜戎的《狼图腾》也有了英文和法文译本出版。当代"英文版《中国文学》是中国文学杂志社出版发行的专门对外译介中国文学的刊物"②,在对外传播中国文学并提升软实力方面起到了积极作用。

2. 影视剧改编

很多小说改编成影视剧发行推广,通过视觉感官提高知名度再引起对文学作品的关注。莫言小说《红高粱》就是典型的案例,在国内外提升了民众的文化自信力。"莫言与中国文化自信"这一议题"不仅关系到中国当代文学的价值重估,也关系到如何客观评判中国当代文学在当今世界文坛的地位,尤为重要的是它对我们思考中国文学走出去,增强中国文化自信,让世界更好地了解中国文化和文学有着重要的启示"③。经过改编的小说,通过直观的电影表达方式产生文化审美感和文化认同感,极大地提高了文学作品的知名度和影响力,从而更加关注文学文本,形成互释互译的双向阅读效应,而其间传递的中国精神和民族气质通过这种互动活动获得外国民众的关注与认可,无形中增强了文本自身的吸引力,学者"以'莫言'的方式研究莫言"④,莫言以文学的方式实现了世界性与本土性交汇融合,用文字的力量增强了中国文化的软实力。

3. 国际中文教育

在国际中文教育中,无论是文本阅读,还是文化学习,中文学习者都离不开对中国文学作品的了解和阅读。在阅读中学习语言,以此感受不同国度的文化生活。"文学是指以语言文字为工具,以不同形式表现内心情感和再现

---

① 李良佑,周士琳. 六十年代以来苏联对中国文学的翻译和研究情况评述 [J]. 上海师范大学学报(哲学社会科学版),1983(2):51-55.
② 林文艺. 英文版《中国文学》作品翻译选材要求及影响因素 [J]. 龙岩学院学报. 2011,29(4):58-62.
③ 李萌羽. "文学借鉴"与"文学创造"——"莫言与中国文化自信"之我见 [J]. 东方论坛:青岛大学学报,2018(1):12-14,21.
④ 张瑞英. 以"莫言"的方式研究莫言 [J]. 东方论坛:青岛大学学报,2018(1):10-12,21.

<<< 第七章 中国语言文化在"一带一路"沿线国家的传播

一定时期、一定地域的社会生活。文学也是文化的一个组成部分，现当代文学课对留学生文化知识的累积以及沟通交流能力的培养起着巨大推动作用。"①目前，很多国内外学校把中国文学作品作为对外汉语阅读材料来开展阅读教学，既学习了语言，又拓宽了文化视野，大大提升了中国文学的影响力和传播力。现在，既有像宋志明编著的《中国现当代文学作品赏析》这一类对外汉语文学选修课教材，也有以中国四大名著、中国古典诗词、中国现当代文学文本为专题设置的对外汉语分级阅读读物，在对外汉语课堂上，这些文学类的教学资源拓宽了中国文学的传播路径，针对广大的来华留学生群体传播中国本土文学及蕴含其间的民族价值观。

（三）中国网络文化

网络是"一带一路"沿线国家了解中国最方便、最及时、最有效的现代媒体。中国网络文化也自然成为优越于其他文化传播渠道的重要载体。这主要表现为：从国家层面，开通"一带一路"官方网站。国家"一带一路"官方网站即中国一带一路网（www.yidaiyilu.gov.cn）已正式开通俄文、法文、西班牙文、阿拉伯文四个语言版本。目前，中国一带一路网可同步支持中国、英国、俄罗斯、法国、西班牙、阿拉伯六大联合国官方语言访问，可覆盖全球大部分地区用户。这必将为中国文化传播提供强有力的网络语言支持。同时，中国语言教育机构积极融入中国文化内容，开发网络汉语课程资源，打造对外文化交流的网络平台，取得了阶段性成果。从产品层面，研发形式多样的网络文化作品。其中，网络游戏《完美世界》备受国际民众欢迎。

（四）非物质文化遗产

中国非物质文化遗产彰显了中华民族的凝聚力，凸显中华文化的民族性，体现世界文化的多样性，其保护、传承与传播也是不断提升中国文化软实力的当务之急。当前中国非物质文化遗产的主要对外传播路径如下。

1. 舆论宣传

中国各级政府都注重展示本地域的非物质文化遗产特色，凸显民族性和地域性，不断加大宣传力度。以山西省为例，由政府部门成立专家组研究非物质文化遗产的对外宣传和译介，组织相关文化项目活动，并连续多年举办"平遥国际摄影节""国际煤炭博览会""华夏文明看山西"等活动，成为对

---

① 赵卉竹. 当代文学与对外汉语文化教学 [J]. 文学教育（下），2017（2）：63.

外展示地域特色的窗口。①

2. 旅游文化

中国旅游部门对地域性的非物质文化遗产景区做了大量翻译译介工作，一大批优质的宣传手册、音频视频作品起到了对外宣传中国非物质文化遗产的作用。

总体而言，中国文化在"一带一路"沿线国家的传播一路向好，除以往偏重的欧美国家外，像俄罗斯、中亚五国等俄语国家自古就有同中国文化互通的传播活动，在历史传承的基础上，文化传播更是有了当代特点，在"一带一路"沿线国家中，中国的文化形象兼有传统和当代的双重特色，文化认可度较高。今后，随着"一带一路"倡议的进一步推进，通过教育文化合作、文化传播路径的创新，中国软实力将有新的提升。同时，中国文化传播与软实力提升互相助力，相辅相成。中国软实力的提升也必然带动中国文化的有效传播，营造一种文化领域的良性互动氛围。

第二节 中国语言文化传播与文化他信力

一、他者视域：中国文化传播与中国软实力"他信力"的提升

在"一带一路"倡议实施的大背景下，政府政策推动、市场运作和文化教育领域合力作用下，中国文化传播的优秀案例成功地发挥了中国软实力的积极作用，当前中国文化传播与文化软实力的有效建构局面，促使世界范围内，尤其是在"一带一路"沿线国家中的中国文化"他信力"日益增强。这主要表现在如下几个方面。

（一）文化外交

从国际交流角度看，文化外交日益成为国家间政治外交活动的一项重要内容和形式，为提升中国软实力"他信力"提供了软性机制。

---

① 张艳丰，王罂. 扩大非物质文化遗产的对外传播——以山西省为例 [J]. 理论探索，2013（4）：100-102.

<<< 第七章 中国语言文化在"一带一路"沿线国家的传播

1. 元首外交

"一带一路"沿线国家元首的外交话语表现为对中国思想文化的热切关注和认同。在近期的国事访问中,中国与"一带一路"沿线国家元首的外交活动通过多种形式展示中国的文化形象。2012 年 6 月召开的首届"中非合作论坛——文化部长论坛",标志着中非文化高层战略对话机制的建立。2015 年 12 月中非合作论坛约翰内斯堡峰会上明确提出"文明上交流互鉴"是中非全面战略合作伙伴关系的五大支柱之一。"中非文化聚焦""中非文化人士互访计划"等一系列官办文化活动极大地促进了中非文化交流,中国文化在非洲的传播能力和影响力都逐步增强。2014 年 7 月,习近平总书记在访问拉美时直接把配有中国、英国、西班牙、葡萄牙四国语言字幕的《失恋 33 天》《北京青年》《老有所依》等反映中国大众文化的影视剧 DVD 作为国礼赠予拉美国家领导人。这一举动当时在拉美各国引起了较大反响,许多拉美人士表示,除了"武侠片",他们完全不知道中国还有如此多元化的影视作品。而这些影视作品中所展现的中国当代社会也冲淡了中国向来"落后""守旧"的负面形象,对中国的主流文化和民族文化起到了积极传播的作用。[①] 2016 年 6 月 21 日,在对乌兹别克斯坦共和国进行国事访问并出席上海合作组织成员国元首理事会第十六次会议前夕,习近平总书记在乌兹别克斯坦《人民言论报》和"扎洪"通讯社网站发表题为《谱写中乌友好新华章》的署名文章。文章指出:"中乌都有着悠久历史和灿烂文化。人文交往一直是中乌关系的重要组成部分。近年来,双方在互派留学生、汉语教学、地方交往、联合考古、互译文学作品方面合作取得新进展,两国民众友好感情日益深厚。人文合作成为凝聚两国人民情感的纽带。双方合作办学的塔什干孔子学院是中亚第一所孔子学院,11 年来培养了 3000 多名中乌友好使者。中国国家文物局、中国社会科学院、中国西北大学等单位积极同乌方开展联合考古和古迹修复工作,为恢复丝绸之路历史风貌作出了重要努力。前不久,乌兹别克斯坦汉学家将中国著名作家老舍的《猫城记》翻译成乌兹别克语出版发行,相信它会为乌兹别克斯坦人民了解中国文学打开一扇窗户。"[②] 2018 年 7 月 21 日,在外交活动中,塞内加尔总统萨勒直接对习近平总书记表达了对中国文化的喜爱之情:"我很喜欢中国哲学,年轻时读过毛泽东主席著作和孔子著作,从中汲取

---

① 栾昀. 中国电影跨文化传播对国家形象建设的作用——以拉美市场为例 [J]. 徐州工程学院学报(社会科学版),2017,32(1):89-93.

② 谱写中乌友好新华章 [EB/OL]. 搜狐网,2016-06-22.

了许多有益智慧。现在，我又从您这里学到了更多治国理政思想。"① 诸如此类的政治外交中的文化话语模式，充分体现出中国文化所具有的较高输出能力和国际认可程度。

2. 媒体宣传

"一带一路"沿线国家主流媒体宣传形式表现为对中国当代文化生活的呈现和展示。比如：阿联酋社交媒体的《欢迎你，中国》纪录片，塞内加尔国家电视台黄金时段播放的中国电视剧《金太狼的幸福生活》，在坦桑尼亚热播的电视剧《媳妇的美好时代》等，直接与中国大众文化亲密接触，展现当代中国的精神文化生活样貌，体现出中国文化传播的即时性和当代性。

3. 文化主题

"一带一路"沿线国家文化活动中的中国元素和中国主题成为国际文化共融的亮点。在世界各个国家中，中国文化中心数量递增，以非洲为例，中国已在毛里求斯、贝宁、埃及、尼日利亚和坦桑尼亚五国建成了中国文化中心，成为我国派驻非洲的重要官方文化机构。在"一带一路"沿线国家中，诸如中国文化周、中国文化展、中国电影周等文化活动数不胜数。其间，比较具有影响力的"中法文化节""中俄国家年""中日文化体育交流年"以及中欧国家合作举办的各种文化活动，都在世界掀起了中国文化热潮。与此同时，各大高校的"国际日""文化日"等校园留学生活动也丰富着中国文化的内容，不断为中国文化增加热度。

（二）文化学术

从学术研究角度看，中国传统文化元素日益成为外国学者和汉学家关注、翻译和研究的学术重点，为提升中国文化软实力"他信力"提供了学术研究视角。

"一带一路"沿线国家各界学者研究中国传统文学与文化的热情不断提升。其间，中国的文化名著《论语》《礼记》《孟子》《老子》《庄子》、中国诗词、中国影视、中国功夫等都成为外国学者研究的内容。一批致力于研究中国文化的汉学家发挥了重要的文化传播作用，如美国汉学家葛浩文（Howard Goldblatt），曾对莫言文学作品做过出色的翻译；英国的杰内

---

① 习近平中东非洲外交之旅掀起强劲"中国风"[EB/OL]. 新华网，2018-07-31.

<<< 第七章　中国语言文化在"一带一路"沿线国家的传播

(W. J. F. Jenner),曾针对中国文化提出"历史的专制"① 说;法国的郁白(Nicolas Chapuis)②,曾针对中国古诗著有《悲秋——古诗论情》一书;美国汉学家桑禀华(Sabina Knight),其专著《中国文学》曾针对中国文学做跨时空的研究,从《诗经》到卫慧,涵盖中国大陆、台湾、香港以及海外华人作家创作③;瑞典汉学家罗斯(Lars Ragvald),曾主持编写首部《瑞汉大词典》;最新的国际学术研讨会上,众多外国学者专家关注中国文化的热度递增,如:2018年5月在南开大学召开的"纪念查良铮(穆旦)先生百年诞辰暨穆旦诗歌翻译国际研讨会"上,乌克兰专家娜塔丽娅·切尔内什(Наталья Черныш)从中国传统文化名著《易经》中的"八卦"来研究穆旦诗歌结构的特色等。同时,"一带一路"沿线国家对具有世界影响力的中国历史人物的关注度不断增强,介绍和翻译中国传统文化的译本译著的数量不断增加。

(三) 名人效应

从名人效应角度讲,中国的世界文化名人已然成为世界文化领域关注的焦点,为提升中国文化软实力"他信力"的构建提供了时代视角。

1. 历史文化人物

在世界上享有盛誉的中国古代文化人物树立了中国的历史形象。中国八位世纪文化名人是中国文化的代言人。如:万世师表的孔子——世界上公认的教育家、思想家,被联合国教科文组织评为"世界十大文化名人",名列第一。孔子与穆罕默德、耶稣和释迦牟尼一并被称为缔造世界文化的"四圣"。浪漫主义诗人屈原——1953年屈原被世界和平理事会推选为世界文化名人。现实主义诗人杜甫——1962年被世界和平理事会推选为世界文化名人。"中国莎士比亚"关汉卿——1958年被世界和平理事会被推选为世界文化名人。"医圣"李时珍——1951年被世界和平理事会推选为世界文化名人。画家齐白石——1963年被世界和平理事会推选为世界文化名人。世界性作家巴金——被国际笔会第47届大会誉为"世界十大文化名人"之一。从提升中国软实力的角度来看,中国的世界文化名人属于全人类世界遗产的一部分,具有

---

① 郁白. 悲秋——古诗论情 [M]. 叶潇,全志刚,译. 桂林:广西师范大学出版社,2004. 引言第4页
② 郁白先生是法国著名汉学家,醉心于中国文化,自巴黎七大东方语言文化学院毕业以后,曾先后担任法国驻中国大使馆文化参赞、法国外交部亚洲司副司长、法国驻上海领事馆总领事。
③ 桑禀华. 中国文学 [M]. 李永毅,译. 南京:译林出版社,2016.

突出的普遍意义和文化价值，也是域外中国文化"他信力"的重要组成部分。

2. 当代文化人物

在世界上享有盛誉的中国当代文化人物树立了中国的当代形象。在当代，那些跻身世界文化舞台并获得世界大奖的文化名人成为展示中国当代文化的又一张名片。其中，莫言是中国当代文坛极具活力的作家之一，多次荣获国外文学奖项，尤其是获得诺贝尔文学奖之后，在"一带一路"沿线国家形成研究与宣传莫言的热潮。其代表作品如《红高粱》《天堂蒜薹之歌》《酒国》《丰乳肥臀》等被译成多种外国文字，受到海外读者、文学界和文学报刊的好评。[①] 在法国，莫言被称为最受欢迎、作品被译成法文最多的中国作家；在日本，日文版《丰乳肥臀》掀起"莫言旋风"；在 2005 年 5 月首尔举办的第二届国际文学论坛上，莫言被胜誉为"不仅在中国拥有广大的读者，在海外也是中国最有才气和趣味的作家之一"；在中东国家，其小说《枯河》《红高粱家族》《天堂蒜薹之歌》被译成希伯来文……作为当代中国形象的文化代言，莫言及其作品成为"一带一路"沿线国家广为关注的当代文学代表，获得意大利诺尼诺国际文学奖，被授予"法兰西艺术与文学骑士勋章"。在国外，读莫言的作品无疑是了解和理解中国文化的一个文学路径。

三、中国文化在"一带一路"沿线国家传播过程中面临的困境

中国文化对外传播要注重市场规律，支持民间机构团体参与，进一步优化文化包装形式以增强吸引力。同时，要注重中国文化境外宣传活动和形式，不要限于简单的器物形式宣展，要突出新技术的应用和语言人才的培养。

对于"一带一路"沿线国家而言，最关注的是中国文化产品输入的语言解读和文化释义。只有看明白才可能更好地理解；只有全面理解才可能更好地接受和认可。中国软实力的实现最终体现为对中国价值观和精神特质的深度认可。现今，影响中国文化域外阐释和认知认同的三大困境为——语言、人才、技术。

（一）语言问题

"一带一路"涉及的国家的通用语言有五十几种，加上民族语言和部落部

---

① 姜智芹. 他者的眼光：莫言及其作品在国外 [J]. 中国海洋大学学报（社会科学版），2006（2）：76-78.

族语言有两百多种。中国文化产品具有自己的特点,针对文化文本,通过中介语阅读很容易导致异质文化理解的误读,语言翻译的误差很容易导致文化软实力打折扣。作为文化软实力重要组成部分的影视剧,"对外传播承载着传播本国文化与思想价值观念的使命"(罗跃姝,2016)。由于不同国家、不同民族、不同文化背景的差异,母语翻译不能直接到位。"美版《甄嬛传》作为一部颇受欢迎的古装电视剧,其字幕以其诗意的语言和丰富的文化内涵而著称。"[1] 然而在对外传播中都不同程度地存在字幕翻译、文本译介的词不达意现象,导致异质文化国家理解中国文化的折扣现象,一定程度上影响了中国价值观的输出和软实力的提升。再比如中国的戏曲等民族艺术形式对语言翻译的要求更高,其译介的问题也倍受学者关注,致力于归纳中国戏曲翻译中遇到的实际问题,从翻译的文化对等和跨文化传播策略的角度对戏曲的英译进行了探究,提出了中国戏曲翻译应注意的问题。[2] 其研究目的在于凸显中国非物质文化遗产的中国特色和世界价值。

(二) 人才问题

随着同"一带一路"沿线国家教育合作的积极开展,外国留学生数量不断增加,汉语教师明显供不应求。国际中文教师是中国文化国际传播的使者,需要不断创新课堂教学理念,增强中国文化传播的能力。在文化教学中,国际中文教师可以在语言教学中树立文化教学相渗透的意识,坚持经典文化与大众文化传播相结合,挖掘中国文化特色的教学资源,肩负中国文化使者的使命,在教学中实现文化传播,树立良好的中国形象。"一带一路"需要合适的话语体系,多元化的师资队伍是实现文化认同和拉近交流距离的重要保障。很长一段时间内,我国的国际中文教师以英语为通用语,留学生的汉语学习也大多以英语为中介语。得入新时期,进一步优化多语种型国际中文教师队伍,需要一定程度上加大对小语种专业教师的培养,在英语语言为核心的话语体系中不断拓宽德语、法语、意大利语、葡萄牙语、俄语、阿拉伯语等小语种教师的发展空间,改变国际中文教师的单一语种结构,为吸引中亚、中欧等国际留学生来华学习,提供充足而合理的师资准备;为"一带一路"沿线国家各个领域的投资合作,提供可以优化的语言环境,做好语言服务。由

---

[1] 安慧,张白桦. 功能对等理论视角下中国影视剧字幕英译问题探究——以美版《甄嬛传》为例 [J]. 河南工业大学学报(社会科学版),2016,12 (1):89-92,96.
[2] 代芳芳. 中国戏曲跨文化传播英译问题刍议 [J]. 文教资料,2018 (5):22-23.

于"一带一路"沿线国家语言种类较多，小语种人才严重不足，所以对中国文化的认知大多依赖于英语，而作为中介语的英语同"一带一路"沿线国家的母语不能够完全对应，势必导致文化观念和文化理解上的偏差，从而产生文化误读现象，影响中国软实力的提升。

（三）技术问题

现今，人们生活在以"三微一端"（即微信、微博、微视频、客户端）为代表的移动社交网络媒体的时代。手机和网络所承载的各种新兴高端社交传播技术以其便捷、及时的优势，日益成为传播中国文化的重要载体。据调查显示："设计精心的中国文化 App 是广大外国留学生和大学生了解中华文化的有效途径"，原因在于它"图文结合""多角度呈现"，可以"满足不同学习态度和学习期望的使用者要求"①。中国文化的域外传播离不开技术的更新与创新。"一带一路"沿线国家也在通过不断创新的各种社交平台了解中国文化，感受中国文化，认同中国文化。同时，服务手段也要信息化，即"充分利用全球线上中文学习平台为中文学习者提供中文教育服务，有效使用推特、脸书等社交媒体提供多元化沟通交流服务，利用中文网站网页在线实时沟通工具提供中文信息咨询服务等等"②。中国现在的社交平台技术远远不能满足中国文化的传播需要。所以，积极研发新型社交传媒技术以适应未来的文化传播需要，自然势在必行。

总之，中国文化是中国软实力的重要组成部分，其国际化的有效传播对提升文化"自信力"和"他信力"具有重要作用。为实现中国文化传播的有效性，必然要跨越异质文化中的语言障碍，致力于培养高精尖的外语人才，不断提高翻译的跨文化意识和文化敏感度，尊重不同民族的文化差异，秉持平等互利共融的文化理念，不断提升文化解读与诠释的水平，注重形式，更注重质量，避免无效沟通和文化折扣现象，增强国际关注度，以期中国文化在软实力的提升中发挥更加积极的作用，在世界范围内构建人类文化命运共同体。

---

① 邓羽茜，宋阳. 中国文化传播类 APP 制作研究 [J]. 文学教育（下），2018（6）：54-55.
② 李宝贵. 中文国际传播能力的内涵、要素及提升策略 [J]. 语言文字应用，2021（2）：2-15.

第八章　中国语言文化与国际中文教师的文化使命[①]

引　言

作为国际中文教师，为了一个民族的文明传承，我们必须关注中国文化，因为这份职业已经把个人和民族文化绑定在一起。在中外文化交流中，文化传播是事业，是己任，是使命。随着"一带一路"倡议的逐步推进，国际中文教师必将担负起推广中华优秀传统文化的时代使命。从"对外汉语教学"走到今天的"国际中文教育"，其内涵不断深化，既有地域上的变化，从国内走向国外，从国外引入国内，国际视野日益开阔，同时也有理念上的更新，从"汉语"到"中文"，从"教学"到"教育"，专业界定和学科探索日益清晰，国际范围的教育事业不断增强国际中文教师的自我认知度和时代使命感。在国际中文教学实践中，国际中文教师需要具备几个基本的跨文化素质：第一是跨文化语言素质，即掌握目的国的语言，增强中外文化沟通的能力，践行异质文化沟通的使命；第二是跨文化教学素质，即创新课堂教学理念，增强传播中国文化的能力，践行传播本国文化的使命；第三是跨文化研究素质，即秉持平等对话理念，增强比较文化研究的能力，践行比较文化研究的使命。

21世纪是世界文化交融的世纪。"一带一路"既是一个政治经济领域的时代话语，也是一个中国当代文化层面的关键词。随着"一带一路"倡议的推进，中国同世界各国不仅加深了政治经济领域的合作与交流，而且也在中外文化融合碰撞过程中，实现了不同文化的融合与认同。其间，富有影响力的"中法文化节""中俄国家年""中日文化体育交流年"以及中欧国家的合

[①] 此文曾发表于《教师》2018年11月版，原文题目为《"一带一路"与对外汉语教师的文化使命》。

作举办的各种文化活动，都在世界掀起了中国文化热潮。与此同时，各大高校的"国际日""文化日"等校园留学生活动也丰富着中国文化的内容，提升着中国文化的热度。"中国对外汉语教学界自 20 世纪 80 年代初提出'汉语作为第二语言的教学要与介绍中华文化相结合'以来，文化教学研究已走过三十年的历程。"① 师者的使命必然要思考自身的角色和定位问题，应该做什么，能够做什么，怎样做，怎样教等。在国际教育和文化的交流中，国际中文教师发挥着不可替代的重要作用，这既是一个理论问题，也是一个来自汉语教学的实践问题。这必然需要中文教师在未来的"一带一路"实践中通过异质文化的沟通，中国文化的传播和比较文化的研究等方面，积极履行跨国文化使者的光荣使命。

第一节　跨文化语言素质与异质文化沟通

国际中文的课堂离不开中外文化的沟通交流，语言作为中介工具必然发挥不可替代的作用。例如：尽管严格意义上的汉语教学要求中文授课，但是在汉语教师的招聘条件上，你会看到英语水平的要求。为什么？因为"如今国际间的激烈竞争就包含着语言人才的竞争，语言技术的竞争，乃至语言意识、语言规划的竞争。"② 甚至可以说，"离开了对目标国家语言的掌握，要进行深入的沟通和交流就面临障碍。"③ 为了进一步推进"一带一路"的前进步伐，"从文化的角度讲，需要大力推动区域国别研究和相关语言专业的学科建设、科学研究和人才培养"④，加强中文教师的国际化意识和提高文化交流水平，在国际中文教学中发挥文化使者的光荣职责。

---

① 李修斌，臧胜楠．近三十年对外汉语教学中文化教学研究述评 [J]．教育与教学研究．2013，27（7）：73-77．
② 陆俭明．"一带一路"建设与汉语教学 [M]//北京语言大学对外汉语研究中心．汉语应用语言学研究．北京：商务印书馆，2017：100．
③ 吴冰冰，于运全．"一带一路"案例实践与风险防范·文化篇 [M]．北京：海洋出版社，2017：3．
④ 吴冰冰，于运全．"一带一路"案例实践与风险防范·文化篇 [M]．北京：海洋出版社，2017：4．

一、培养"英语+"复合型国际中文教师

随着"一带一路"倡议的实施,语言文化建设提上日程。在国际经济交往和文化交流中,语言是最基础的沟通工具。根据北京语言大学高精尖中心的报告,"一带一路"地区作为官方语言使用最多的三种语言是阿拉伯语、俄语、英语(李宇明,2021)。实际上,只掌握一门英语已经不能满足现有的教学需要,工作中,俄语、法语、德语学生的对外汉语课堂,共同的语种只有汉语。然而,不可回避的问题是,汉语往往是学生习得的第二种外语,甚至是第三种外语,一方面,汉语作为第三种语言的习得规律值得探讨,另一方面,"英语+"式国际中文教师将备受欢迎。

据研究,"'一带一路'涉及的国家的通用语言五十几种,加上民族语言和部落部族语言两百多种。我们现在同国际打交道用得比较多的是英语,按照语言学家观点,英语能够表达表面的意思,但是与这么多国家进行深入交流,最重要的是学会当地的语言,这个当地语言学会之后,文化认同建构起来,文化认同的建构有助于国家之间的认同建构,假如语言不能深入交流,永远是有隔阂的,甚至有的语音不能通约"[①]。有学者认为,当前国家汉办的师资储备应该与国内高校的非通用语人才培养紧密结合起来。目前很多高校围绕"一带一路"倡议开始招收培养非通用语专业学生,这是"有利于服务国家战略,增加国家的外语人才储备,提升国家的语言能力。这也有利于改善未来的外派汉语教师的语种结构。在现阶段,也可以通过培训的方式,来解决外派教师外语语种单一的问题"[②]。

二、优化小语种师资队伍的结构建设

毫无疑问,"一带一路"需要合适的话语体系,多元化的师资队伍是实现文化认同和拉近交流距离的重要保障。很长一段时间内,我国的国际中文教师以英语为通用语,留学生的汉语学习也大多以英语为中介语。新时期,新时代,要想进一步优化多语种的汉语教师队伍,必然要加大对小语种专业教

[①] 王义桅.“一带一路”:中国崛起的天下担当[M].北京:人民出版社,2017:267.
[②] 刘永厚,蔡坚,张欢瑞.“一带一路”沿线国家孔子学院现状及发展对策[C]//赵世举,黄南津.语言服务与“一带一路”.北京:社会科学文献出版社,2016:222.

师的培养，在英语语言为核心的话语体系中不断拓宽德语、法语、意大利语、葡萄牙语、俄语、阿拉伯语等小语种教师的发展空间，改变汉语教师的单一语种结构。基于小语种师资队伍的实际情况，做好调查研究，有针对性地储备小语种师资队伍，为吸引中亚、中欧等国际留学生来华学习提供充足而合理的师资准备，为"一带一路"沿线国家各个领域的投资合作，提供可以优化的语言环境，做好语言服务。

三、开展目的语国家的语言政策教育

每个国家都有自己的语言国情和语言政策。由于跨文化交流中存在文化误区，所以，在实际的语言交流中，"用符合文化习惯和情感诉求的话语同异国人民沟通绝非易事，中国在这方面改进的空间还很大"[①]。其中，一个重要方面就是加强对"一带一路"沿线国家的语言和国情知识的教育。世界需要中国，中国也需要了解世界。在全球共享文化资源的时代，在汉语走上国际文化舞台的时代，"世界也在倾听多语言的声音，欣赏多元文化的精彩。每一个民族和国度的语言与文化，都可能在全球化的过程中影响他人，变革自我"[②]。只有了解不同国家的语言文化传统，才能在国际中文教学过程中设置文化的教育模式，尊重他国信仰和民族习惯，有比较、有区别、有实效地开展中文教育，取得中文学习与中国文化传播的理想效果。

第二节 跨文化教学素质与本国文化传播

按照惯常思维，国际中文教师的文化传播舞台是课堂，优秀的国际教师必然是课堂的组织者和"导演"，负有传播中国文化的使命。有思想才有行动，有行动才能身体力行。在国际中文教育中，"伴随着经济全球化的趋势以及我国综合国力的不断增强，汉语逐渐成为越来越多人学习的第二语言，接踵而来的是在汉语交际中出现的大量的文化问题。因此，在对外汉语教学过程中的语言教学之余，文化教学应该引起我们的高度重视"[③]。既要立足国际

[①] 耐斯比特 D，耐斯比特 J，龙安志. 世界新趋势："一带一路"重塑全球化新格局 [M]. 张岩，译. 北京：中华工商联合出版社，2017：159.
[②] 宁继鸣. 语言与文化传播研究 [M]. 济南：山东大学出版社，2013：123.
[③] 冯婉怡. 浅析对外汉语中的文化教学 [J]. 文学教育（上），2017（7）：178-179.

国内的两大平台,把中国经典文化与大众文化相结合,又要把握语言与文化的内在关系,树立新时代的文化教学与文化传播理念相渗透的意识。

一、立足国际国内两个平台,经典文化与大众文化传播相结合

国际中文教师是中国文化国际传播的使者,具有"高大上"的角色定位。"传播"是指客观地传递信息,侧重以传者为主导,向外传递、散播信息,主体意识强烈,而"国际传播"淡化传者的角色,强调国与国之间信息的双向流动与对话交流。① 在打造全球"命运共同体"的背景下,通过教育教学进行文化传播具有非常重要的意义,这既是"我国文化软实力的重要环节和重要组成部分"②,也是体现和提升中华文化影响力的必经路径,更是建构世界文化共同体的时代使命。为此,国际中文教学需立足国际国内两个平台。

一方面,积极发挥海外孔子学院的文化推广作用,依托线上教学,积极建设网络平台和中文教学课堂,丰富教学内容,优化教学形式,加大国际中文教师的培训力度,提升师资水平和教学质量,综合利用"中文联盟""汉考国际"等网络平台,侧重汉语水平考试和世界汉语学习者的交流,为中国文化传播提供世界舞台。

另一方面,需要充分发挥国际中文教学课堂的文化传播作用,借助国内的文化平台,打造国学课堂,丰富文化形式,增强文化自信,在中文教学和文化交流中,国际中文教师要充分挖掘中华文化的精髓,掌握跨文化交际的方法,运用情景设置、肢体语言和对话互动等多种教学方法,通过潜移默化和通俗易懂的教学形式,分享中国故事,在言传身教中促进中外的文化认同,实现传播中国优秀文化的积极效果,为世界贡献上下五千年的中华文明。在一些高校,已经开始实行"传统文化书院"模式,提倡"以'跨国语言—文化传播'策略为指导,执行文化先行、语言教学跟进的策略,在文化的熏陶中,培养学生探索中华文化的兴趣,逐步提高他们学习汉语的动力及效果"③。

其间,尤其要注重传统与现代的结合,传统的经典文化与当前的大众文

---

① 罗兵. 他者镜像:"一带一路"与中国形象传播——以俄语地区为例 [M]. 上海:上海交通大学出版社,2017:12.
② 徐希燕,等. "一带一路"与未来中国 [M]. 北京:中国社会科学出版社,2016:230.
③ 代少若. 对外汉语教育"传统文化书院"模式刍议 [J]. 教育文化论坛,2017,9 (3):44-49.

化之间的有效结合。在语言的教学过程中，经典文化固然重要，但是不能忽视流行文化以及大众文化的影响，时代流行语和当代网络话语，如"网红""广场舞""网络神曲"等都不同程度地传递出了中国当代文化的信息，"大众文化传播对于高端的文化、价值精髓的传播有极大的作用和影响"，"因此，经典文化和大众文化的传播都需要重视和加强，中国文化在全球传播方面还需要做更大的努力"[1]。尤其是中国当代形象的文化塑造和展示传播模式，自然需要国际和国内两大平台的构建予以支持。

二、把握语言与文化的内在关系，树立文化教学与文化传播理念相渗透的意识

在国际中文教学中，语言并不等同于文化，语言学习是根本，而其内在的文化是贯穿于汉语教学始终的"红线"。现实生活中，"语言与文化的联系是极其紧密的，语言教学依靠文化来进行。在国际中文教学方面，需要将文化内涵知识教学搭配在语言课教学与操作课教学里面"[2]。国际中文教师在输出中国语言的同时，需要增强语言符号的解读力，把汉语载体所承载的民族传统、文化心理、集体精神等内容以潜移默化的方式呈现出来。国际中文教师积极组织文化教学实际上就是履行文化使命的一种"策略与形式"[3]，因为"语言是载体，语言教学不可能不伴随文化教学。事实上，古今中外从来就没有不伴随文化教学的语言教学。我国自古以来就强调'教书育人'，而古希腊也倡导博雅教育（Liberal Education），其目的都是使所培养出来的人，既要具有广博的知识，又要具有良好的品德、优雅的气质。而要使培养出来的人才具有良好的品德、优雅的气质，必然要对受教育者进行文化教育，包括人生观、价值观的教育。另外，任何国家、任何民族都希望将自己所持有的文化以及所持的人生观、价值观融入世界多元文化之中，并都竭尽全力而为之。因此，历来所有的外语教学，不管是英语教学、法语教学、德语教学、西班牙语教学、俄语教学、日语教学、韩语/朝鲜语教学、泰语教学、越南语教学、阿拉伯语教学还是其他语言教学，无不伴随着文化教学。学生在接受一种外语教学的同时，会不知不觉地接受浸润于语言教学中的该语言所反映的

---

[1] 徐希燕，等. "一带一路"与未来中国［M］. 北京：中国社会科学出版社，2016：231.
[2] 史睿. 浅析对外汉语文化教学的策略［J］. 戏剧之家，2017（8）：240.
[3] 陈映戎. 对外汉语文化教学：策略与形式［J］. 黑龙江高教研究，2011（10）：172-174.

民族和国家的文化,特别是他们的民族理念、人生观、价值观"①。学习一种语言就了解了一种文化。这种文化教学意识有助于创造新型的教学模式,丰富汉语文化的课堂内容。通过文化介绍的双语阅读以及中外比较的创意写作形式,都不同程度地增强了课堂文化内容的理解力和认知度。例如,在中文写作课堂中设置比较性话题,中国的七夕节和西方的情人节,中国的十二生肖和西方的十二星座,中国的汉服、唐装、中山装和西装等等,尽管称谓各不相同,但是情感相通,形式上同中求异,人性上异中求同,在共性中产生心理共鸣,激发留学生学习中文的兴趣,获得文化的认同,取得文化传播的效果。

三、打造凝聚文化精髓的汉语课堂,发掘中国文化特色的教学资源

在关于对外汉语文化教学研究现状的综述中,可以看到"目前我国对外汉语文化教学存在以下不足:偏重语言课中的文化因素教学研究,专门的文化课教学研究不够;偏重语言交际文化研究,非语言交际文化研究不够;偏重文化差异研究,文化共性研究不够;偏重主体文化研究,亚文化研究不够"②。这些大都是教学理念的差异,或重视语言中学语言,或重视语言中学文化,或注重文化中学语言。无论是以传授语言为主的汉语课堂,还是以传授文化为主的汉语课堂,都离不开内容丰富的教学材料。

从大文化观的角度讲,中级以上汉语阅读文本应收取包括现当代文学和中国列入世界文化遗产文化的语言材料,安排"世界文化遗产与对外汉语文化教学"③专题,甚至尝试直接将当代文学作品纳入语言学习的计划,实现口语交流和文学用语的融汇学习的效果,正如我们中国孩子学习英语要读莎士比亚,要看哈利·波特一样。"对外汉语教学中的外国留学生(outsider/'局外人')与中国学生(insider/'局内人')是两个不同的读者群体。然而,两个不同读者群体的文学课程却存在很大的相似性。这些相似性体现出对外

---

① 陆俭明,马真. 汉语教师应有的素质与基本功 [M]. 北京:外语教学与研究出版社,2016:31-32.
② 程书秋,郑洪宇. 对外汉语文化教学研究述评 [J]. 继续教育研究,2008 (3):118-120.
③ 阮静. 中国的"世界文化遗产"与对外汉语文化教学 [J]. 中国高等教育,2011 (10):86-88.

汉语文学课程受到中文作为母语教育传统和实践的深刻影响。"① 一本好的文学读物可以让学习者很好地了解目的语国家的文化特点，减少文化理解的误差。

  尤其需要注意的一点是，当代中国文学是当代中国形象的缩影。因为"文学是指以语言文字为工具，以不同形式表现内心情感和再现一定时期、一定地域的社会生活。文学也是文化的一个组成部分，现当代文学课对留学生文化知识的累积以及沟通交流能力的培养起着巨大推动作用。当前把我国的优秀文学作品当成对外汉语文化教学的主要教学内容中，大多数有古代文学的教学内容高于现代文学的现象，在现当代文学中，大多数有现代文学的教学内容高于当代文学的现象。事实上留学生对现在我国的基本情况以及通俗的语言更有兴趣，无论是从文化知识的理解还是知识深层次的思考，留学生现当代文学课都要首先从当代文学开始"②。因为这里有中国的当代故事，有生活的民生乡土，有熟悉的都市节奏，自然有助于理解当代中国的文化与中国人的精神面貌。

第三节 跨文化科研素质与汉外比较研究

一、比较文化研究的使命：秉持平等对话理念，增强比较文化研究的能力

  文化差异的存在是文化交流的前提。没有差异就没有比较，更无从谈文化传播。国际中文教育中，中文教师必然要面临两种，甚至是多种语言文化之间的碰撞与融合，需要以一种兼容的对话姿态，理解"一带一路"的文化内涵，科学地认识和研究他者文化，并在多种文化的教学中生产跨文化的研究成果，在比较中实现文化的交流与传播。

---

① 王永阳 Dr. Trevor Hay. 读中国文学还是读中国——兼论对外汉语教学中的跨文化主题阅读法 [J]. 贵州大学学报（社会科学版），2008（2）：107-112.
② 赵卉竹. 当代文学与对外汉语文化教学 [J]. 文学教育（下），2017（2）：63.

二、全面分析，深入理解"一带一路"的文化意蕴

"一带一路"就是一条纽带，一条文化纽带。文化是民族的，必然也是世界的。来自不同国家之间的任何一种交流都潜移默化地含有不同文化信息的碰撞与融合，从而在共融共处中实现彼此的文化认同。"全球化与现代化交织的世界图景是'一带一路'文化蕴含展示的现实场，彼此承认、平等交往、理解沟通、优势互补是'一带一路'的文化蕴涵延伸的意义域。现实场与意义域的结合，特别指谓了历史记忆和文化符号的借助，搭建沿线各国不同文明形态、不同文化模式之间的对话平台与空间，指向了'一带一路'相向而行的话语语境和软实力建构的释放。"① 只有经过全面分析"一带一路"的文化意蕴，才可能高屋建瓴，一览众山，为科学严谨地进行文化比较研究奠定前行的基础。

三、关注他者，理论联系实践创作跨文化研究成果

"一带一路"沿线国家的语言文化与风土人情等各不相同，这既为文化比较研究提供了资料，同时，也为汉语教师提出了新的挑战。文化研究离不开对他国的关注，只有经过系统的分析和客观的体验，才能够形成既有理论高度又有实践意义的科学成果。"实际上，人类的物质生活和思想文化并不像上帝造人那样一天之内就能完成。当代的物质文化生活都是建立在几千年历史的累积之上的。我们华夏子孙今天身边的各种动植物、经济作物乃至宗教、文艺、习俗，很多并非土生土长，而是受益于世界文明的交流、传播。历史上的'一带一路'就是这种交流、传播的重要渠道。"② 每一位国际中文教师必然要根据教学需要和研究兴趣来关注不同视域的他者世界，教学相长，文化共生，平等共享，在教学实践中生成最新的跨文化的语言文化研究成果。

四、兼容并蓄，平等共享来自世界各国的人类文明

"一带一路"倡议的实施不仅仅是经济政治的战略，也是东西方"文化

---

① 詹小美，等. 全球空间与"一带一路"研究（文化卷）[M]. 西安：陕西师范大学出版社，2016：89.
② 尚虎平. "一带一路"关键词 [M]. 北京：北京大学出版社，2015：109.

圈"的营造与共享。"一带一路"文化圈是"多个国家民族血脉相通的文化圈。多个国家与中国语言相通的文化圈，多个国家与中国共享信仰的文化圈，多个国家与中国有共同文化遗产的文化圈，多个国家与中国山水相连的文化圈。多个国家与中国有山口、走廊、道路、口岸相通的文化圈，多个国家在经济上与中国高度互补的文化圈，直到近代也是很多国家与中国有朝贡关系的文化圈。今天，这里的很多地方还是一个未开发、原生态、世外桃源型的文化圈，如巴基斯坦北部山区"[①]。中国与"一带一路"沿线国家的文化并不相同，存在"文化间性"。不可否认，"文化间性在对外汉语教学从'单向的语言传授'到'以汉语为工具实现多元文化间的互动'的转向过程中起着重要作用。在文化间性的视角下反思对外汉语教学文化内容的导入和教学方法，有助于我们更好地处理语言教学和文化教学的关系"[②]。同时，在中外共同营造的文化圈中，中文教师自然需要秉持文化自信与自尊，积极探索培养汉语学习者文化移情能力的教学方法与策略，在语言与文化教学的课堂上，做到话语得体，表述得当，兼容并蓄，和平共处，平等地分享来自世界的文化与文明，完成时代赋予的文化使命。

在"一带一路"背景下，国际中文教师如何理解语言教学与文化教学的关系，如何积极开展文化教学，有效地实现语言教学和文化教学的有机融合，并身体力行地能够通过汉语积极传播中国文化，通过文化教学分享中国文化之魅力，不断扩大中国文化之影响，增强中国文化之软实力等问题，正是本书要积极探讨的一系列理论与实践问题。

[①] 徐照林，朴钟恩，王竞楠."一带一路"建设与全球贸易及文化交流[M]. 南京：东南大学出版社，2016：91.
[②] 刘学蔚. 在文化间性视角下再议对外汉语文化教学[J]. 湖北社会科学，2016（5）：165-169.

第四部分：
中国语言文化与国际中文在线教学研究

第九章 国际中文教材的"在线"与"再现"

引 言

国际中文教学模式从教者与学者的"面对面",走向了网络对网络的"线对线"。作为远程教育的一种新形式,在线教学再次引起研究者的关注。根据 Michael B. Horn & Heather Staker（2019）的术语定义：在线学习（online learning）是指通过网络进行教学和内容传播的教育。赵洪利（2018）认为,在线教学能满足各种学习者碎片化、多样化、个性化、自主化的学习需求。其开放共享特性,可使知识通过网络跨越时间、空间甚至语言障碍和经济能力等限制,实现优质稀缺教学资源的最优化利用。在实践教学中,一个突出的问题是作为优质资源的中文教材并没有完美"在线",即很大一部分"在线"教材是缺少再创作的简单复制。一方面,"在线"中文教师在不断地调整在线教育理念,在实际教学中具有把教材转换为资源的意识。王建（2020）认为,我们要充分认识到作为应急之举的在线教育,不是将教室平移到家庭,而是基于"个别化学习"的育人方式重构。在线教育中,一方面,国际中文教师需要成为学习指导者、价值引领者、情境营造者、资源整合者；另一方面,中文教材是汉语教学的重要资源,是发挥中文教师综合教学实力的出发点。在线教学中师生可以灵活参与教学,让现有的纸质版教材通过可见、可听、可读的多种"再现"形式获得新的生命力。在线中文教材的"再现"集中体现于多模态话语的综合运用和新技术平台的支持。

第一节 多模态话语理论与教材多模态呈现

多模态话语分析理论发展于 20 世纪 90 年代,因其丰富内涵而受学界关注。该理论主张多种符号系统的互补应用,张德禄(2009)指出,这种应用是一种综合运用听觉、视觉、触觉等多种感觉,通过语言、图像、声音、动作等多种手段和符号资源进行交际的现象①。王磊、马莉认为,这种理论拓展了语言分析和教学的内容与形式,强调了多模态话语在语言教学中的多元化参与,以文字语言、图片语言、图像语言、肢体语言等多模态话语形式来丰富语言教学中的感官协作,从而充分调动了学生在语言课堂中视觉、听觉、触觉以及其他模态的协作。② 胡永近强调,多种感官共同发挥作用也是人类交际的需要,以有别于传统的交际现象。换言之,任何一种孤立的"单模态话语"的"在线"教学都不是成功的教学实践。③ 克瑞斯和勒文(Kress & Leeuwen,1996)近年来尝试的多模态话语的社会符号学分析以韩礼德的功能语法理论为基础,将包括图像意义的多模态话语的意义分为再现、互动和构图等相互交织的三种类型(李战子,2003)。正如成文、田海龙所言:多模态话语参与社会实践的特点是形成一种合力。④ 潘艳艳、李战子指出,多模态话语分析具有跨学科性⑤,这就使其对中文在线教学具有重要的跨学科的借鉴意义。由于汉语在线教学的常态化,中文教材的"再现"正是通过视听模态的合力效果来直接影响在线教学的效果。

  多模态教材的探索离不开教材的"立体化"和"数字化"取向。数字化教材资源建设得益于线上技术和平台支持。国际中文教材数字化取向与教育技术的综合运用成为教材在线的热点问题。郑艳群(2017)提出教材编写是网络教学中需要解决的一个重要问题。与传统教学相区别,网络教学需要有相适应的新的资源建设。因此,基于多模态话语的综合运用,需要重新认识教育技术对汉语在线教学的积极影响。实践证明:那些"价廉物美的数字化汉语教材"⑥ 始终都是最受欢迎的学习资源。邬大光认为,大范围的线上教学让我们重新认识教育技术的力量和价值,从而进一步促进"应急式"的线上

---

① 张德禄. 多模态话语分析综合理论框架探索[J]. 中国外语,2009,6(1):24-30.
② 王磊,马莉. 多模态话语分析理论在英语教学中的应用——评《多模态话语分析理论及其在外语教学中的应用》[J]. 外语电化教学,2019(6):123.
③ 胡永近. 多模态话语分析理论及其在外语教学中的应用[M]. 北京:北京师范大学出版社,2018.
④ 成文,田海龙. 多模式话语的社会实践性[J]. 南京社会科学,2006(8):135-141.
⑤ 潘艳艳,李战子. 国内多模态话语分析综论(2003—2017)——以CSSCI来源期刊发表成果为考察对象[J]. 福建师范大学学报(哲学社会科学版),2017(5):49-59,168-169.
⑥ 沙冈和子. 信息技术应用于日本汉语教学的实践与反思[J]. 国际汉语教学研究,2016(4):12-15.

教学成为"常态化"教学的一个组成部分。① 姜丽萍对国际汉语教材"本土化、立体化、数字化"② 等问题进行过深入探讨，其本质也是为教学提供新的教学资源，其中"立体化""数字化"概念离不开技术的助力，对于打造"线下"或"线上"的精品教材提供了研究基础。石佳鑫以多模态话语分析为理论视角，梳理国际中文教材的发展历程，以有代表性的国际汉语教材《体验汉语》和《环球汉语——汉语和中国文化》为例，分析现行多模态教材的类型和特点，研究语言模态和图像模态之间意义的建构，其创新之处也在于探索多模态国际汉语教材的国别化和数字化。③

基于多模态话语理论，我们主张充分发挥教师的主体能动性，设计包含文字、图片、影像形式，集视觉、声觉和触觉于一体的多模态教材再现模式，通过线上教学实现从纸质课本到平台在线资源的新转换。

第二节 "在线"中文教材的"再现"模式

国际中文教材的"再现"模式是指对于"在线"教材的复现和整合的基本模式。这既可以是简单的文本复制，也可以是经过改编的视听重现，因具有视听等多种感官形式的体验而具有了多模态的特点，且内容和形式非常丰富，从而也成为依托教材而生成的一类在线教学资源。

一、侧重视觉的"再现"

（一）文本复制

复制性的文本主要是指国际中文教材的课文、生词、练习以及相关语言知识点。这是在线教学中师生共同依托的文本资源，也是满足师生需求的课程资源。这是在线教学中首先要解决的再现问题，其在线形式体现为二次复制，完成的方法有两种，一种是纸质复制，一种是PPT做转述呈现。其中，

---

① 邬大光. 教育技术演进的回顾与思考——基于新冠肺炎疫情背景下高校在线教学的视角[J]. 中国高教研究，2020（4）：1-6, 11.
② 姜丽萍. 汉语教材编写的继承、发展与创新[J]. 华文教学与研究，2018（4）：12-18.
③ 石佳鑫. 多模态国际汉语教材的发展与创新[J]. 山西经济管理干部学院学报，2020，28（1）：91-96.

前者是文字语言的"复现",即借助于传统的复印机、扫描仪等介质完成的二次复印的教材"再现"形式,以"纸本为主"的教材复现在教学中起到了"教学指南"① 的作用。后者是"转现",即依托手机、网络等提供的程序完成二次复制任务。手机微信成为"转现"教材的重要传播平台。微信支持下的教材转换形式,实现了教材的即时阅读,不仅可以及时收到汉语学习者的信息反馈,而且方便群内交流讨论个案话题,杨翼针对"微信支持下的汉语练习活动设计"② 展开讨论,微信平台也可以延伸教材的语言知识点,这种"微线"也成为 PDF 版教材的优质载体。而诸如扫描全能王等手机软件,可以让师生瞬间解决教材问题,轻松获得各种中文教材的 PDF 版本。中文教师通过微信群、公共邮箱等方式传递给汉语学习者,完成电子教材的复现任务,以辅助汉语学习,满足学习者和教学者的视觉需求,解决在线教学中看文字语言的问题。

(二) 配图呈现

呈现性的图片是指辅助汉语教材在线的配图、插图等。为增加教材文本的直观性,教师会在呈现过程中搜集并匹配一定的图片,因为图片具有"形""色"的直观特点,有助于增强汉语学习者的学习兴趣,也有助于情境的模拟,可帮助学习者强化单词记忆,提高学习质量。洪炜、刘欣慰通过实证研究考察了图文双模态释义对不同类别汉语二语词汇学习的积极影响。③ 这种视觉效果可以在 PPT 设计中予以实现。由 PPT "再现"的教材,由于经过了教师的再创作过程,是一种"编现"的形式,即通过 PPT 制作完成教材内容的呈现和转述任务。其间,教材具体文字内容的选取由汉语教学者自由把握,从而根据教者和学者的实际需要进行删改取舍。这体现出了汉语教材"再现"的"个人化"和"个性化"特征。

在国际中文教学中,中文教材的"可视可见"是一种视觉的要求。胡壮麟认为,视觉"再现"的汉语教材,这是一种以屏幕代替书本的多模态符号的设计活动,一般要借助于 PPT 的相关功能设计来完成。④ 赵洪利把在线教育的课件按照数据格式的类型,可分为高清视频类、动画类、三分屏类、HT-

---

① 梁慧敏. 电脑辅助汉语教学的发展和展望 [J]. 国际汉语教学研究,2015 (4):48-56.
② 杨翼. 微信支持下的汉语练习活动设计 [J]. 国际汉语教学研究,2015 (1):32-39.
③ 洪炜,刘欣慰. 图文双模态释义对汉语二语词汇学习的影响 [J]. 语言教学与研究,2019 (4):28-32.
④ 胡壮麟. 社会符号学研究中的多模态化 [J]. 语言教学与研究,2007 (1):1-10.

ML/HTML5类、自定义类、特殊类6个类别。① 可以说，PPT演示教学是多模态汉语教学的一个重要实践形式。这体现了社会符号学领域提出的"视觉语法理论"，能够从"再现意义""构图意义""互动意义"② 三个方面体现话语的多模态性。叶起昌提出"后印刷时代话语中图像与文字的关系"③ 问题，这有助于理解在线教学的虚拟情境和空间。目前，具有视觉效应的PPT课件资源拓宽了教学者和学习者的视觉空间。张学琴认为，多媒体课件的课堂变得更加灵活多样，寓教于乐，学生在轻松愉悦的教学环境中接受和掌握新的知识技能。④ 平淡对日常PPT文档的制作提出细化的操作方法，比如，为了增加对比效果，要使用二张（多张）组合图片来实现。这种组合图片大多数是借助PS等专业软件来制作，其实利用PPT本身的组件就可以完成组合图片的制作。⑤ 胡永近认为，因为语篇、图像、颜色、声音、页面布局、材质等各种模态都可以体现一定的意义，并和语言共同构建语篇的整体意义，所以其综合运用可以丰富"在线"汉语教学的实践形式。

　　研究表明：多模态形式的综合运用有助于把文本教材转化为教学资源，并且通过文本和图片的多模态形式增加汉语学习者的学习积极性。一方面，缓解学习者的焦虑情绪。郑群、徐莹认为，教学中的"文本+语音""文本+图片+语音"的多模态方式有助于降低学生词汇学习的交际焦虑，并可以增强学习内容的显著感。⑥ 衷克定通过学习材料文本与背景色搭配的实验分析证明：在线学习材料的设计对学习者的注意力会产生显著的影响，并且有助于保持学习记忆。⑦ 所以，视觉模态话语的教材"再现"既可以弥补师生不能"面对面"的弊端，又可以通过富有多元色彩课件，发挥其视觉刺激和心理效应，以进一步激发学习者的学习积极性。汉语教材中的语音、生词、语法、练习、课文、文化方面的知识点都可以在动态PPT设计中加以体现。这就使得动态PPT研发与制作从传统的、简单的静态文字图片展示，走向图文并茂的动态画面形式，"在线"实现教者和学者都能体验到的教材"再现"情境。

---

① 赵洪利. 在线教育理论与实践［M］. 北京：北京理工大学出版社，2018：10.
② 李战子. 多模式话语的社会符号学分析［J］. 外语研究，2003（5）：1-8，80.
③ 叶起昌. 论后印刷时代话语中图像与文字的关系［J］. 北京交通大学学报（社会科学版），2005（4）：61-65，80.
④ 张学琴. PPT课件制作中几个误区解析［J］. 课程教育研究，2017（14）：39-40.
⑤ 平淡. 就地取材PPT中制作画中画［J］. 电脑爱好者，2017（8）：50-51.
⑥ 郑群，徐莹. 多模态呈现方式对英语词汇学习焦虑的影响研究［J］. 西安外国语大学学报，2020，28（2）：49-53.
⑦ 衷克定. 在线学习与发展［M］. 北京：高等教育出版社，2010：58.

二、平台综合"再现"

（一）自主性

这是指在线汉语学习者能够依托信息技术的介入，不受时空限制而近距离接触所学汉语教材，并根据个性化需求开展自主学习。为了有利于汉语学习者的触觉"再现"教材，需要依托科学规范的教学平台，尽量减少外在环境的影响。在综合考虑技术因素的基础上，"在线"教材能够通过可触性满足学生需求，通过手指与电脑、手机、平板等有机链接来实现学习者的无缝接触。

（二）置换性

这是指在线新技术具有置换功能，能够帮助汉语学习者实现不同网络空间的转换需求，以多个渠道综合运用再现汉语教材。换言之，这种"听从老师的安排在任何课程或科目中进行转换"[1]的学习，一定有一个板块是"在线"教材或"再现"教材。比如：能够从现有教学平台跨越到微信平台、邮箱平台等，随时随地完成不同平台的学习与交流，多平台、多渠道接触与汉语学习相关的教材资源，既可以在看复制版教材的同时与教师微信交流，也可以在录播空间随时链接教师或学习同伴的信箱、QQ，随时打开所需的"再现"教材，自如操作并切换教材的在线"播放""讲解""阅读"等选择键，尤其是跨平台的技术设置更加丰富了国际中文教材的"再现"力，实现"在线"灵活的教与学。

（三）共享性

这是指在线新技术借助教学平台提供给师生的教材共享功能。例如："共享屏幕"的设置，既可分享教师的PPT等个性化教材设计，又可以分享学生源于教材的学习信息反馈。再如："资料区"的储备功能、"下载区"的实用功能、"讨论区"的对话功能、"话题区"的交流功能等，这些都为师生共享提供了便利，师生均可自由下载，灵活运用，自主安排，不受时空限制，增

---

[1] 霍恩，斯特克. 混合式学习：用颠覆式创新推动教育革命［M］. 聂风华，徐铁英，译. 北京：机械工业出版社，2019：37.

强了资料的共享性。

（四）交互性

这是指教学平台提供给师生交流答疑的功能。在线国际中文教学中的"可触可摸"是一种基于教者和学者之间可以互动的触觉需求。一般会通过人机互动来实现。郑艳群提出，网络教学离不开平台和工具，因为这些技术为互动式汉语学习提供了方便。这要做两方面的努力：一是模拟或再现第二语言课堂教学中具有优势的方面，二是发扬和发掘网络教学可能有利于语言教学的功能应用。[①] 为此，借助于技术和工具的在线教材"再现"形式，既要有多模态的感官体验，又要有现代技术含量和教育技术的介入。谢幼如认为，传统的课程内容呈现方式大多为声音、文字和图像等，通过图书和报纸等传统媒介得以记录和传播，信息技术介入的教材"再现"更注重"以虚拟现实、增强现实和融合现实等沉浸感强和交互性强的课程内容承载方式"[②]。例如，陈锦秀提出可以根据纸质版教材的内容，巧用PPT触发器制作多媒体课件中的交互游戏，通过问答和奖惩来设置汉语学习的互动游戏[③]；再如，网络平台的讨论区、聊天区、互动区等，都为中文教学的模态多样化提供了技术工具，汉语教材中的语言知识点等内容可以通过图像符号传递情感意义，可以通过语言符号直观体现师生的学习心得，还可以借助直播弹幕符号语言的精简呈现，即时传递出教学重点，以及学习者的"在线"情绪与课程评价。张瑞思考选择什么样的教学内容，怎样搭建配套的互动性线上网课与讨论交流平台，影视与游戏如何成为汉语网络教学的辅助性工具等问题[④]，这些问题都将成为未来国际中文教材"再现"的组成部分，教学创意思维和新技术的有机融合日益丰富着中文教材的内容，为国际中文教材的"再现"提供了动态互动的技术支持。由此，"在线"中能够"再现"的交互式中文教材，极大地满足了在线教学的需要，既满足了教师及时了解学习者学习情况的反馈需求，也满足了学习者被关注的需求，提升教与学的参与感、成就感，更直接体现了

[①] 郑艳群. 汉语教育技术研究的新进展与新认识[J]. 国际汉语教学研究，2017（4）：60-67.

[②] 谢幼如. 在线开放课程与教学创新[M]. 北京：科学出版社，2020：117.

[③] 陈锦秀. 巧用PPT触发器制作多媒体课件中的交互游戏[J]. 信息记录材料，2017，18（4）：72-74.

[④] 张瑞. 互联网时代下汉语网络教材研发初探[J]. 教育现代化，2019，6（25）：233-236.

师生交互的教育理念。

三、侧重听觉的声音"再现"

这是指在可视基础上的声音融合，是教材的声音"再现"方式。主要指国际中文教材中的课文、对话、讲解的录音等，是一种音频版教材。在在线国际中文教学中，多种形式的音频可以让学生在听觉的刺激中获得教材的知识，提高汉语听力。同时，在学习任务的转换中，音频版教材有助于减少纸质版教材的枯燥感。

基于交互教学理论，我们将师生互动的教学理念贯穿始终。教师虽然通过教学平台上传录播内容，但是打破教师单方讲解的传统做法。在录播课中，提倡践行师生双主体的互动模式，即录播的主体既是教师，也是学生。教学中，从教师层面，设计"PPT+人声"的平台速课和"PPT+人像"的录屏课程。从学生层面，组织设计"PPT+图文"的朗读者活动。其间，教师和学生互为听众和读者，保持一种"我读你听"和"你读我听"的良性循环与交互反馈。

（一）速课："PPT+人声"模式

依托超星 APP 教学平台，利用云盘收藏已经设计好的阅读课程的课件 PPT，打开即可进入"上课"模式，根据自己需要的时间做好翻页讲解和声音的录入，一键式制作并完成"PPT+人声"模式的速课课件，最后保存至平台邮箱或者直接发送至聊天区、讨论区、微信群等配套学习区域，即可在第一时间通知到学习者，即时完成速课的录制和应用。这种速课模式是一种"我读你听"的交互形式，教师录讲解声音，学生听声音讲解，可以实现异时异地的在线教学。同时，针对要阅读的细读文章，专门录制教师版的 MP3，置入教学平台的"章节学习"版块，供学生听读，以作为"PPT+人声"模式的辅助方式。

（二）录屏："PPT+人像"模式

依托 MPS 软件系统的录屏功能，开启麦克风和摄像头，自动调节人像规格，注意服装得体，合理设置人像在整个 PPT 背景中的合适位置，突出教学内容，辅助表情设计。其中，阅读文本占据三分之二的空间，人像设计以不超过三分之一为宜，增强教师示范阅读的实际效果，以恰到好处地传递出语言知识和文化内涵，增强 PPT 教学的动态性和互动性。同时，为进一步增强互动性，教师通过教学平台的学习数据和微信群一对一的反馈，及时了解学生听读和听讲的实际问题，做好线上和线下的双重互动与交流反馈，及时调整"PPT+人像"录屏模式的教学策略。

（三）直播："PPT+图文"模式

依托腾讯会议的直播视频平台，定期组织线上阅读活动，可以是读诗会，可以是分享会，让学生成为朗读者，教师成为聆听者，在可视化直播教学中辅助"PPT+图文"模式，用图文音像构建立体化的线上教学空间，让阅读成为一种对中文进行的声音阐释，实现"你读我听"的分享式互动氛围。

总之，在线"PPT+"式在线课程应该是一个交互式的声音呈现模式。其中，"录"包括录音和录像，既包括教师示范阅读的音像文本，也包括学生以作业形式呈现的诵读文本；"播"包括独播与联播，前者包括教师主讲的课程播放和音频视频辅助学习资料，也包括学生在线共同分享的跨文化阅读语料。后者包括师生同时在线的交流与讨论，学生分角色朗读的音视频分析，以及定期举办的"泛语言沙龙"阅读活动。由此，在现有国际中文教学中真正解决录播什么、怎么录播的问题，不断创新录播课的内容和形式，丰富师生互动的教学资源。

四、侧重视听的综合"再现"

这是指教材的视听融合的"再现"方式。主要是运用"微视频""抖音"等形式创造有声有色的视频版教材。这种再现形式更加注重语言知识的凝练表达，教材文字部分更加显眼突出，聚焦语言知识点，声像输出相结合，体现视听综合的可感性，有助于营造在线国际中文课堂的愉悦氛围。

凝聚多模态话语的再现教材，一般要借助于人机之外的辅助音像设备。同时，对国际中文教师提出了更高的要求。因为这种动态音像教材的"再现"，需要教学者具有技术驾驭力、艺术设计力和声音表现力。技术水平体现在能够在教学中熟练运用平台提供的操作工具，完成录屏、录播等与教材相辅助的音像呈现工作。艺术水平体现在要了解配音技巧，掌握语速快慢，熟悉音像编辑基本方法，多样化地设计音频、视频的叙事形式。从这个意义上讲，传统纸质版的教材就是动态音像信息输出的原始脚本，在经过教师的精心设计之后，通过插入、编辑和技术的运用，最终如同艺术品创作一样，在二次创作或多次创作中"再现"可以运用的中文教学教材。

相关研究成果表明：人们通过视听结合方式所获得的信息和获得信息的效率，远远超过单一的获得方式，记忆也更为持久。① 因此，经过教学者多重编码之后的国际中文教材，尤其是会说话的中文教材，可以听的中文教材，绘声绘色的中文教材，使学习者"能够综合运用语言知识和技能，将各个感官统合起来，达到知行合一"②，进一步丰富"在线"教学资源，满足未来国际中文"在线"教学的多元需要。

顾名思义，"再现"就是把客体事物通过固有平台呈现出来。基于目前"在线"授课的教学模式，国际中文教材的"再现"形式主要有两类：一是教材内容的客观文本呈现，即原封不动地复制教材，类似于拍照，只需要直观反映文本信息，"线上"与"线下"可视可读的汉语教材是统一的、一致的。二是教材内容的主体转述呈现，即教学者的再创造过程及其呈现状态。国际中文教学中，这项对国际中文教材进行再创造的活动主要是通过教师主体的改编、增减等方式，转化为可以展现在教学资源平台的各种文本（文字文本或者是音像文本）。前提是，教师要掌握在线活动的资源与工具，如熟练操作"信息资源、相关案例、认知工具、对话协作工具"③。对此，教师发挥自身的创造力，根据教学侧重，有所取舍地安排教学内容，精简教材内容。

对于国际中文教师来说，汉语教材的"再现"模式经历了一个从静态到动态的转换过程：或是简单的复印拍照，或是 PDF 电子模式，或是 PPT 展示，在此基础上融入技术，形成图文匹配和视听结合的多模态话语模式，实现动画场景、模拟情境、师生互动形式的交互模式，提升在线中文教学的教学效果。

通过国际中文教材动态在线模式图（如图9-1）可知：在线中文教材从最初的纸质版存在，经过教学过程的加工、改编和创意的技术处理后，最终在教学平台展现出可视可听的综合教学资源。教师和学生扮演了最初的复印工和摄影师的角色。在不同的教学环节，尽管师生可以灵活参与教与学的活动，但是教材不可以"离线"。尽管各级出版社和教育培训机构为电子教材研发做出了不同程度的努力，但实际上，从客观文本的再现教材到主题改编的

---

① 刘立新，邓方. 读图时代的视听说教学——以《汉语视听说教程——家有儿女》的教学实践为例 [J]. 国际汉语教学研究，2017（2）：71-80.
② 徐娟. 从计算机辅助汉语学习到智慧汉语国际教育 [J]. 国际汉语教学研究，2019（4）：77-83.
③ 马志强. 在线学习评价研究与发展 [M]. 北京：中国社会科学出版社，2017：37。

在线教材，经历了教学者第二次创作和重新编码的备课过程，从主题改编的教材到平台上再现出来的教材，已经通过新技术的运用实现了人机合作，平台版的在线教材体现了教师教学能力和平台技术的合力。由此，在线国际中文教材转换为一个重要的教学资源建设问题。

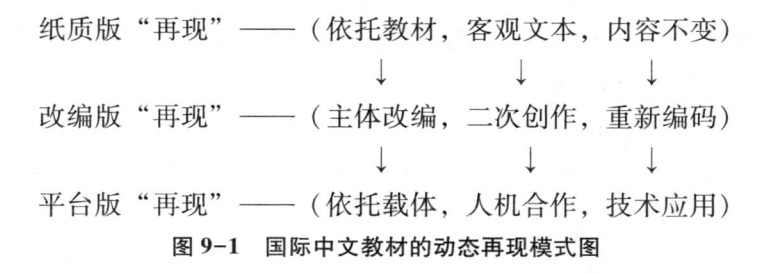

    纸质版"再现"——（依托教材，客观文本，内容不变）
          ↓   ↓   ↓
    改编版"再现"——（主体改编，二次创作，重新编码）
          ↓   ↓   ↓
    平台版"再现"——（依托载体，人机合作，技术应用）

图 9-1 国际中文教材的动态再现模式图

"在线"突出的是客观存在的载体或教学运作平台，即现阶段可以具体化的各种网络学习平台、学习软件 APP 等。这使得腾讯会议、腾讯课堂、钉钉、ZOOM 等平台成为"在线"中文教学中的重要载体。在实践中，借助技术平台"再现"教材则突出教学主体经过主观加工后的呈现形式，集中体现出教学者自身的教材加工能力，同时，这种凝聚多模态话语的动态教材模式将不断地丰富在线资源的内容和形式，最大限度地满足线上不同中文学习者的不同需求。

第三节 "在线"中文教材的"再现"价值

本研究运用多模态话语理论和在线教学理论，分析了现有在线教学中国际中文教材的静态"再现"模式，针对其图文和声形的不足，尝试构建国际中文教材的动态"再现"模式，充分凝聚视觉、听觉、触觉要素，关注动态 PPT 的研发与制作，侧重动态交互新技术的运用，实现动态音像信息的即时传输，完成"文本再现→改编再现→平台再现"的动态在线教学。同时，针对"在线"教材和"再现"模式得出如下结论。

一、国际中文教材是重要的"在线"资源

"在线"国际中文教学是一个中文教材不断"深化与重构"① 的"再现"过程。最终更是一场线上学习资源的大比拼。其间,出版业自身也经历了由最初的纸质印刷到现在致力于多模态融合的国际中文教材研发之路。教材"在线"是"在线"中文教学的核心资源。与"线下"中文教学相同,教材是贯穿教学全过程的核心教学资源;与之不同,在线教材要依托技术平台,是贯穿于在线教学的"在线"核心资源,是"在线"中文教学的核心要素。在汉语作为第二语言的学习中,杨祥、王强、高建指出,教材和课本同义,教材又可以说成是课本,是一课之本。今天,"课"可以是线下的课堂,也可以是线上的课程;"本"可以是纸质的文本,也可以是数字化的文本。纸质文本可以融进线下课堂,也可以通过二维码连接线上的课程,数字化的文本可以融进线上的课程,也可走进线下的课堂。② 但是,国际中文教学从"线下"走到"线上",无论是视频直播,还是录播讲解,最终留在"线上"的是教材及其转化的教学资源,包括其有声介质(视频、音频、录音、录屏等)。与传统"线下"教育不同,"面对面"的师生交流变成了"线对线"的语音对话或者是非同一时空的文字(微信、短信、公共邮箱等)交流。

二、"在线"中文教材影响"在线"教学效果

传统意义的在线教学应该是教师、学生的同时在场。但是,因为受到不同国家、不同时区、不同网络等客观因素的影响,一堂跨国界、跨文化的国际中文在线课堂很难实现所有师生的同时"在线"。传统的师生教学关系遇到了新的挑战,即从"见"到"不见",从"在"到"不在",汉语学习者对知识的学习与理解相对滞后,体现为"后学""后知""后觉"。如果以网络教学平台为"线",那么实际在线学习中,往往是教师录好课程,放在固定的学习平台,整个教学过程是没有学生参与的单方行为,因为教师在线外完成了所有的教学任务。另一个角度看,汉语学习者不定时完成学习任务,学习的

---

① 穆肃. 深化与重构:移动学习与在线教育 [M]. 北京:高等教育出版社,2019:1.
② 杨祥,王强,高建. 课程思政是方法不是"加法"——金课、一流课程及课程教材的认识和实践 [J]. 中国高等教育,2020(8):4-5.

过程也是通过看线上内容来进行，也是单方面的学习者的个人行为，其所依托的教材是线上教师对所学内容的讲述，以及教材文本展示出来的知识内容，其质量的优劣和形式是否多样，都将直接影响在线教学的效果和质量。所以，在"线上"不论是教师，还是学生，都可以单方面完成教或学的任务，但是，"线上"师生共有的教学资源离不开教材。可以说，教材是在线国际中文教学中的"在线"学习的知识实体，并不同程度地承载了用于教学的文字、图片等辅助教学内容与形式。真正解决李津、王世友（2012）提出的诸如"教材内容怎么设计、网络环境怎么搭建、网络平台如何运营"等问题仍是需要继续探索的重要课题。

三、"再现"的中文教材是教学者的再编码过程

"再现"的国际中文教材是教学者动态编码与创作的"在线"过程。在线的中文教材能够"再现"出中文教师的数字化能力和水平。朱永生认为，多模态的话语需要丰富"图像、声音、颜色、动漫等其他意义表现形式"[1]。动态再现的国际中文教材模式是融合多模态话语形式的"在线"创意产品。无论是钟启泉从"纸质教材"到"数字教材"的发展[2]，还是卢伟关于"应用高新技术实现教材研发过程与结果的创新与现代化"[3]的探讨，都离不开教学者再编码的教学实践活动。在遵循优质教材特色的基础上，提倡调动多种科学技术资源，积极研发具有动画感、互动性、对话型的配套 PPT 电子资源，增加师生互动的数字化交流设置。由此，让教材更具有可视性和参与性，提高汉语学习者的"在线"率，丰富在线教学形式，从而提升国际中文教材的动态"再现"力，把"死"教材变成"活"资源，为国际中文教学资源提供新的生长点，发挥资源优势，从"线下"可视可控的情境场，转移到"线上"的虚拟而又真实的网络空间，摆脱时空的限制，保持国际中文课堂的生动性和交互性，进一步增进在线汉语教学的趣味性和时效性。由此，如何增强国际中文教师在线教材改编意识还是一个刚刚开始的新问题。

总之，国际中文教材的"在线"与"再现"已然成为再度予以深度思考的新课题。一方面，信息技术为国际中文在线教学提供了新思路，另一方面，

---

[1] 朱永生．多模态话语分析的理论基础与研究方法［J］．外语学刊，2007（5）：82-86.
[2] 钟启泉．从"纸质教材"到"数字教材"——网络时代教材研究的课题与展望［J］．教育发展研究，2019，39（6）：1-7.
[3] 卢伟．关于对外汉语教材研发几个问题的思考［J］．海外华文教育，2009（2）：1-6.

"我们再也不可能、也不应该退回到疫情发生之前的教与学状态,因为融合了'互联网+''智能+'技术的在线教学已经成为中国高等教育和世界高等教育的重要发展方向"①。在此,以教材为依托,构建动静结合的多模态教材再现模式,形成在线教学的创新资源,切实助力国际中文教育事业的新发展!

---

① 吴岩. 我们再也不可能、也不应该退回到疫情之前的教与学状态 [EB/OL]. 新华网,2020-05-14.

第十章　国际中文在线学习的"自主"与"非自主"

引　言

国际中文在线教学中的汉语学习者不再是被动的信息接收者，而是具有主观能动性和选择性的自由个体，对在线学习的时间、地点、形式、进度等方面都具有自由选择的权利，具有公认的"自主学习"特点。

在实证分析中，我们发现：因汉语学习者个体因素的差异，在线中文学习的效度差异比较明显，教师的引领、指导和干预并不能"离线"。由此，汉语学习者的"自主学习"具有了"非自主性"。本研究以12个国家的54名汉语言专业留学生在线动态学情分析数据为基础，借鉴国内外在线教学理论和研究成果，构建汉语学习者在线"自主"学习模型，梳理汉语学习者"非自主性"的影响因素，提出显性和隐性的教师干预机制，为提升"教"与"学"的双重效果提供有益的参考。

第一节　研究概况

国际中文在线教学中，基于"以学生为中心"的理念是学界早已达成理论共识。穆肃（2019）对在线学习进行过这样的定义："严格意义上来说，在线学习是在网络及相关平台、软件工具和资源等的支持下，学习者在网络上开展学习活动、完成学习任务、实现学习目标的一种学习方式。"在线教育本身就是一种远程教育，郑艳群（2016）认为："从远程语言教学系统的角度来看，无疑更加关注学习者。"作为在线学习的汉语学习者不再是被动的信息接收者，而是具有主观能动性和选择性的自由个体。其对于在线学习的时间、地点、形式、进度等方面都具有自由选择的权利，所以其在线学习过程具有

"自主学习"的特征。但是国际中文在线教学的实践中，因汉语学习者个体因素的差异，在线学习的效度差异比较明显。如何实现"线上"学习与"线下"学习同等的学习效果，在线学习者具有怎样的动态学习模式，其在线学习效果受到哪些因素的影响，教师对在线学习者实施怎样的教学干预措施，这些都是在线教学应给予重点关注的课题。

基于在线学习理论、在线教学理论和心理学理论，现有研究发现：在线学习者的影响因素研究涉及文化、技术、能力教学活动等方面。按照美国心理学会提出的以学习者为中心的心理学原则，"学习不是在真空中发生的，会受环境因素的影响，其中包括学习文化、学习技术和教学活动"[①]。中国学者也对此进行了探索，刘昱涛在进行"关于保证在线教学与线下课堂教学质量实质等效的思考"中认为：教师首先要树立以学生学习成效为中心的教学理念，其次要精心设计教学内容和交互式环节，然后选好用对优秀的教学资源，最后加强学生管理。只有这样，才能保证实现"实质等效"[②]。张慧如、李楠在"探索基于在线学习平台的学习行为数据模型研究分析"中认为：进一步完善在线学习平台的建设，以便满足现在学习者越来越高的学习需求。[③] 很多学者对学习者给予很大的关注，表现为探索教学技术对学习者的影响（Beate Luo，2020），提升学习者自身的能力要求，既"从原来的 3R（reading，读；writing，写；arithmetic，算）发展到 21 世纪的 4C 技能（critical thinking，批判性思维能力；communication，沟通能力；collaboration，合作能力；creativity，创造能力）能力框架"[④] 等。这些研究让我们发现："以学生为中心"的在线自主学习并非在真空中学习，由于外界的干扰，学习者也会表现出"非自主性"的特点。从注重在线教学实效的角度出发，既要关注影响在线学习者的外在影响因素，又要从微观领域来探索汉语学习者自身的学习现状。这将有助于教师实现"线下"与"线上"的等同效果。

本研究以汉语言专业留学生《阅读与写作课程》教学为例，基于超星学习通在线教学平台的动态学情统计数据，从"一带一路"沿线国家的汉语学习者出发，借鉴国内外在线学习理论、在线教学理论和语言行为研究、语言

---

① 穆肃. 深化与重构：移动学习与在线教育［M］. 北京：高等教育出版社，2019：91-93.
② 刘昱涛. 关于保证在线教学与线下课堂教学质量实质等效的思考［J］. 教育教学论坛，2020（17）：325-326.
③ 张慧如，李楠. 探索基于在线学习平台的学习行为数据模型研究分析［J］. 科技资讯，2020（5）：21.
④ 杨宗凯，杨洁. 在线开放课程与教学创新［M］. 北京：科学出版社，2020（3）：252.

认知神经研究等成果,通过在线学习平台、教师激励反馈、学习者环境等角度,系统分析影响汉语学习者学习效度的积极因素和消极因素,有针对性地提出汉语学习者在线学习的"自主学习"模型,提出显性和隐性的教师干预机制。

第二节　"选择你自己的学习方式":在线学习者"自主学习"动态学情分析

本部分的研究对象是中国政法大学汉语言专业留学生,包括2017级、2018级和2019级三个年级,共计54人,在线学习统计时段为新冠肺炎疫情期间,即2019—2020学期(学年度的第二学期)的汉语学习。时间开始和结束的具体节点为2020年2月至2020年6月,总计师生"教"与"学"的动态教学时长为5个月,涵盖了从授课教学到期末考试结束的全过程。所学习的课程为初、中、高三个级别的汉语读写课程,所使用的教材为《发展汉语》系列教材。学习形式为在线学习,即以超星学习通教学平台为教学载体,辅助腾讯会议、微信、公共邮箱等直播互动的交流形式。这些外国留学生分别来自韩国、缅甸、老挝、乌兹别克斯坦、吉尔吉斯斯坦、塔吉克斯坦、巴基斯坦、圣多美和普林西比、厄瓜多尔、罗马尼亚、俄罗斯、比利时12个国家,覆盖亚洲、非洲、美洲、欧洲。其中,"一带一路"沿线国家的学生人数为50人,占比达93%,5人因疫情影响在中国进行线上学习。

一、基于超星学习通的在线学情数据分析:"自主学习"

本研究关注的量化分析数据包括三个方面,即在线汉语学习者的学习次数、学习进度和学习成绩。研究中发现其受以下方面的影响。

(一)在线学习次数受到网络技术的影响

在新冠肺炎疫情之初,因大部分在线汉语学习的留学生在中国境内,处于逐渐熟悉和学习教学平台的狂热期,所以平均每人在线学习次数较多,最高时段平均每人20次,这体现出汉语学习者个体的积极性,更重要的是来自技术的支持,由于中国网络平台通畅,学习比较方便。优质的学习平台和网络速度成为提高学习次数的重要保障。

2020年3月份开始，大部分来华留学生开始回国，由于网络信息沟通不畅以及跨国文化的影响，在线汉语学习者的学习次数呈现递减趋势。主要影响因素是跨国网络文化的差异和语言障碍，很多初级汉语水平的留学生并不能顺利登录学习通教学平台。在居家隔离的日子里，各个国家网络差异较大，"一带一路"沿线国家尤其明显，存在信号较弱，或者完全不能使用网络的情况，致使大部分归国留学生不能进入学习通学习。由此，2020年4月是汉语在线学习者平均学习次数最低的月份，最高日学习次数为13次。2020年5月是汉语在线学习者平均学习次数最高的月份，最高日学习次数达58次。一个重要原因是教师在教学平台实施了教学预警。在多次预警机制的干预下，许多留学生采取移居大城市以获取网络资源的方式参与在线学习，由此使得在线学习次数明显提升。针对初级汉语水平的在线学习者而言，在线学习难度较大。一方面要熟悉教学平台的技术操作，另一方面要克服来自登录平台的语言障碍，由此严重影响初级汉语学习者的在线率。

　　相比较而言，在线教学的初期，中级汉语水平的学习者在线学习次数明显高于初级汉语水平的学习者，最高日登录次数为70次。这主要是因为汉语水平比较高，语言障碍较小，短时间内就能够熟悉教学平台的学习形式，熟练使用操作系统，归国后，汉语在线学习最低日访问次数为2.5次，最高日访问次数为40次，明显低于2月份的数值。这主要是因为"一带一路"沿线国家的网络速度、网络平台不畅的负面影响。汉语学习者在线学习访问次数较3月份有所增加，最高日访问次数为53次，最低日访问次数为4次。这主要是因为部分留学生借助老师和同学的帮助，重新登录学习通平台，或者跨地区上网学习，逐渐恢复网上学习模式。4月份，在线汉语学习者在线学习次数呈递增趋势，最高日访问次数为56次，最低日访问次数为4次。这主要是因为75%的在线汉语学习者接收到了老师的教学预警，并为增加平时成绩而加快学习进度。另有25%的在线汉语学习者，因母语国家的网络问题，无法登录学习通教学平台，需要通过微信和直播形式进行线上学习，故这部分汉语学习者的学习记录无法通过学习通教学平台的大数据体现。5月份和6月份，中高级汉语水平的学习者访问次数大幅提升，先松后紧，集中补学，成为在线学习中的一个显著特点。

　　高级汉语水平的学习者，因为汉语水平较高，基本能够保证学习时间和学习进度，在线学习次数比较均衡，不存在大起大落。但是在线率为66%，仍有33%的留学生因受网络影响，无法登录学习通，始终以微信为主要学习平台，坚持提问和提交作业。

（二）在线学习成绩受到教师权重设置的影响

在线学习成绩主要依靠学习中文的网络平台来获取，而网络评价是一个动态性与过程性相结合的评估模式。在此，既要包括章节学习次数、学习任务点、作业的完成情况，也要包括相关视频、音频的学习情况等多种信息统计，同时，离不开教师的综合评价。所以，在网络资源共享不均衡的情况下，教师如何设置科学的分值比例就显得尤其重要。

权重设置模式一：章节学习次数10%，作业15%，视频观看5%。在这种设置方式下，大数据可视化统计分析结果显示：学习者的不及格人数占比为95.65%。

权重设置模式二：章节学习次数5%，作业15%，视频观看10%。在这种设置方式下，大数据可视化统计分析结果显示：学习者的不及格人数占比为86.95%。

综上两种单纯依靠学习平台的考核方式，有一个共同的结果，即在线学习者成绩普遍偏低，成绩不及格者人数较多。这主要是受到网络技术水平和特定区域网络不畅的客观影响。所以，以线上学习作为平时成绩（占总分数的30%）的设置模式并不十分适用。为此，需要及时调整在线学习者成绩考评模式。同时，增加"线下学习"的评价比重，这样更能科学合理地反映学习者的学习情况。

权重设置模式三：章节学习次数10%，作业20%，视频观看10%，线下60%（参与直播与在线互动情况，如微信、邮箱等）。在这种设置方式下（注：此四项设置占总分数的30%），与上述两种设置不同，该模式加大了线下学习情况的考核力度，融入了教师的综合评价。基于此种模式的可视化统计结果显示：学习者的不及格人数比例明显降低，"线上"+"线下"相结合的考评方式比较符合实际的学习情况。

除了个别学习者受到网络技术影响之外，其他的学习者都可以通过教学平台显示综合的学习成绩，能够充分发挥"学习通"这一教学平台的积极作用。

二、基于过程的自主学习："弱控制性"

根据衷克定（2010）"在线学习与发展"的研究成果，教学过程具有弱控制特征，因为"出于教与学的时空分离，学习者的学习活动和行为几乎不受任何过程监控。预习、听课、复习、作业、阶段练习等各个环节都没有严格的约束机制"①。所以,学习者自然会在学习过程中面临如下问题:在线学习的教学方式使学习者缺乏时间认知;在线学习的宽松环境使学习者产生惰性;在线学习的课余管理使学习者产生放任意识。与此同时,在线学习无法掌控学习者的学习地点和学习形式。由于不同国家网络技术水平的差异,有无 Wi-Fi 也成为一个不可控制的影响因素。所以,在线教学必然要考虑和关注到影响学习者进行在线学习的各种因素,包括 Cynthia、李守纪(2016)提出的"情感因素、个体时间限制因素、网络学习模式因素"②,等等。由此,汉语学习者在线学习过程的"弱控制性"可概括为以下三个维度。

(一)时间维度

时间维度的弱控性,这是汉语学习者在线学习的最突出表现。由于汉语学习者缺乏时间意识,在线学习过程中会出现两个学习进度,即教师教学进度和汉语学习者的学习进度。教师进度可以按部就班,根据学习周和教学大纲的学习计划有序开展,并通过录播课形式,辅助音频视频资料定时上传学习通资料区和章节学习区。但是,汉语学习者时间意识淡薄,所以教师进度和汉语学习者的学习进度并不一致,有时候甚至相差甚远。这表现为三个主要类型:(1)同步。有的同学可以随教师进度同行,所占比例为10%;(2)超前。有的同学会提前学习,以备所需。比如:预习生词、阅读课文、圈出问题以在教学平台或微信提问。这部分汉语学习者占比例为1%;(3)延迟。有的同学会延迟一周或者两周才开始学习,甚至在学期末进行集中学习,以完成教师布置的任务。这部分汉语学习者占比例为80%。其中,严重延迟滞后者,会申请下个学期的补考,占比达9%。

(二)空间维度

空间维度的弱控性,这集中体现了汉语在线学习的自由性。对于每一个汉语学习者,由于时间不确定,空间也具有了不确定性,师生的"在"与"不在"都具有不确定性。通过访谈发现,这种空间不确定性表现为:既可以在家里学习,也可以在户外随时用手机学习。在户外活动受限的特殊疫情期

---

① 衷克定.在线学习与发展[M].北京:高等教育出版社,2010:23.
② Cynthia,李守纪.新西兰汉语远程教育的技术和应用与反思[J].国际汉语教学研究,2016(4):15-19.

间,居家学习成为常态。这样,汉语学习者的学习空间就会固定在家里。家居环境成为汉语学习者的学习环境,由此细化为客厅、卧室、餐桌、厨房等。坐在床头读课文,坐在茶几上写作文,都成为汉语阅读与写作在线课堂的场景,凸显出在线教学的超时空性特点。

(三)心理维度

心理维度的弱控性,这体现为汉语学习者学习认知的淡化。访谈中发现:"一带一路"沿线国家汉语学习者大多数都希望回归课堂教学。因在线的时空自由度较大,又因为相对缺失线下师生同在的"课堂感"和仪式感,学习者的心理会潜在地淡化学习意识,心理紧张度和任务执行度不足,由此形成或满心期待,或不知所措,或焦虑急躁等负面情绪,因而影响在线学习的访问次数和交流欲望,学习态度不够积极,学习进度不够同步,最终影响该课程的学习效度。

三、基于能力的自主学习:"强自觉性"

美国教育专家迈克尔·霍恩(Michael B. Horn)和希瑟·斯特克(Heather Staker)认为:"基于能力的学习与工厂模式的教育体系之间的区别的方式是:在工厂模式体系中,时间是固定的,而学习是一个变量。但是,在基于能力的学习体系中,时间是一个变量,而每个学生的学习是固定不变的。"[1] 因汉语学习者能力存在个体差异,所以每个汉语学习者都会保持自身不变的学习自主性。访谈中发现,这种"强自觉性"的自主学习主要表现为以下三种模式。

(一)不受环境影响的"咖啡厅"模式

56名同学中有1名同学学习汉语的地点是咖啡厅,并遵循常规授课时间安排来学习。这种模式既体现了自主学习的自由性,又体现了汉语学习者的独立性,不受外界干扰,独立完成线上学习任务点。

(二)利用在线平台的"询问型"模式

大多数留学生会运用微信私聊的方式询问学习情况,例如:教学平台的

---

[1] 霍恩,斯特克. 混合式学习:用颠覆式创新推动教育革命[M]. 聂风华、徐铁英,译. 北京:机械工业出版社,2019:14-26.

使用、作业的要求、自己的成绩、考试的形式和要求等。这类汉语学习者属于典型的"询问型",从始至终跟着教师的教学支架设计的内容,并且在教学平台上完成学习任务,其汉语在线学习具有自主性、规划性、目标性。这类学习者有10人,比例占19%。

(三)"云"端活动的"参与型"模式

在线上语言交流分享的活动中,16人参加了线上直播交流活动,主动分享学习心得,通过对话分享提升汉语水平,促进师生交流。这种积极参与"云"端活动的学习者就是典型的"参与型",具有高度的汉语学习自觉性,所占比例达30%。

四、基于干预的自主学习:"高引领性"

没有"面对面"的师生在场感,并不意味着中文教师完全"离场"或者"离线"。在线中文学习中,教师的适时引导、指导和反馈对于汉语学习者至关重要。高质量的引导会进一步激发学习者的积极性,反之则可能使其丧失继续学习的热情。换言之,"高引领性"的自主学习就是强调汉语在线学习必不可少的师生互动环节,是一种在中文教师引领下的在线自主学习模式。贾建梅曾提出了引领式在线学习模式,阐述了教师引领学生在线学习的四个阶段的教学策略,明确了引领式在线学习模式的特点及优势。这四个阶段包括:第一阶段是计划和导入阶段,这是决定在线课程能否顺利开展的关键阶段。第二阶段是师生在线互动交流学习,利用网络平台提供的协作学习环境传送和接收信息。第三阶段是知识建构,学习过程多采用作业、测试、讨论、答疑等交互手段,此阶段学生的讨论与互动达到顶峰,此时学生也从学习者成为传授者,开始提出自己的见解、立场与主张,并设法为自己的立场辩护。第四阶段是挖掘学习记录,提供个性化的主动性的学习支持服务。[①] 在此,可以将在线中文学习者的自主学习细化为三个阶段。

(一)"学前"阶段

这主要是学习前的计划和通知。国际中文教师借助学习通的通知版块以

---

① 贾建梅.基于引领式在线学习模式的探讨与研究[J].黑龙江科技信息,2010(27):202-203.

及微信、邮箱方式,提前告知学生要准备的学习内容和学习要求。而学习者在接到相关学习通知和学习任务后,需要在微信平台、学习平台和公共邮箱完成回应反馈,实现师生信息的即时沟通,彼此明确教学任务。

(二)"学中"阶段

这主要是学习中的答疑和检测。国际中文教师设置专门的答疑时段,组织学生答疑。或者教师不限时答疑,目的在于了解学生的学习情况,在线上布置学习任务,通过适度适量的检测活动,让学生不断巩固所学习的语言知识。

(三)"学后"阶段

这主要是学习后的交流和反馈。国际中文教师通过分享会、交流会等多种形式,分享学生的话题,讨论汉语文化,延伸课外阅读,产出跨文化成果,在学生的反馈中获得新的教学灵感,有序组织后续的教学活动,辅助线上国际中文教学。

综上可知,在线汉语学习者离不开教师的引领、指导和干预,并且是交互进行,贯穿了在线汉语教学全过程。这与"以学习者为中心"的观点并不矛盾,穆肃(2019)认为:"学生是认知的主体,在线学习的设计应充分考虑学习者的潜在能力,以他们为中心,激发他们的学习动机,最终把他们培养成全面发展(包含知识掌握、情感培养和实践体验三个方面)的人。"由此,在线汉语学习者的"自主学习"活动具有了"非自主性",针对其"非自主性"的各种学习行为,需要国际中文教师具有引领意识并积极探索出可行的在线干预机制。

第三节 "自主"学习的"非自主性":国际中文教师的在线干预机制

在依托网络资源和电脑辅助的在线"自主"学习中,"多媒体软件与工具、热门的网络教学课程与学习资源、网络新闻及其他相关科技产品,都已证明有助于语言学习,亦符合学习者的个人需求"[①]。但是,由于受到外界时

---

① 梁慧敏.电脑辅助汉语教学的发展和展望[J].国际汉语教学研究,2015(4):48-56.

空环境和个人情感心理的影响，来自教师"非自主性"的干预措施主要体现为显性干预和隐性干预两个方面。

一、显性干预

（一）教师引领

国内研究早就发现：在目前的网络教育中存在将课堂进行"网络搬家"或给学习者完全自由，让学生自主学习等现象，这种缺乏教师引领的在线学习，都不能充分发挥网络的优势，激发学生的积极性，从而影响学生在线学习的效果。[1] 尽管在线的教学中，师生彼此"时空分离，学习设计依然为王"。在后方法理论的讨论中，赵杨就曾强调"教师中心说"，认为"教师在教授语言技能之外，还要思考如何发挥引领者的责任"[2]。在日本的CFL（汉语作为外语教学）中，教师主导的引领作用就集中体现在要为学习者提供一个"清晰的脉络"，比如："使用何种技术、为什么、怎么样、何时何地、选择提供的理由等"[3]。由此，教师始终引领学习者完成全部在线学习任务和考核评价。

（二）教师指导

从汉语学习者出发，在线教学对于学生而言，本质上更倾向于"教师指导下的自主学习"（陈品德，2020）。教师指导包括系统的知识讲解、需求的满足程度和互动的情感交流。这包括几个方面：（1）知识性指导。诸如借助教学平台做好导学文案、导学指南、导学问题设置等；（2）需求性指导。如了解个体差异，针对不同信仰、不同能力水平、不同学习经验、不同学习时段的汉语学习者，通过问询、访学等方式做出迥然不同的个体需求方案，发挥每个汉语学习者的潜能，因材施教，共同进步；（3）情感性指导。如借助微信、直播等平台进行言语鼓励、文字鼓励等。在读写教学中，这种指导就更加明显。因为每一次的读写评阅都是一次师生情感交流碰撞的机会，每一个作文评语的反馈都会带给汉语学习者不同的情感体验，正向引导可激励学

---

[1] 纪二娟. 在线学习中的引领活动设计 [D]. 保定：河北大学，2010.
[2] 赵杨. 外语教学的核心是教师 [J]. 国际汉语教学研究，2016（2）：7-9.
[3] 沙冈和子. 信息技术应用于日本汉语教学的实践与反思 [J]. 国际汉语教学研究，2016（4）：12-15.

习者将学习快乐地"在线"进行下去，负面引导有可能会终止汉语学习者的学习欲望。

（三）教师预警

教师预警是指教师针对学习者出现的学习问题进行有效的在线提醒、适时的教学预警等措施。根据大数据的统计，在线学习者的问题主要有：（1）不能按时参与学习；（2）学习进度缓慢；（3）学习成绩较低。教师既要作为管理者，为汉语学习者提供组织管理，又要作为服务者，及时将在线的大数据统计结果"通过提供教学管理、教学组织、教学资源和推送教学服务的方式反馈给学习者"[1]，以督促其调整学习进度，改变学习习惯，顺利完成学习任务。

二、隐性干预

（一）教师情感

隐性干预类似于"隐性课程"的影响作用，可以优化师生关系，从而提高汉语学习者的学习热情，以便使师生都能够在自主学习的过程中投入积极的情感。教师对在线学习投入的情感体现在与学习者交流沟通的全过程。刘元满认为"教师对学生情感投入越多，学生越积极"，这表现为问候、关怀、鼓励、安慰等话语的表达。[2] 在线教学中，即使是"完全由学生自学教材的行为"也"无法代替师生的互动教学"（胡小勇、林梓柔，2020）。

（二）教师能力

在线汉语学习者的汉语水平越高，在线学习的自主性越强。教师要熟悉不同汉语学习者的语言水平，因材施教，设立不同的教学内容和形式，既不要过难，也不要太简单。只有适合的教学设计才更能符合第二语言学习者的学习规律，教师综合设计能力的强与弱将是直接影响在线汉语教学是否成功的关键因素。

---

[1] 郑艳群．大数据远程外语教学研究的基本框架和特点分析［J］．国际汉语教学研究，2016（4）．

[2] 刘元满．不同语言环境下师生关系比较及隐性课程设计［J］．国际汉语教学研究，2016（2）．

综上，无论是显性干预，还是隐性干预，都是基于在线教学的学情分析的教学实践。正因为离不开教师的干预，所以，汉语学习者在线学习的"自主性"具有了"非自主性"的特质，从始至终会受到主客观因素的影响，其学习过程需要汉语教师引领式的在线指导。在线教学也证明：离开教师干预的教学初期，学习进度明显缓慢，而强化教师干预的后期，学习进度明显加快。其间，任何形式的放任自流都有悖于在线教学的本质，也会影响汉语学习者的自觉性和自主性。无疑，这就对国际中文教师的在线能力提出了更高的要求。

在互联网构建的"人人时代"（克莱·舍基，2012）里，为了加强学习者个体积极因素的促进学习的作用，在遵循在线教学实践理论与人的行为规律的基础上，教师和学习者能够"知己知彼"尤其重要。对于汉语学习者，其学习效果离不开教师的在线干预活动。国际中文教师需要了解汉语学习者在线学习的模式，以优化课程设置，完善学习平台建设，提高在线中文教学质量。同时，汉语学习者也需要了解自身在线学习的特点，最大限度地规避自身消极因素的影响，以提高汉语学习的效度。

本研究在于从汉语学习者的学情分析了解教与学的现状与对策，反思不足，创新教学方法。在线国际中文教学实践为我们再次深刻认识和理解汉语学习者的学情模式，提供了最新的量化研究数据，为后续在线教学提供可资借鉴的参考。而"一带一路"沿线国家中汉语学习的技术障碍也是不容忽视的问题，需要进一步提出可应对的策略。

第十一章 国际中文在线教学的跨学科理论与应用

引 言

本章以 2020 年中国政法大学的汉语阅读和写作课程为例,结合问卷调查,从问题意识出发,探讨共情理论在线上中文教学中的应用。本文共分三个部分:首先,简要回顾了共情理论的发展历史及其在教育中的应用,分析了共情理论在网络教学中应用的必要性和实用性;其次,详细阐述了如何将共情理论应用于汉语言专业来华留学生的阅读写作课程,并从教学风格的转变、教师的角色、技术整合等方面进行了阐述;最后,在文献回顾和作者的教学经验基础上,总结在汉语阅读写作课教学中应用该理论的实际问题,并对今后的线上教学进行反思与展望。

第一节 共情理论及其在教育领域中的应用

2020 年,新冠肺炎疫情在世界范围内蔓延,师生时空隔离,这让一切关于人性的思考都备受关注。在关注学习者内心需求的基础上,线上教育与教学活动需要遵循师生的情感维度而做出最优化的教学设计。"共情"理论是西方人本主义思想在心理学领域的实践成果。通过认知和实验手段,该理论提倡并坚守"以人为中心"的教育理念。其定义不仅仅是简单地知道师生彼此的感觉与感受,而是指教学者能够对学习者的学习情感给予科学认知、积极的情绪反馈和由衷关注,是教师和学生情感互动的过程,凸显的是人文化教育理念,旨在发挥教育者和被教育者之间"精神的力量(The Spiritual Power of Empathy)"(Cyndi Dale,2018)。其理论代表人包括丹尼尔·戈尔曼(Daniel

Goleman）①、卡尔·罗杰斯（Carl·R. Rogers）②、辛迪·戴尔（Cyndi Dale）、亚瑟·乔拉米卡利（Arthur Ciaramicoli）③ 等一系列美国心理学家。他们根据心理学案例，围绕"共情"这一关键词，总结出"共情力""同理心""同情心（sympathy）""共情态度""共情对话"以及用于减少压力的"共情认知行为疗法（empathic cognitive behavioral therapy，即CBT）"（亚瑟·乔拉米卡利，2017）等一系列概念。其中，卡尔·罗杰斯在心理学的实验中因其"共情"主张，以及对人情感的关注而倍受教育领域的青睐。从1941年至今，根据心理学研究经验和案例，其中的"当事人中心疗法""团体治疗"等术语从心理疗法延伸到教育方法，曾在西方引起"以学生为中心"的教育方法的热烈讨论（Carl R. Rogers，2018）④，从多个角度转向对教育方法的思考，而其核心指向是人性化的教育理想。可见，研究早已表明："共情"可以在更多的领域、层面、范围内对他人产生作用（Arthur Ciaramicoli，2017）⑤，进而升华为一种教育思想被运用到教育教学领域当中。

一、共情理论的教育思想

（一）教育理念：从提倡"来访者中心"（client-centered）疗法到践行"个人中心"（person-centered）

就个人成长而言，其"个人中心取向"使其相信"每个个体内在都有自我实现的趋势（an actualizing tendency）———一种内在的朝向成长和完善的倾向"，由此也形成了"共情"的教育观：教育应该既包括认识学习，也包括情

---

① 丹尼尔·戈尔曼（Daniel Goleman），哈佛大学心理学博士，美国《时代周刊》的专栏作家，曾任教于哈佛大学，研究行为与大脑科学，现为美国科学促进协会（AAAS）研究员，曾四度荣获美国心理协会（APA）最高荣誉奖项，20世纪80年代即获得心理学终生成就奖，并曾两次获得普利策奖提名。
② 卡尔·罗杰斯（Carl·R. Rogers，1902—1987），美国心理学家，人本主义心理学的主要代表人物之一。他提出"个人中心""无条件积极关注""会心团体疗法""共情"等学术概念。他于1947年当选为美国心理学会主席，1956年获美国心理学会（APA）颁发的杰出科学贡献奖（Distinguished Professional Contribution Award）。
③ 亚瑟·乔拉米卡利（Arthur Ciaramicoli），博士，曾任职于哈佛大学医学院，美国癌症协会讲师，美国心理学会会员，提出"共情力"（The Sterss Solution）概念。
④ 罗杰斯. 论人的成长［M］. 第2版. 石孟磊，邹丹，张瑶瑶，译. 北京：世界图书出版公司北京分公司，2018：7.
⑤ 乔拉米卡利. 共情力［M］. 耿沫，译. 北京：北京联合出版公司，2017：13.

感学习；教师应该关注学生这个整体，应该创造一个接受、真诚和共情的环境；教师和学校的员工应该接受"个人中心"取向的培训，应该付出努力建造学生的自尊，以及激发他们与生俱来的求知欲。[①] 根据此观点，教育活动不仅是知识点的梳理活动，更需要加强情感学习的方式方法来辅助知识学习；不仅要关注学习者的情感，更要创造一个人性化的学习环境；不仅要维护学习者的尊严，也要加强教师的个体培训。基于此，在线上教学中，需要坚守"以学生为中心"的理念，整个教学过程不仅是语法知识点的学习，更是一种不断调整学习情感与师生情绪的过程，关于进行个体化教学还是群体化教学的问题，自然都应结合学习者的个人学习情感状况做出最合适的选择。

（二）教育目标：从"个人中心"（person-centered）取向到生命"存在方式"

根据罗杰斯的心理学研究，其术语概念是不断发生变化的，其中最初的"来访者中心疗法（client-centered therapy）"就已经变成现在的"个人中心取向"。而"个人中心取向"的焦点是"提高个体的自主性"[②]，是诸如"非指导性咨询""来访者中心的治疗""以学生为中心的教学""以团体为中心的指导"等不同命名的转换，以体现其多个领域的广泛应用性，所以它是一个具有概括性意义的术语。最终，它形成关于"共情"式的"一种观点、一种哲学、一种生活方式、一种存在方式，这种方式适用于任何将成长作为目标的情境——比如个人成长、小组成长和团队成长"[③]。在教育教学中，关注成长是师生良性互动的"共情"基础。只要在教育教学中共同关注学生的成长，那么就会从学生个人出发，构建最优化的小组成长模式和团队成长模式，实现递进式的学习生长链，凝聚并发挥每一个个体的学习潜力，最终实现整个学习共同体学习能力的进步与提升。

---

① 罗杰斯．论人的成长［M］．第 2 版．石孟磊，邹丹，张瑶瑶，译．北京：世界图书出版公司北京分公司，2018：4-5．
② 罗杰斯．论人的成长［M］．第 2 版．石孟磊，邹丹，张瑶瑶，译．北京：世界图书出版公司北京分公司，2018：154．
③ 罗杰斯．论人的成长［M］．第 2 版．石孟磊，邹丹，张瑶瑶，译．北京：世界图书出版公司北京分公司，2018：9．

（三）教育过程：从作为"沟通经验"的"共情"到教育教学的"共情"过程

"共情"是一种状态，也是一个过程[1]，一种与他人共处的特殊方式[2]和态度。从人性化教育的理想层面讲："共情"是一种教师了解学校经历对每个学生的个人意义的尝试。[3] 其理论带给教育的思考就在于，在拥有共情态度的前提下，如何实施"共情"策略：它能够通过"无条件的积极接纳"（unconditional positive regard）、深入真诚的互相倾听、发自内心的情感分享、真心的赞扬和关心等情感共鸣方式，丰富师生彼此的生活经验，提升学习行为的共情质量，建设一种内心情感共在的马丁·布伯式的"你—我的关系（I-Thou relationship）"[4]，从而促进教学活动的良性沟通与互动。这正是一种实施共情的教育教学实践。其中，"接纳"是无条件的，不管学习者有怎样的情绪和困难；"倾听"是"理解性的倾听（listen understanding）"和"移情性的倾听（empathic listening）"的融合与统一[5]，而"共情倾听能在讲者和听者之间创造出平静氛围，如果我们学会共情倾听，我们就能与他人建立较长期的、可持续的关系"[6]，同时要对说话人的内容做出话语反复和积极地"反映"感受；"关心"是一种能够培养创造力的态度——会产生微妙的具有实践性的新思想与具有创造性的过程和具有滋养性的氛围[7]。由此，营造共情的教学氛围。不可否认，共情氛围对于师生互动的影响是显著的：良好的共情氛围有助于消除疏离感，接受者认为自己得到重视与关心，获得客观的接纳与同情。[8] 辛迪·戴尔曾将共情分为五种类型，即身体、情绪、精神、自然和心灵

---

[1] 罗杰斯. 论人的成长 [M]. 第2版. 石孟磊，邹丹，张瑶瑶，译. 北京：世界图书出版公司北京分公司，2018：119-121.

[2] 罗杰斯. 论人的成长 [M]. 第2版. 石孟磊，邹丹，张瑶瑶，译. 北京：世界图书出版公司北京分公司，2018：116.

[3] 罗杰斯. 论人的成长 [M]. 第2版. 石孟磊，邹丹，张瑶瑶，译. 北京：世界图书出版公司北京分公司，2018：264.

[4] 罗杰斯. 论人的成长 [M]. 第2版. 石孟磊，邹丹，张瑶瑶，译. 北京：世界图书出版公司北京分公司，2018：15.

[5] 罗杰斯. 论人的成长 [M]. 第2版. 石孟磊，邹丹，张瑶瑶，译. 北京：世界图书出版公司北京分公司，2018：44-45.

[6] 亚瑟·乔拉米卡利. 共情力 [M]. 耿沫，译. 北京：北京联合出版公司，2017：23.

[7] 罗杰斯. 论人的成长 [M]. 第2版. 石孟磊，邹丹，张瑶瑶，译. 北京：世界图书出版公司北京分公司，2018：137.

[8] 罗杰斯. 论人的成长 [M]. 第2版. 石孟磊，邹丹，张瑶瑶，译. 北京：世界图书出版公司北京分公司，2018：128-131.

(Cyndi Dale, 2018)。在教育教学中, 人们更倾向于在"情绪"和"精神"领域的互相倾听与理解, 理解他人是如何思考的, 能够站在他人的角度来思考, 比如倾听式的阅读和共情式的写作, 所以共情理论会引导人们去写日记, 因为把事情写出来有助于释放情感, 并且对现有的事情有新的认知。① 在这一个共情的过程中, 以至于师生教与学的关系不需主观评价或评判, 共情的积极影响在于有助于形成良性的互动, 反过来, 这种良性的互动会继续提升学习者的积极性与教学效果, 实现"共情理解"。显然, "共情理解"有助于建立一种自我激发的学习氛围。事实上, 当教师能够从内心理解每个学生的反应, 并敏锐地意识到学生是如何看待教育和学习的过程时, 共情的意识就有助于产生积极的、明显的学习效果。② 共情的教学效果就是实现这样一种积极互动的良性循环, 从而朝着一致性的目标共同努力, 实现一种理想化的"自我引导式的学习过程"③。

(四) 教育角色: 从"团体治疗"主张到师生角色定位的调整与转换

就团队建设而言, 几乎所有的教育机构都可以用这种新的社会交流方式(即罗杰斯的会心团体经验), 来促进沟通和交流, 一个最重要的内容就是实现"从学习团队促进 (group facilitation) 到引发教育方法的改革"④。而罗杰斯本人坚定地认为其"会心小组 (encounter groups)"方法适用于教师与学生、父母与子女以及一般的人与人之间的关系调整之中。"会心小组"引起凸显的人文性教育和跨种族、跨文化的特色而产生了显著的社会影响。罗杰斯(2008)认为这需要两个方面的条件: 先决条件是有一个充满自信并且相信别人也有主动学习能力的"领导人", 另一方面是学生或自己或与他人合作做一个学习计划, 最终实现继续学习, 学习的内容反倒变成其次了。换言之, 学生应该是自律的、敢于承担责任的。⑤ 根据此观点, 理想的教师应该是一位可

---

① 亚瑟·乔拉米卡利. 共情力 [M]. 耿沫, 译. 北京: 北京联合出版公司, 2017: 11.
② 罗杰斯. 论人的成长 [M]. 第2版. 石孟磊, 邹丹, 张瑶瑶, 译. 北京: 世界图书出版公司北京分公司, 2018: 233.
③ 罗杰斯. 论人的成长 [M]. 第2版. 石孟磊, 邹丹, 张瑶瑶, 译. 北京: 世界图书出版公司北京分公司, 2018: 260.
④ 罗杰斯. 论人的成长 [M]. 第2版. 石孟磊, 邹丹, 张瑶瑶, 译. 北京: 世界图书出版公司北京分公司, 2018: 35.
⑤ 基尔申鲍姆, 亨德森. 卡尔·罗杰斯: 对话录 [M]. 史可鑑, 译. 北京: 中国人民大学出版社, 2008: 145-146.

以带动学习者学习并具有领导力的"领导人",充分发挥管理者和引领者的积极作用,而理想的学习者应该是一个可以自主学习的"自律"学习者,尤其在线上学习的特殊环境下,这种师生角色的定位和适时转换就显得尤其重要,因为只有拥有领导力的教师和自主学习机制的学习者,才可能打造出线上团队学习的"共同体(community)"。对于教师而言,"共情"是一种可以理解他人经历并能够做出反应的能力,而且是与生俱来的能力[1],这种能力可以产生为学生服务的教育行为,并且服务于教育工作。理想的线上汉语教师首先是一个可以共情的引领者,既要提供共情的姿态,又要具有共情的能力。同时,其教学经验的丰富与否将决定其与学生共情水准的高低。

第二节　共情理论与国际中文教学研究

在"互联网+"的大背景下,运用技术手段获得情感信息日益引起学界的关注。在线教学中,教者和学者都希望实现"线上"和"线下"优势互补。一般认为,作为学生个体特征的情感是很难通过技术手段加以描述的。一方面,互联网技术为汉语教学提供了丰富的教学资源,呈现视听说立体融合的多模态资源,为在线教学提供了技术支撑。另一方面,因汉语学习者的个体差异、网络条件和信息技术操作能力等多个方面的影响,也存在师生交互性相对缺失的现象,这使得现有线上教学不同程度地存在汉语学习者情感认知与调试的问题。

一、"人—机"情感交互模型

从汉语学习者来说,现有国内外基于"自适应学习系统"的学生模型还处于一个静态分析的过程,不利于学习系统的个性化教学,所以建立一个基于情绪感知的学生模型就显得很有必要。理想的在线学习系统应该可以通过表情识别技术对学生学习过程中的情感、动机和心理状况进行动态预测,根据个性化特征设置合适的教学方案和策略,实现学生和学习系统之间的双向情感交流,让学生取得更好的学习效果。[2] 鉴于多种因素的影响,线上教学中

---

[1] 乔拉米卡利. 共情力 [M]. 耿沫,译. 北京:北京联合出版公司,2017:3.
[2] 王鑫. 大数据时代的课程教学 [M]. 广州:广东教育出版社,2019:197-198.

实现"人—机"的情感交互还处于初步探索阶段。相当一段时间内，在线教学的互动主体仍然是教师和学生，由此需要借鉴跨学科的共情理论，实现师生情感的共通共融，促进在线教育教学。

二、关于情感分析的数据统计

在西方共情理论的基础上，中国学者也开始关注汉语学习者的情感世界，针对学习者的情感问题做了最新的理论探索与验证性研究，从心理学、教育学、教学法等角度来思考、研究和实践共情理论。如李守纪使用定性分析的方法，针对15名新西兰短期来华汉语学习者的反思日志进行情感分类和数据统计，发现影响留学生不同情感体验的因素，如语言运用的成功程度、学习效果的预期、对新的教学方式的看法和适应能力等。结果显示：学习者能否通过情感调节过程增强学习动机或者选择更适合自己的学习策略是影响学习者学习自主性的关键。① 陈红琳引入社会情感对现有对外汉语教学的影响问题，认为重视情感教育是为了让教师能在授课过程中发现学生不仅在专业知识方面需要进步，还需要让学生通过情感教育树立一个正确的学习态度。好的学习态度能够引导学生学习，也能通过情感传播形成一个良性的学习氛围。② 社会情感的核心理论离不开学生，也离不开教师对学生的教导。所以通过分析社会情感核心理论如何应用于对外汉语教学的课堂中，可以帮助国际中文教师更加轻松地去解决一些在授课过程中出现的问题。

三、"共情"课堂的设计与实践

薛庆针对在线教学共情课堂的建设与实践问题做了探讨，提出共情课堂的组成要素，从学情分析、教学活动和合作学习三个方面介绍了如何寓情于教，寓情于行，最终实现从共情达到共行的理想效果。③ 赵旭刚通过对"共情"概念的引入，通过"字词出发，以小见大"等基础教学方法，积极探索语文教学中共情式教学的实现问题。④

---

① 李守纪. 学习者情感与学习自主性关系研究［J］. 国际汉语教学研究，2020（3）：56-54.
② 陈红琳. 浅谈社会情感对外汉语教学的影响［J］. 国际公关，2020（11）：97-98.
③ 薛庆. 在线教学的共情课堂建设与实践［J］. 计算机教育，2020（10）：28-31.
④ 赵旭刚. 语文教学中共情式教学的实现［J］. 语文教学与研究，2020（18）：107-108.

鉴于此，国际中文在线教学需要从问题意识出发，重新梳理西方共情理论的人本主义思想内涵，积极阐释其在线上教育领域的应用价值。从某种程度上看，"共情"的过程也是一种虚拟现实，是用他人的眼睛看周围的世界。[①] 为此，线上教学带给国际中文教师和世界各地的汉语学习者不同程度的焦虑和压力，如何通过有效的共情教学来缓解和释放压力，提升教学质量，这是国际中文教学者必然要思考的问题，这也使得关注共情理论具有了现实必要性和必然性。而实践教学中的重点就是如何应用共情理论，并让我们的共情式教学具有可操作性，尤其是在师生关系和互动教学模式创新方面起到一定的积极作用。本文基于汉语言专业的阅读和写作教学实践，针对中国政法大学来华留学生的汉语言线上教学实践，展示部分课程的线上教学案例，分享"共情"教学模式的应用情况，探索师生互动的"共情"教学策略，并结合实际做出反思和展望。

第三节 研究对象与课程设置

一、研究对象

从 2020 年 2 月至 2020 年 12 月，在近一年的线上教学中，中国政法大学共有 68 名汉语言专业本科来华留学生（含短期国际交流生、进修生）参与线上教学。他们分别来自亚洲、非洲、美洲、欧洲的韩国、日本、缅甸、老挝、乌兹别克斯坦、吉尔吉斯斯坦、塔吉克斯坦、巴基斯坦、圣多美和普林西比、莱索托、厄瓜多尔、罗马尼亚、俄罗斯、比利时、爱尔兰、波兰、土耳其 17 个国家。时差最长为 13 个小时（如厄瓜多尔），最短为 1.5 个小时（如缅甸）。基于时间和空间的影响，线上汉语教学活动的开展主要依托超星教学平台，辅助腾讯会议、微信、公共电子邮箱等。

二、课程信息

2020 年，汉语言专业本科留学生共开设线上课程 35 门，合计学时达 1500

[①] 乔拉米卡利. 共情力 [M]. 耿沫, 译. 北京: 北京联合出版公司, 2017: 13.

课时。其中,《汉语读写课程·发展汉语系列》(含初级、中级和高级)的教学课时达 320 课时,占总课时的 21%。在此,以 2020 年在线国际中文学习者和汉语阅读和写作课程的线上教学作为研究对象,共计 139 人次(含短期进修生和交流生),通过共情课堂的设计与实践介绍跨学科的共情理论在线上教学中的应用情况,以此对现有的线上汉语教学提供一个可以参考和借鉴的实践模式。具体课程信息如表 11-1 所示。

表 11-1 中文在线教学课程综合信息表

中文在线教学课程综合信息表	
教学时间	2020 年 2 月—2020 年 12 月
教学对象	大学本科留学生(含交换生)
学生专业	汉语言
所在国家数量(个)	17

课程名称	使用教材	汉语水平	学生人数	就读年级	授课学期	总计课时
汉语初级阅读与写作(一)	发展汉语·初级读写 1	HSK 一级	12	大学一年级(上学期)	2020—2021 学年秋季学期	32
汉语初级阅读与写作(二)	发展汉语·初级读写 2	HSK 二级	24	大学一年级(下学期)	2019—2020 学年春季学期	32
汉语中级阅读与写作(一)	发展汉语·中级阅读 1 发展汉语·中级写作 1	HSK 三级	23	大学二年级(上学期)	2020—2021 学年秋季学期	64
汉语中级阅读与写作(二)	发展汉语·中级阅读 2 发展汉语·中级写作 2	HSK 四级	22	大学二年级(下学期)	2019—2020 学年春季学期	64
汉语高级阅读与写作(一)	发展汉语·高级阅读 1 发展汉语·高级写作 1	HSK 五级	18	大学三年级(上学期)	2020—2021 学年秋季学期	64

263

续表

中文在线教学课程综合信息表						
汉语高级阅读与写作（二）	发展汉语·高级阅读2 发展汉语·高级写作2	HSK 六级	9	大学三年级（下学期）	2019—2020学年春季学期	64
中国文学	自编教材	HSK（四-六级）	20	大学二年级	2019—2020学年春季学期	32
唐诗宋词	自编教材	HSK（四-六级）	35	全校选课学生（含11名外国留学和24名中国学生）	2020—2021学年秋季学期	32
合计			163			384

三、共情课堂的设计与实践

在问卷调查中，针对"在线教学所遇到的最大困难"这个问题，78%的教师认为是教学互动问题，57%的教师认为是师生情感沟通问题，43%的教师认为是技术运用问题，22%的教师认为是不同国家的时差问题。其中，情感与互动是在线教学要面对的最大难题。从问题意识出发，共情的教学实践具有现实性、针对性、必然性和必要性。

（一）汉语与文化的共情：汉语文化的人文基础

一般情况下，"阅读是一种多维思考方式。好的阅读者能够获取大量的情景性词汇，学会如何去增加词汇量。他们知道如何利用语音与结构分析方面的知识和技能去掌握不认识的单词，他们通过词语、句子、段落和文本中的章节理解单词的意思，从而试图去理解作者的观点。阅读主要针对的就是这些，但理解却是真正的难题，因为完全不能理解或只是一知半解的阅读都不算是真正的阅读，因此应优先考虑发展一些提高学生理解能力的技能。交互式教学是一种非常有效的方法，能够帮助学生提高理解单词、句子和课外材料等的技能"①。但是，我们这里倾向于运用一种拥有共情内容的交互式教学，以提高汉语阅读理解水平。语言的作用不只是交际，还可以告诉我们：摈除偏见，独立思考，认识自己，接受现实，让语言成为一种增进人与人之间团结友爱的工具。② 只要结合特定的共情语境，"共情能够让我们准确地理解所处的环境和情感关系"③，同时，积极借助汉语独有的人文精神内涵，就会为汉语教学提供各种跨文化交流分享的共情基础。比如可以结合以下共情语境。

共情语境一：居家隔离。针对居家隔离的疫情现实，开展以"家"为主题的汉字文化分享活动。这项活动主要是以线上教学的形式来完成。其目的在于通过汉字认识中国，了解汉字的人文思想。其间，汉字拓展与分享活动中，以"家"为基础汉字，精选凸显和谐理念的一系列汉字，丰富汉字的文化内涵。比如：以凸显平安健康的"家""安""好"等作为关键词，通过汉字象形字的展示和具体的组词、造句演练，由字到词，由词到句，由句论己，结合学生的问题，引导学生理解汉字中的"家"文化，不断丰富汉字的人文内涵，营造共情的情境，表达国际中文教师对来华留学生的美好祝福，产生情感共鸣，进一步激活线上教学中的情感力量，提高学习质量与效果。比如：关于汉字"家"的词语："回家""在家""爱家""全家""家庭""家人""家园""家乡"。关于汉字"安"的词语："安全""安心""安家""安乐""早安""午安""晚安""平安"。关于汉字"好"的词语："好人""好事""好心""好话""问好""祝好""美好""友好"。

共情语境二：思乡情切。针对远离家乡的他乡学子，积极开展中外思乡文本的跨文化阅读活动。这项活动主要是以线上阅读分享的形式来完成。与此同时，形成了针对来华留学生的特色活动——"泛语言沙龙"系列活动。此活动围绕跨文化主题共举办了 5 期（如表 11-2）。针对重大疫情背景下学习者具有焦虑、紧张等负面情感的状况，汉语言专业教研室的所有专任中文教师始终分工合作，精心设计宣传海报，精选交流分享的话题，实现隔空不断情，"云聚"星期五，让留学生从被动要求学习到主动参与学习，成为视频直播的分享人，并且在共情的阅读体验中分享内心世界，彼此理解，共同学习。

---

① 乔伊斯，韦尔，卡尔霍恩. 教学模式［M］. 第 8 版. 兰英，等译. 北京：中国人民大学出版社，2014：14.
② 早川 S，早川 A. 语言学的邀请［M］. 柳之元，译. 北京：北京大学出版社，2015：13.
③ 乔拉米卡利. 共情力［M］. 耿沫，译. 北京：北京联合出版公司，2017：13.

表 11-2　"泛语言沙龙"系列活动简表

咫尺"在线"师生相伴　跨国"云聊"文化中国				
——中国政法大学国际教育学院留学生"泛语言沙龙"系列活动				
共在时间	共情主题	共享形式	共情文化	共情团体
第一期	中国龙与西方龙	"云聊"	体悟中西文化	师生
第二期	他乡·吾乡	"云读"	分享中文之美	师生
第三期	声影知中国	"云看"	走进中文影视	师生
第四期	品牌的秘密	"云译"	解读中文智慧	师生
第五期	四海看世界	"云游"	纵观世界文化	师生

注：各期活动主持人分别为国际中文教师马琳琳、宋春香、李妍、李晓东、朱远勃。

以第二期"泛语言沙龙"为例：第一，设置共情话题。以"乡情"为题，通过"他乡"和"吾乡"的界定，凸显跨文化交流的异中之同，即不同的是国度，相同的是乡情，由此确定可以共鸣的情感焦点，并提供给留学生进一步交流分享的自由空间和思维发散的广度。譬如：读中国诗人余光中的诗歌《乡愁》就会想到美国的民歌《带我回到弗吉尼亚老家去》，启发来华留学生用汉语的情感话题联想到相似的跨时空文本，类比中获得共情的体验。第二，制作个性海报。为制造共享氛围，凸显"有意味的形式"，活动中为每一位参与阅读的来华留学生分享者制作个人海报，突出存在感和共在感。第三，设计共情PPT。PPT以中国风为主，用文化符号突出季节和地点，唤起时空记忆和文化联想。第四，文化共情解读。借助汉字的形音义特点，做到图文结合，由"家"到"乡"，而后比较"家乡"与"故乡"的异同，突出汉语"家乡"的温暖寓意，激发深层的情感共振。第五，延伸共情阅读。在解读基本汉字和词语的基础上，做深入拓展，引入思乡类诗句，升华交流主题，提升跨文化交流的思想深度，提高人类共同情感的共鸣度。

在分享活动中，留学生朗读着中文教师为他们创作的诗歌："黑眼睛、蓝眼睛、灰眼睛，我们生活在同一个地球，仰望同一片蓝天；黑皮肤、棕皮肤、白皮肤，我们美丽了同一个星空。四月，我们流淌乡愁，四月，我们期待回归故乡……"（坤茹，2020）师生共情，氛围温暖，用中文传递了思乡之情。一字一词，一声一调，在线听者皆为之动容。

共情语境三：线上学习。针对学习者而言，"学习是原有经验的迁移"①。国际中文在线教学与原有的课堂教学明显不同，在过去与现在迥然不同的学习环境里，学习者既有的对比思维、怀旧观念和情感迁移会强化线上教学的不便之处，由此会凸显线上教学的一些弊端，而不利于线上教学的开展。针对线上教学的利弊问题，汉语阅读和写作课程专门开展以"在家学习"为主题的交流与讨论活动。这项活动主要是以线上教学和课后作业的形式来完成的。其目的就在于通过"线对线"的隔屏互动和书面语言两种学习形式，为留学生情感表达提供"线上+线下"相结合的双重载体，增进师生的共情交流，深入了解不同国家汉语学习者的心理情绪和学习状况，就线上教学的优劣达成共识，以便取长补短，精准教学，满足个性化需求，更好地促进和完善汉语教师的线上教学。

（二）教师与学生的共情：教学形式的双向倾听

对于国际中文教师和学习者来说，线上的互动要依托线上技术资源，借助教学平台的录音、录像以及动态传输功能，可以实现双向倾听，弥补不能见面的缺憾，通过师生共情共听，隔屏有声，声音传情，最大化地实现跨时空的线上互动。调查问卷显示：在线师生情感交流的平台主要有手机微信（100%）、教学平台（65%）、视频直播（39%）、公共电子邮箱（17%）。只有在师生共情的基础上，这些平台才会发挥最大的互动作用，成为给学生答疑解惑的知识热线和情感热线。

教师："老师读学生听"。对于教师，线上的交流除了视频直播外就是依托教学平台的教学资源置入。任课教师根据教材课文内容，为同学们有感情地朗读课文并录音，上传至学习通教学平台供学生听读模仿和学习。置入的主要材料包括 MP3 音频、MP4 视频、PPT 教学课件等。这些学习资源都可以被汉语学习者随时打开学习。在异地异步的自主学习活动中，教师的录音和录像起着重要的交互作用，以汉语教师的音像资料传递着来自教师的情感问候。另外，适当地添加表情，配上音乐，改变着装等都会为汉语学习者带来新的听觉和视觉体验。在线上汉语教学平台的评语区，教师除了进行汉语读音偏误的纠错之外，还会为每一位同学的朗读送上鼓励的话语，如："比上一次有很大的进步哦！""棒哒哒！""为你加油！""坚持就是胜利！""期待下一

---

① 布兰斯特. 人是如何学习的：大脑、心理、经验及学校［M］. 拓展版. 乘可拉，等译. 上海：华东师范大学出版社，2013：60.

次的朗读!"……最终实现即时的文字互动、深度沟通,提升师生交流的情感效度。有助于促进师生的线上交流,并收到良好的信息反馈。

学生:"学生读老师听"。根据教材,学生朗读课文并录音,通过 MP3 或 MP4 上传至学习通作业区。对于汉语学习者,不应是单方面地阅读教师提供的文档资料,更不应该是单方面地听读教师的音频和视频资料,而应是对教师的教学资源做出互动反馈,用作业形式或讨论形式提交自己阅读的音频或者视频资料,让教师也成为聆听者,在彼此的理解与倾听中实现共情交流的双向反馈与互动,实现"有来有往"的线上共情教学。

"共情的倾听"是一种"共情的对话",而"共情的对话"源于国际中文教师的"共情态度"。国际中文教师需要给予学生富有情感的声音传递,同时,教师也可获得来自学生的声音回馈。"共情的对话"就是在给予和拿走的过程中实现"有来有往"。这种共情倾听的积极作用就在于双向性,即听者能够用理解的态度去聆听,并且让双方都能进行准确地感知。在这个过程中,感知能力和倾听能力各自发挥着积极的作用[1],从而促进线上汉语阅读和写作教学走向更和谐、更灵活的理想境界。

(三)换位与同位的共情:教师角色的多重转换

学生对于国际中文教师的角色期待比较多元。针对一学年的在线教学,37.5%的学生特别希望师生进行"一对一"的情感交流,94%的同学希望能够听到老师的声音,看到老师的形象。整体而言,学生对共情式的在线教学满意度较高,达 87.5%。与此同时,31.25%的学生表示,如果没有教师的情感交流与引导督促,将不会坚持线上学习。这也说明了教师开展共情教育对于线上教学具有积极的作用。

通过教学平台的数据可知,学生的过程性成绩显示:教师情感关注度愈高,学生的参与度和学习成绩也愈高,即学生成绩会随着教师情感关注度的增加而有所提升。同时,学期末的问卷调查结果显示:学生对于教师角色的期待集中于讲解者(占比 68.75%)、领导者(37.5%)、引领者(37.5%)、管理者(50%)、解惑者(31.25%)、倾听者(25%)。这些角色的定位需要国际中文教师把握共情的效度,以此提升学生对教学的满意度。

团队领导者:"一对多"式在线中文教师。这种模式的国际中文教师类似于心理治疗中的"会心团队",也是我们通常意义上的线上班课教学。在这种

---

[1] 乔拉米卡利. 共情力[M]. 耿沫, 译. 北京: 北京联合出版公司, 2017: 32-43.

模式下，针对不同的汉语学习者，作为引导者的教师更多的是发挥导演和组织者的作用，在换位思考的影响下，在积极接纳和聆听中，教师要对汉语学习者的阅读和写作情况做出积极的反馈，并且以赞扬为主，给予汉语学习者充分的肯定和鼓励，激励其完成线上讨论和交流活动。

答疑解惑者："一对一"式在线中文教师。这种模式的国际中文教师更多的是答疑解惑，类似于心理学访谈诊疗中的"一对一治疗关系"，有针对性的个体关注会让师生交流和对话具有"直接性""私人性"和"同在性"特质。在知识性解惑和技术性指导的同时，积极引入情感共鸣的对话策略，让每一次答疑都是一次深度的师生情感交流过程，渐进式地推进后续学习任务的圆满完成。其重要目的是适应汉语学习者个体的"实现自己潜能的定向倾向"，为其提供自身发展的成长环境，以期取得"建设性的结果"（Carl R. Rogers，2018）。

知心对话者："一对一"式的热线工作者。这种模式的国际中文教师是汉语学习者最信赖的朋友，随时与学生交流各种问题，包括知识型的问题和非知识型的问题，尤其是关于技术的询问和个人问题的倾诉。毫无疑问，这些都是对汉语教师多种角色置换的考验。教师既需要有足够的同位意识，又需要具有同理心，只有达到"我就像你一样"的同情境界，才能完美回答和解决相关的问题。这就需要在作文评阅中具有对话意识，评语书写和反馈要突出教师的互动性和共情性，做到"有你有我"。以作文评语的"共情式"设计为例：针对"病毒"话题——"老师和你们一样焦虑过、焦虑着"；针对"汉语难学"话题——"我们一起努力，相信老师，相信自己"；针对"童年"话题——"我有和你一样的童年记忆"；针对"美食"话题——"你就是我们的中国美食家"；针对"故乡"话题——"故乡是我们永远的怀念"等。在汉语教师精心设计和由衷表达的评语中，不忽视每一个汉语学习者，不断激励学生，满足汉语学习者的个性化学习需求，激发其深入学习的动机和热情。

在线上教学中，汉语教师要进行换位思考，感受到学生的困难与情绪，也要有同理心，和学生一起前进，一起进步。可以说，多重角色的转换，教师的职责只有一个，就是服务学生，教好来自世界各国的汉语学习者，让他们始终以轻松愉快、积极乐观的情绪来学习汉语。在一个拥有无限共情时空的网络世界中，师生都会充分感受到"这个世界将是更人性的，也将是更人道的"①。

（四）传递与叙述的共情：学习团队的重新建构

汉语学习者的语言再报告模式。在汉语的教学中，汉语作为第二语言的学习者可以在教师的有序组织下，结合所学语言知识点，"报告别人的报告"。根据学习者人数和时间等实际情况，在不限次和限次的在线教学中，积极实践"语言可以用来叙述语言"②的"共情"思想，注重学习者的感受，放慢语速，做到"有反应地倾听"③，在反复和再反复的语言传递中，寻找到汉语学习的认知偏差和共情点，并在汉语学习者彼此之间的语言叙述中达成语言知识的理解和共识。因为是借助语言在汉语学习者之间完成传递思想和叙述事件的学习行为，并在循环往复的问答中巩固所学语言点，所以，这可以称作是学习者之间传递与叙述的共情过程，根据师生的问和答可以形成一个共情对话链，在口头作文中会输出一系列共情语句（如表11-3）。

表 11-3　在线汉语阅读教学中的"再报告"后的共情语句

阅读话题	运动	中国菜
阅读例句	他们喜欢运动。	他们喜欢做中国菜。
口头作文后的共情语句	他什么运动都喜欢。 他是一个爱运动的人。 我喜欢在中国和在俄罗斯滑雪。 我可以教你们滑雪。 我以前是专业运动员，现在是爱好。 我们都不会滑雪，你可以教我们。 我小时候喜欢打羽毛球，现在不打了。 他喜欢踢足球。 我喜欢打羽毛球。 我不喜欢运动。 他不喜欢运动，而且没有理由。 我喜欢跑步和摔跤。	我不会做中国菜。 但是，我喜欢吃中国菜。 我会做中国菜。 我还会做乌兹别克斯坦菜。 我会做土耳其菜。 我会做西班牙菜。 我会做日本菜：泡面。 我也会做中国菜。 老师会做中国菜吗？ 老师会做什么菜？ 我知道中国菜：宫保鸡丁。 大家一起来中国吃中国菜。

注：此处阅读后输出的口头作文语句是根据在线视频直播课的录音资料整理而成的。

---

① 乔伊斯，韦尔，卡尔霍恩. 教学模式 [M]. 第8版. 兰英，等译. 北京：中国人民大学出版社，2006：14.
② 早川S, 早川A. 语言学的邀请 [M]. 柳之元，译. 北京：北京大学出版社，2015：21.
③ 乔拉米卡利. 共情力 [M]. 耿沫，译. 北京：北京联合出版公司，2017：44-46.

传递与共情：在线中文教学再报告模式

阅读句式1：我喜欢运动。	阅读句式2：我喜欢画画。	阅读句式3：我喜欢做中国菜。
我喜欢滑雪。	我喜欢画中国画。	我喜欢吃中国菜。
他喜欢踢足球。	我非常喜欢中国画。	我不会做中国菜。
他喜欢乒乓球。	我会画中国画。	我到中国吃中国菜。
他什么运动都喜欢。	大家都喜欢中国画。	我想吃中国菜。

图 11-4　在线中文教学再报告模式

汉语学习者共同体再构建路径。在国际中文教学中，汉语作为第二语言的学习者在教师的有序组织下，需要重新构建与线下教学完全不同的学习团队。在一年的教学实践中，通过开始线上教学到最终完成线上教学的对比，那些参与汉语阅读和写作教学的来华留学生们经历了不同的变化：从最初的新奇、焦虑、不适、期待到最终的积极适应、主动参与。从始至终的线上学习中，教师和汉语学习者彼此感知交流，通过共情教学行为重新构建了一个崭新的线上学习共同体。

第四节　教学与反思

关于《国际中文教育与教师跨学科素质研究的调查问卷》（多项选择）结果显示：具有语言学教育背景的教师占61%，具有文学教育背景的教师占43%，具有教育学教育背景的教师占17%。而在线教学深入交流所需要的心理学教育背景和信息学技术学科教育背景者为零。从专业背景来看，对外汉语/汉语国际教育专业背景的教师占65%，中文占48%，英文占17%，具有俄语、日语等小语种教育背景的教师占22%。在希望补充的专业知识方面，65%的教师选择了教育学和心理学，52%的教师选择了文化学，39%的教师选择了信息学。整体而言，对于心理学、信息学方面的综合素质，国际中文教师都希望得到继续提升。

一、国际中文在线教学的心理学基础

国际中文在线教学比以往更需要深入了解汉语学习者的心理特点和学习需求,这种需求不仅有知识的输入,同时还有情感的关注与理解,尤其是面对技术问题、时差问题、网络问题等不可测因素的时候,相互的理解更显得重要。没有知己知彼,无法完成一堂隔屏的线上教学。这就使得教师需要不断加强心理学知识的学习,因为线上的课堂,仅有汉语知识是不够的,还要有良性沟通的技巧,情感的共情和积极的反馈,最终打破关于线上"汉语教学难"的消极思维模式,促进教学质量的提升。

二、国际中文在线教师的跨文化素养

国际中文在线教学中,跨文化差异体现得更加明显,因为长时间的线上学习给汉语学习者留下更多的自由时间。其间,因斋戒、婚礼、工作兼职等因素,汉语学习者都会不同程度地出现延时学习、集中补学等现象。汉语教师不仅要教授语言知识,而且要了解不同国家的不同国情,从跨文化层面拥有文化认同和文化理解的素养,平等对话,关爱学生,能够在阅读分享与汉语写作的共情过程中,恰到好处地传递出不同民族、不同文化所具有的共同的情感。这对汉语教师的跨文化素养提出了更高的要求,不仅要了解不同国家的文化习俗,更要具有沟通的能力和理解的能力。

三、国际中文在线教学的跨学科式共情模式

国际中文在线教学因包含了网络教学技术、教学心理认知、教学情感变化等实际问题,所以,中文阅读和写作课程的教学模式就融入了语言学、文学、心理学、教育学、信息学等多元学科,具有明显的跨学科特点,中文教师需要更多践行终身学习的理念,既要有业务领域的纵向精专的深度,又要有跨学科教学方法的涉猎广度,将心理学的共情理论转变为自己的教学理念,继续丰富未来线上国际中文教学的内容与形式,在跨学科式的共情模式中探索新的教学策略。

在"后疫情"时代,基于语言文化交流共通、共融和共享的需要,共情教学日益丰富着中文教师汉语教学中的共情经验。国际中文在线教学践行的

<<< 第十一章 国际中文在线教学的跨学科理论与应用

"以学习者为中心"的理念也更加切合实际,教师和学生隔空交流,无论是教师,还是学生,都在从对方的视角选择新的最合适的沟通方式,在学习中学会了换位思考和彼此理解。国际中文教学中的"共情"设计有助于加强师生互动教学,提高教学质量,促进学习汉语的学生对中国语言文化的深入理解和交流。

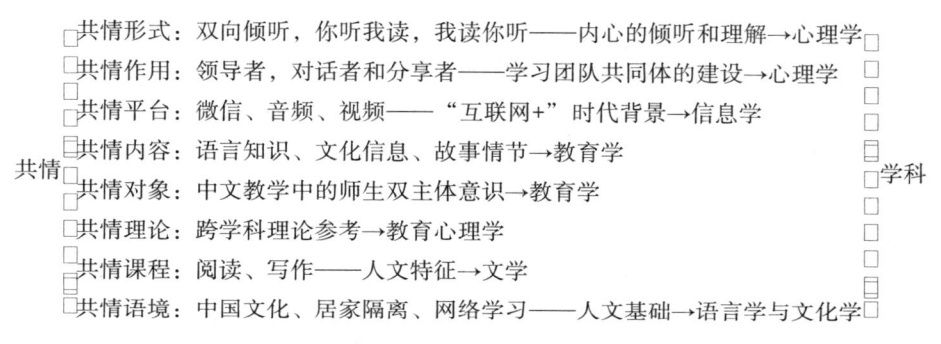

共情 ⎡ 共情形式:双向倾听,你听我读,我读你听——内心的倾听和理解→心理学
　　 ⎢ 共情作用:领导者,对话者和分享者——学习团队共同体的建设→心理学
　　 ⎢ 共情平台:微信、音频、视频——"互联网+"时代背景→信息学
　　 ⎢ 共情内容:语言知识、文化信息、故事情节→教育学   ⎤学科
　　 ⎢ 共情对象:中文教学中的师生双主体意识→教育学
　　 ⎢ 共情理论:跨学科理论参考→教育心理学
　　 ⎢ 共情课程:阅读、写作——人文特征→文学
　　 ⎣ 共情语境:中国文化、居家隔离、网络学习——人文基础→语言学与文化学

图 11-5　在线中文教学的跨学科式共情模式

我们相信,"共情"是我们将爱带到这个星球上最重要的方式。它在我们身体内以编码的形式存在,让我们在情感上彼此相连[1],设身处地地走进汉语学习者的世界,感受着他们的情感,想象着他们的想法,完成我们的情感互通,在跨学科的理论思考和实践教学中,继续为国际中文教育事业提供一份"精神的力量"。

---

[1] 戴尔. 同理心:做个让人舒服的共情高手 [M]. 镜如, 译. 北京:台海出版社, 2018: 3.

273

参考文献

（以出版时间为序）

工具书类

[1] 尹邦彦．汉语熟语英译词典［Z］．上海：上海外语教育出版社，2005．

[2] 古代汉语词典［Z］．缩印本．北京：商务印书馆，2007．

[3] 王涛，等．中国成语大辞典［Z］．新一版．上海：上海辞书出版社，2007．

[4] 苏新春．现代汉语分类词典［Z］．北京：商务印书馆，2013．

[5]《中华思想文化术语》编委会．中华思想文化术语［Z］．北京：外语教学与研究出版社，2016．

[6] 中国社会科学院语言研究所词典编辑室．现代汉语词典［Z］．第7版纪念版．北京：商务印书馆，2017．

著作类

[1] 邓炎昌，刘润请．语言与文化——英汉语言文化对比［M］．北京：外语教学与研究出版社，1989．

[2] 申小龙．语言的文化阐释［M］．北京：知识出版社，1992．

[3] 陈建民，谭志明．语言与文化多学科研究［M］．北京：北京语言学院出版社，1993．

[4] 鲁健骥．人名与称谓中的排行［A］//陈建民，谭志明．语言与文化多学科研究．北京：北京语言学院出版社，1993．

[5] 张黎．文化的深层选择——汉语意合语法论［M］．北京：吉林教育出版社，1994．

[6] 常敬宇．汉语词汇与文化［M］．北京：北京大学出版社，1995．

[7] 程裕祯．中国文化要略［M］．北京：外语教学与研究出版社，1998．

[8] 刘光准，黄苏华．俄汉语言文化习俗探讨［M］．北京：外语教学与

研究出版社，1999.

［9］谢大正．汉语的文化特征与国家通用语言文字［M］．北京：中国法制出版社，2000.

［10］叶军．现代汉语色彩词研究［M］．呼和浩特：内蒙古人民出版社，2001.

［11］马钦忠．语言的诗性智慧［M］．北京：学林出版社，2004.

［12］张公谨，丁石庆．文化语言学教程［M］．北京：教育科学出版社，2004.

［13］吕必松．语言教育与对外汉语教学［M］．北京：外语教学与研究出版社，2005.

［14］赵爱国．语言文化学论纲［M］．哈尔滨：黑龙江人民出版社，2006.

［15］闫文培．全球化语境下的中西文化及语言对比［M］．北京：科学出版社，2007.

［16］李红印．现代汉语颜色词语义分析［M］．北京：商务印书馆，2007.

［17］张红玲．跨文化外语教学［M］．上海：上海外语教育出版社，2007.

［18］杨秀杰．语言文化学的观念范畴研究［M］．哈尔滨：黑龙江人民出版社，2007.

［19］申小龙．汉语与中国文化［M］．上海：复旦大学出版社，2008.

［20］姚淦铭．汉字文化思维［M］．北京：首都师范大学出版社，2008.

［21］郭锦桴．汉语与中国传统文化［M］．北京：商务印书馆，2010.

［22］刘珣．对外汉语教育学引论［M］．北京：北京语言大学出版社，2010.

［23］铁军．中日色彩的文化解读［M］．北京：中国传媒大学出版社，2012.

［24］宁继鸣．语言与文化传播研究［M］．济南：山东大学出版社，2013.

［25］许慎．说文解字［M］．北京：中华书局，2013.

［26］李仕春．中国文化词语教学要略［M］．北京：科学出版社，2014.

［27］李燕．语言文化十五讲［M］．南京：南开大学出版社，2015.

［28］刘志生．汉字与动物［M］．广州：暨南大学出版社，2015.

[29] 罗常培．中国人与中国文语言与文化［M］．北京：新星出版社，2015.

[30] 潘峰．汉语颜色词文化义论［M］．武汉：武汉大学出版社，2015.

[31] 郭娟．外语教学与语言文化［M］．长春：吉林文史出版社，2016.

[32] 郑野．英汉文化对比与互译［M］．北京：中国水利水电出版社，2016.

[33] 刘桂杰．英汉文化比较及翻译探究［M］．北京：中国水利水电出版社，2016.

[34] 陆俭明，马真．汉语教师应有的素质与基本功［M］．北京：外语教学与研究出版社，2016.

[35] 赵晓驰．上古—中古汉语颜色词研究［M］．北京：中国社会科学出版社，2016.

[36] 申小龙．中文建构的文化视角［M］．北京：商务印书馆，2017.

[37] 罗常培．语言与文化［M］．注释增订本．北京：北京大学出版社，2017.

[38] 王和弘．中西语言文化导读［M］．西安：西北工业大学出版社，2017.

[39] 田传茂，王峰．翻译与文化［M］．北京：中国社会科学出版社，2017.

[40] 徐子亮．汉语作为第二语言教学认知心理学［M］．北京：北京语言大学出版社，2017.

[41] 林莺．中西语言文化对比研究［M］．武汉：华中科技大学出版社，2018.

[42] 冯学芳．中国语言与文化［M］．武汉：武汉大学出版社，2019.

[43] 刘宓庆．文化翻译论纲［M］．北京：中译出版社，2019.

[44] 赵晓驰．近代汉语颜色词研究［M］．北京：中国社会科学出版社，2019.

[45] 童庆生．汉语的意义：语文学、世界文学和西方汉语观［M］．北京：生活·读书·新知三联书店，2019.

[46] 张占一．对外汉语教学与交际文化探索［M］．北京：北京语言大学出版社，2019.

[47] 钱冠连．汉语文化语用学［M］．第3版．北京：清华大学出版社，2020.

[48] 王克喜,黄海. 中国文化视域中的语言与逻辑 [M]. 北京：中央编译出版社, 2020.

译著类

[1] 利玛窦, 金尼阁. 利玛窦中国札记 [M]. 何高济, 王尊仲, 李申, 译. 北京：中华书局, 1983.

[2] 萨丕尔. 语言论——言语研究导论 [M]. 陆卓元, 译. 北京：商务印书馆, 2011.

[3] 维果斯基. 思维与语言 [M]. 李维, 译. 杭州：浙江教育出版社, 1997.

[4] 海勒. 色彩的文化 [M]. 吴彤, 译. 北京：中央编译出版社, 2004.

[5] 阿什哲次. 图说汉字的历史 [M]. 高文汉, 译. 济南：山东书画出版社, 2005.

[6] 洪堡特. 论人类语言结构的差异及其对人类精神发展的影响 [M]. 钱敏汝, 译. 西安：陕西人民出版社, 2006.

[7] 伯克. 语言的文化史：近代早期欧洲的语言和共同体 [M]. 李霄翔, 李鲁, 杨豫, 译. 北京：北京大学出版社, 2007.

[8] 瓮. 口语文化与书面文化——语词的技术化 [M]. 何道宽, 译. 北京：北京大学出版社, 2008.

[9] 明恩溥. 中国人的气质 [M]. 刘文飞, 刘晓畅, 译. 南京：译林出版社, 2012.

[10] 特拉斯克. 语言 [M]. 于东兴, 译. 南京：南京大学出版社, 2014.

[11] 鲍姆嘉通. 诗的哲学默想录 [M]. 王旭晓, 译. 北京：中国社会科学出版社, 2014.

[12] 早川 S, 早川 A. 语言学的邀请 [M]. 柳之元, 译. 北京：北京大学出版社, 2015.

[13] 平克. 语言本能：人类语言进化的奥秘 [M]. 欧阳明亮, 译. 杭州：浙江人民出版社, 2015.

[14] 帕斯图罗. 色彩列传·绿色 [M]. 张文敬, 译. 北京：生活·读书·新知三联书店, 2016.

[15] 桑禀华. 中国文学 [M]. 李永毅, 译. 南京：译林出版社, 2016.

[16] 扎拉特, 莱维, 克拉姆契. 多元语言和多元文化教育思想引论 [M]. 傅荣, 等译. 北京：外语教学与研究出版社, 2016.

[17] 江怡, 勒坡. 语言与价值. [M]. 北京: 中国社会科学出版社, 2017.

[18] 塞尔. 表达与意义 [M]. 王加为, 赵明珠, 译. 北京: 商务印书馆, 2017.

[19] 高本汉. 汉语的本质和历史 [M]. 聂鸿飞, 译. 北京: 商务印书馆, 2017.

[20] 库玛. 文化全球化与语言教育 [M]. 邵滨, 译. 北京: 北京语言大学出版社, 2017.

[21] 斯特恩. 语言教学的基本概念 [M]. 刘振前, 宋青, 庄会彬, 译. 北京: 商务印书馆, 2018.

[22] 安尚秀, 王子源. 五色氤氲: 中国文化的色彩构成 [M]. 西安: 陕西人民美术出版社, 2018.

[23] 帕斯图罗. 色彩列传·红色 [M]. 张文敬, 译. 北京: 生活·读书·新知三联书店, 2020.

[24] 卡斯坦, 法辛. 谈言论色: 耶鲁教授与牛津院士的十堂色彩文化课 [M]. 徐嘉, 译. 北京大学出版社, 2020.

论文类

[1] 邵敬敏. 说中国文化语言学的三大流派 [J]. 汉语学习, 1991 (2).

[2] 李直. 唐诗色彩词的附加意义说略 [J]. 修辞学习, 1994 (1).

[3] 张德鑫. 数字姓、称、名——汉语数文化一奇观 [J]. 汉语学习, 1995 (1).

[4] 包惠南. 汉语数字的模糊语义与翻译 [J]. 辽宁师范大学学报, 2001 (4).

[5] 蔡英杰. 汉语国际教育视域中的动物文化等级教学 [J]. 云南师范大学学报 (对外汉语教学与研究版), 2016 (3).

[6] 陈炯. 洪堡特的人类语言学与申小龙的文化语言学 [J]. 北方论丛, 1989 (4).

[7] 何星亮. 中国龙文化的特征 [J]. 思想战线, 1999 (1).

[8] 周健. 汉语称谓教学探讨 [J]. 语言教学与研究, 2001 (4).

[9] 李尧. 汉语色彩词的词性分析 [J]. 西南民族大学学报 (人文社科版), 2004 (12).

[10] 金福年. 不同性别表达者选择汉语颜色词的差异 [J]. 修辞学习, 2004 (1).

[11] 申小龙. 中国文化语言学范畴系统析论 [J]. 杭州师范学院学报（社会科学版），2004（5）.

[12] 连淑能. 中西思维方式：悟性与理性——兼论汉英语言常用的表达方式 [J]. 外语与外语教学，2006（7）.

[13] 赵春利. 情感形容词与名词同现的原则 [J]. 中国语文，2007（2）.

[14] 程书秋，郑洪宇. 对外汉语文化教学研究述评 [J]. 继续教育研究，2008（3）.

[15] 张肖鹏. 汉英数词的模糊性对比分析 [J]. 社科纵横，2009（9）.

[16] 阮静. 中国的"世界文化遗产"与对外汉语文化教学 [J]. 中国高等教育，2011（10）.

[17] 陈映戎. 对外汉语文化教学：策略与形式 [J]. 黑龙江高教研究，2011（10）.

[18] 李玮. 俄国"熊"眼中的中国"龙"——基于中国文化软实力调查数据的分析 [J]. 国外社会科学，2012（5）.

[19] 潘峰. 论汉语颜色词的两极性语义 [J]. 湖北社会科学，2012（8）.

[20] 李勇. 由汉语量词管窥汉民族形象思维方式 [J]. 重庆三峡学院学报，2013（29）.

[21] 李丽群. 从谐音现象看汉民族的语言文化心理 [J]. 语文建设，2016（5）.

[22] 刘学蔚. 在文化间性视角下再议对外汉语文化教学 [J]. 湖北社会科学，2016（5）.

[23] 李泉，丁秋怀. 中国文化教学与传播：当代视角与内涵 [J]. 语言文字应用，2017（1）.

[24] 许凤才，苗盈盈. 俄、汉语数词语用意义的对比研究 [J]. 辽宁师范大学学报（社会科学版），2017（1）.

[25] 丁四新. "数"的哲学观念再论与早期中国的宇宙论数理 [J]. 哲学研究，2020（6）.

[26] 李泉. 新时代对外汉语教学研究：取向与问题 [J]. 语言教学与研究，2020（6）.

[27] 刘柱. 文化视角下对外汉语色彩词的教学探究 [J]. 汉字文化，2020（17）.

[28] 庞霞. 汉字教学中"字—词联动"教学模式的构建 [J]. 汉字文

化，2020（23）．

［29］姚小平．近代北京话与南京话：17-19 世纪西士笔下的北南官话之争［J］．中国语文，2020（4）．

［30］张东燕．临界性的多重隐喻：拜厄特对西方龙蛇传统形象的改写［J］．外国文学，2020（1）．

［31］游汝杰．中国古代文化制度与语言演变［J］．语言战略研究，2021（1）．

［32］李宝贵．中文国际传播能力的内涵、要素及提升策略［J］．语言文字应用，2021（2）．

英文类著作

［1］BROWN D. Teaching by Principles：An Interactive Approach to Language Pedagogy［M］. Englewood Cliffs：Prentice Hall，1994.

［2］CAMPBELL C. Teaching Second Language Writing：Interacting with Text［M］. Beijing：Foreign Language Teaching and Research Press，2004.

［3］WILLIAMS J. Teaching Writing in Second and Foreign Language Classrooms.［M］. Beijing：Beijing World Publishing Corporation，2007.

［4］FERRIS D R. Writing in a Second Language［M］. Shanghai：Shanghai Foreign Language Education Press，2013.

［5］SWAIN M，KINNEAR P，STEINMAN L. Sociocultural Theory in Second Language Education：An Introduction through Narratives［M］. 2nd Edition. Beijing：Foreign Language Teaching and Research Press，2018.

［6］YAMAGUCHI M，TAY D，BLOUNT B. Approaches to Language，Culture，and Cognition：The Intersection of Cognitive Linguistics and Linguistic Anthropology［M］. Shanghai：Shanghai Foreign Language Education Press，2018.

［7］SUSAN M G. Second Language Acquisition：An Introductory Course［M］. 4th Edition. Beijing：Qinghua University Press，2020.

后 记

这部书稿从最初确定选题到全部定稿提交给出版社，历时整整3年。

在这一千零九十五个日子里，我自己在不断寻找切入点，不断更改主题，在搜集了20余种类型的中国语言现象的基础上，经过筛选，最终确定六个方面的专题，从称谓词、数字词、颜色词、动物词等专题来探究中国语言文化现象，思考一线教学问题，并补充了国际中文教师的文化使命专题和在线教学研究专题，以兼顾本体研究和教师教学的多重融合。关于研究方向和选题的确定，始终离不开国际中文的语言技能教学和《中国语言文化》课程的教学实践。

首先感谢中国政法大学外国语言学院的张清教授和田力男教授。在她们的邀请下，自己才有机会为学校的法律翻译硕士（MTI）讲授《中国语言文化》课程，从而积累了一些语言文化词汇教学资料，加之同时为来华留学生讲授的国际中文教学实践，共同为自己后续研究成果的完成，提供了国内中文教育和国际中文教育的双重教学资源。

可以说，"国际中文教育"和"国内中文教育"是有根本性区别的。这不仅是教育空间范围的大小问题，而且是教学理念的巨大差异问题，包括教学内容和教学形式的理论研究，以及源于国际中文实践的应用性研究。传统意义上的《中国语言文化》课程，对于母语是汉语的研究生是夯实母语基础，以便更加自如地翻译和理解汉外语言文化。但是对于母语非汉语的学习者，则是全新的知识和技能，相关的语言文化现象和跨文化交际中的问题，需要在一线中文教学的听、说、读、写、译当中去发现，去总结。由此，从母语到非母语的语言教学离不开对特有词汇的文化解读，这种解读又离不开实践中的理论阐释和教学反思。

在现有的国际中文教学实践中，我们不仅会致力于语言的本体教学，比如专注语法、词汇等问题，同时，我们也会涉及语言所蕴含和反映出来的中国文化问题，始终是在语言中了解中国文化，在文化教学中学习语言。

为此，本书各章节体例大致从词汇文化、教学反思方面来写作，关注语言文化研究现状，突出语言现象，最终将成果落在关于国际中文教育的教学反思上，以此为第二语言教学中的文化教学实践带来一些启发。

同时，在此由衷感谢参与交流讨论的研究生同学们，他们认真准备发言稿，认真参与课堂讨论，教学相长，互相启发，为师生带来数之不尽的思想灵感。在前期的教学过程中，中国政法大学外国语学院的翻译硕士生积极参与研讨和交流，其相关笔录和报告文稿，以及日常交际中的语言材料等，为本研究提供了真实的语料和教学案例。

他们包括翻译硕士生2019级的何岩、杨梓煜、石百楠、郭香若、张百川、李菲、徐港、程昭颖、陈颖丽、赖胤齐、常雨佳、袁一皓、杨晓璇、付佳欣、刘相芮、张谦、郝帅、陈芳，共18名同学；2020级的侯鑫、唐旋、杨海燕、刘若南、聂梦瑶、詹斯尧、周旻頡、张佳晨、王茸茸、张暄、叶攀峰、任奕、吴志双、刘祯祺、张满、李晨溪、王畅、周迎桢、魏兴慧、黄宇柱、王思曲、刘美妍、乔慧珺、王念慈、胡鹏、王子玉、刘钰轩，共27名同学。

他们有来自二十余个国家的近百名来华留学生：汉语言专业2017级的阿米尔、阿卜杜拉；汉语言专业2018级的马龙、阿兹母、阿力、努力克、加洪、法蒂玛、李娜、妮吉娜、诺德、赵汉珍、宋城歌、本洪、苏哲、美美、沙夏语、尹星美、张明斐、岳永昌、金哉佑、朴秀廷；汉语言专业2019级的罗灵犀、阿卜杜、廖家明、阿明、乌米特、布纽特、茹斯塔姆、罗拉、考地、牟松夫、李斩问、莎莎、法媞玛、祖呼玛、尹天胜、噢马特、安里地、木萨发、明兰、汤明；汉语言专业2020级的动力、著名、妮亚、石金彪、阿里、黄迪、丹尼以及不同年度的国际交流生忠诚、玛提塔、沙荷娜、毕海、安德烈、列娜、鸠贝凉太等，短期进修生罗琳等。

在国际中文教学中，这些同学的学习报告和交流心得起到了师生教学相长的积极作用，在此一并致谢，以纪念师生共同学习交流的教学时光。

感谢我的家人、同事和朋友。如果没有你们的理解和支持，如果没有你们的付出和分担，也就不会有本书的如期出版。愿在你们的长期关注下，自己的学术之路走得更远……

最后，衷心感谢光明日报出版社的各位编辑老师们。在"社科文库"征稿活动中，他们为广大学者提供了学术著作出版机会，为本书稿的最终出版做了精心的安排和设计。也正是有了他们的辛勤工作，才使自己的研究成果有机会与大家分享交流。

基于此，本书既可作为汉语研究者的参考书，也可作为国际中文教师的教学用书。希望能够为中外的中文学习者提供有益的参考。

本书因作者学术水平所限，如有不当之处，还请各位读者海涵见谅，不吝赐教。

作者：

二〇二一年六月一日于北京昌平肆维花园寓所记